中国传统文化

田　香　朱婉莹　尹姿云　主　编

湘潭大学出版社

图书在版编目（CIP）数据

中国传统文化 / 田香，朱婉莹，尹姿云主编．-- 湘潭 ：湘潭大学出版社，2022.10
ISBN 978-7-5687-0880-7

Ⅰ．①中… Ⅱ．①田… ②朱… ③尹… Ⅲ．①中华文化－高等职业教育－教材 Ⅳ．① K203

中国版本图书馆 CIP 数据核字（2022）第 170276 号

中国传统文化
ZHONGGUO CHUANTONG WENHUA
田香 朱婉莹 尹姿云 主编

责任编辑： 王亚兰
封面设计： 李 平
出版发行： 湘潭大学出版社
社　　址： 湖南省湘潭大学工程训练大楼
电　　话： 0731-58298960 0731-58298966（传真）
邮　　编： 411105
网　　址： http://press.xtu.edu.cn/
印　　刷： 长沙市精宏印务有限公司
经　　销： 湖南省新华书店
开　　本： 787 mm×1092 mm 1/16
印　　张： 13.75
字　　数： 268 千字
版　　次： 2022 年 10 月第 1 版
印　　次： 2023 年 1月第 1 次印刷
书　　号： ISBN 978-7-5687-0880-7
定　　价： 39.80 元

前　言

中国传统文化，历史悠久、源远流长，内容极其丰富，是我国各民族创造的精神财富，是承载我们梦想、滋润我们心灵的源泉，更是中国人世代相袭，挥之不去的精神依托，也是我们在世界激荡文化中，站稳脚跟的根基。因此，我们需要学习和了解中华优秀传统文化，需要薪火相传、代代守护，更需要与时俱进、推陈出新。

为了加强青年学生对中国传统文化的了解，拓宽其知识视野，提高人文素养和艺术涵养，达到发展综合素质的目的，担负起传承中国传统文化的重任，我们特编写了适合大中专职业院校学生使用的综合性中国传统文化教材——《中国传统文化》。全书按大中专院校人文素质教育教学要求，分为中国古代思想文化、中国语言文字、中国古代教育、中国古代文学、中国古代艺术、中国传统节日、中国古代礼仪、中国古代科学技术、中国古代社会生活等单元。

本书旨在引导青年学生对中国传统文化展开较深层次的思考和探讨，在领略体悟中国优秀传统文化的同时，也能以一种审慎审视的态度去看待。很多问题其实没有标准答案，只要去思考、去探索，那么就一定会有所收获。学无止境，学贵思考，尤贵独立思想。我们真心希望看到，独立思想成为全体青年学生的共同认识。

本书由湖南科技职业学院田香、朱婉莹和尹姿云担任主编并统稿，各单元分别由彭新竹、肖胜云、李国伟、周甜甜、肖竹雅参与编写。在编写过程中，借鉴参考了许多国内同行论著、研究成果和资料，在此表示衷心感谢。

本书还有许多不足之处，敬请广大读者批评指正，以便我们进一步提高。

编　者

2022 年 7 月

前言

目 录

第一单元 绪 论

一、文化与中国传统文化

文化是人们十分熟悉的生活现象，无论是高雅艺术还是风俗习惯，无论是古代的石人木马还是现代的飞机战舰等，都是文化。我们每天的吃、穿、住、行，言、动、视、听都表现为一种文化。人类创造了文化，而文化又塑造了人类。总之，文化作为一个庞杂的系统，包罗万象。它就像我们周围的空气一样，无时不在，无处不有。文化是一种社会现象，它与人类社会同时并存。

（一）文化

文化一词源于拉丁文“colere”，原意是栽培、培养，指通过人工努力，将自然界的野生动物加以驯化培育，使之成为符合人类需要的品种，以后逐渐由物质生产领域拓展到精神领域。

从汉字字源学的角度来看，许慎的《说文解字》认为，“文，错画也，象交文”“仓颉之初作书也，盖依类象形，故谓之文”，并进一步解释“文者，物象之本”。《礼记·乐记》中则有“五色成文而不乱”。所以，在中国古代典籍中，“文”本意是指各色各样交错的纹理，如手掌上纹理交错称掌纹，布帛纹理交错称布纹，天上日月星辰交错称天文，其引申意为上天（自然）呈现的自然规律。后来渐渐蜕化为“文字”“文章”“书籍”“法令条文”等的代名词。

“化”，古字为“匕”，是会意字。从二人，像二人相倒背之形，一正一反，以示变化，引申为变化、生成、造化等，如《周易·系辞下》：“万物化生。”《说文解字》：“化，教行也。”段玉裁注：“教行于上，则化成于下。”在此基础上，后来又引申为风俗、风气教化等。“化”字的引申义与现代人理解的“文化”一词最相近的是“教化”，也即伦理德行的化成，如“潜移默化”。

“文”与“化”二字同时出现，可追溯到战国末年“观乎天文，以察时变；观乎人文，以化成天下。”（《周易·贲卦》）张岱年先生认为，“日月往来交错文饰于天，即‘天文’，亦即天道自然规律。同样，‘人文’，指人伦社会规律，即社会生活中人与人之间纵横交织的关系，如君臣、父子、夫妇、兄弟、朋友，构成复杂的网络，具有纹理表象……治国者必须观察天文，以明了时序之变化，又须观察人文，使天下之人均能遵从文明礼仪，行为止其所当止。在这里，‘人文’与‘化成天下’紧密联系，‘以文教化’的思想已十分明确。”而“文化”作为一个词组出现是在西汉刘向的《说苑·指武》中：“凡武之兴，为不服也；文化不改，然后加诛”。由此可以看出，中国古代对“文化”一词的使用有两个维度，与“天文”相对应，指社会秩序；与“武力”相对应，指文治教化，具有精神和人文的多重指向。当代学者在界定“文化”一词时各抒己见，我们认为，广义的“文化”泛指人类创造的物质财富和精神财富的总和，狭义的“文化”是指语言、文学、艺术及一切意识形态在内的精神财富。

（二）中国

“中国”一词最早见于西周初年的青铜器“何尊”（为西周早期一个名叫何的西周宗室贵族所做的祭器。1963 年出土于陕西省宝鸡市宝鸡县贾村镇（今宝鸡市陈仓区），现收藏于宝鸡青铜器博物院）铭文。它是一个很典型的酒铜器代表。尊内铸有 122 字的铭文，铭文记载了周成王继承武王的遗训，“中国”两字作为词组，首次在“何尊”铭文中出现。

“天圆地方，道在中央。”中国一词最早的含义是地理位置，是指天子的京畿。例如《诗经·大雅·民劳》：“惠此中国，以绥四方。”《国语》卷十九：“以中国之师与我战。”严格地说，我国古文献中的“中国”不是一个专有名词，而是作为一个形容词，指历史上中国的某个地理位置，只是历史上中国的中心部分，其边界是模糊的。

从秦统一到民国前两千多年的封建专制时代，“中国”“中华”基本上是作为华夏王朝和政权的通称。由于各个封建朝代和政权都有自己的国号，“中国”的概念一直比较模糊，到西方殖民势力向东方扩张时，中国作为主权国家的概念才真正明确起来。1689 年《中俄尼布楚条约》签订，这是在国际文书上第一次使用“中国”作为国家名称。1912 年，孙中山建立了中华民国，以“中国”作为国名的正式简称。1949 年，中华人民共和国成立，仍沿用“中国”简称。

（三）中国传统文化

中国文化是一个与外国文化对举的概念，是指中华民族及其祖先在自己脚下这块土地上创造出来并传播到世界各地的文化总和。

“文化”具有历史性，即历史的纵向性，因为所有文化都是由历史积淀而成。传统文化经过了漫长历史的积淀，凝聚着历史的综合。文化只有积淀为传统，才是稳定形态，否则文化无法存在。传统文化是一个民族在历史发展进程中延续下来的比较稳定的文化，一个民族的历史愈悠久，其传统文化也就愈丰厚。中国传统文化是针对中国文化的传承而言的，是指中国历史上的文化存在，它强调的是中国文化的渊源和传承下来的客观存在的文化遗产。中国传统文化一般是指 1840 年鸦片战争以前我国的古代文化。

二、中国传统文化植根的土壤

无论哪个民族或国家都离不开地理环境所提供的生存条件和发展基础。任何一种文化的生存和发展都受某一民族或国家的地理环境、经济环境和政治环境三方面因素的制约，中国传统文化也不例外。

中国传统文化是中华民族在中国古代社会形成和发展起来的比较稳定的文化形态，是中华民族智慧的结晶。要探究中国传统文化，必须了解中国传统文化生成与演进的历史地理环境。历史地理环境主要包括两方面：自然地理环境和人文地理环境。一般说来，自然地理环境，如气候、地形、地貌、水文、植被、海陆分布等，发展变化的速度比较缓慢，有时需要相当长的时间才能为人们所觉察。但在某些阶段和某些局部地区，自然地理环境会发生剧烈变化，造成巨大的影响。人文地理环境，如疆域、政区、民族、人口等方面，发展变化的速度比自然地理因素发展变化的速度更快。这两方面相互作用，不能分割。

（一）中国传统文化产生的历史地理环境

1. 中国传统文化产生的自然地理环境

自然地理环境，如地形、地貌、气候、土壤、生物、水文、自然资源等，既是人类生活和生产的物质基础，也是文化产生的背景和舞台。

中国的自然地理环境有其独特之处：

从纬度位置看，中国领土南北跨纬度很广，大部分位于中纬度地区，属于北温带，南部少数地区位于北回归线以南的热带，没有寒带，只有在高山地区才有类似寒带的终年冰雪带，所以纬度位置优越。

从海陆位置看，中国位于世界最大的大陆——亚欧大陆的东部，世界最大的大洋——太平洋西岸，是一个海陆兼备的国家。东临太平洋，纬度位置适中，广大东部平原在夏季风湿润气流的影响下，雨量充沛，有利于农业生产；西部深入亚欧大陆内部，邻国众多；东部和南部是广阔的海洋，海岸线漫长，多岛屿和港湾。

从气候看，大陆性气候特征突出，季风气候明显，干湿季明显，四季分明。由于中国疆域范围广阔，地区之间地形差异大，导致了气候特征的多样性。

从地势看，总体特征是西高东低，自西向东呈三大阶梯式分布，西边山多，北平南水，大多数河流的走向是自西而东，流入大海。地势向海洋倾斜，有利于海洋上的湿润气流（夏季风）深入内陆，为广大地区带来大量的降水。中国境内多山，山地、高原、丘陵占比多，形成了东南、中原以农耕为主，而西北以畜牧为主。

2. 中国传统文化产生的人文地理环境

传统文化产生的人文环境是指创造文化的人们生存的社会环境。这种社会环境包括疆域、民族、人口等要素。

从疆域看，中国的疆域范围从黄河流域开始，不断扩大。传说中夏朝的统治中心即在黄河中上游。商朝起源于东夷地区，活动范围主要在华北地区，其疆域比夏朝更大。周人开始主要活动在渭河流域，周武王时期将疆域扩张到了东方，后来周朝不断对南方用兵，其疆域北到燕山一带，东到大海，西到渭河上游，南到江汉淮地区。秦始皇建立了中国历史上第一个统一的中央集权国家，秦朝疆域东至东海，西到陇西，北至长城一带，南达南海，国土面积达354.69万平方公里，现代意义上的中国疆域由此开始确立。汉武帝时期，经过多方征伐，汉朝的面积接近600万平方公里，是当时世界上面积较大的国家之一。以后历代中原王朝的疆域面积均有不同程度的扩张和收缩，但总的趋势是不断扩大和巩固，不少王朝都拥有过今天中国领土以外的疆域。清朝乾隆皇帝时的疆域北接西伯利亚，东北到外兴安岭；西北到达葱岭（帕米尔）和巴尔喀什湖，西南到达喜马拉雅山，南包括南海等，面积达1300多万平方公里，奠定了现代中国版图的基础。1840年鸦片战争以来，帝国主义列强通过强取豪夺，不到百年时间夺取了中国将近200万平方公里的大片领土。今天，中国的陆地面积约960万平方公里。

从民族看，中国是一个多民族大家庭，汉族和各少数民族共同谱写了中国波澜壮阔的史诗画卷。汉族在西汉之前称为华夏，是在部落联盟的基础上建立起来的。原始社会未有民族之分。在四千多年以前，中原地区的黄帝与炎帝结成联盟，打败蚩尤部落，又融入东夷、九黎等部族，逐渐形成今天中华民族的最早主体。夏商周人都以中国人自称。周人灭商，自称“有夏”。周武王褒封神农、黄帝、尧、舜的后代称为“华”，大禹的后代称为“夏”，春秋时“华”“夏”已互相通用。《辞海》解释说，中国古称华夏。“中国有礼仪之大，故称夏；有服章之美，谓之华。”唐代经学家孔颖达在《春秋正义》中解释的中国得到很多人的认可。西汉逐渐出现汉族的自称，但“华夏”的称谓并没有消失，与“汉”这个称谓一起沿用至今。可以说，汉族是以华夏族为主体，经过长期的人口迁移、民族融合而形成的。除了汉族以外，其他少数民族也很早就在中华大地上生息、繁衍，历史上北方的少数民族如匈奴、鲜卑、氐、羯、契丹、女真等，或消亡，或融入汉族；或保留自己的民族特征习俗，如蒙古族、壮族、藏族、维吾尔族、苗族等少数民族，其历史可以追溯到公元初年乃至先秦时期。

从人口来看，中国自古以来就是一个人口大国。据班固《汉书》记载，公元2年当时政区设置范围内人口统计约为6000万。北宋时期中国人口突破1亿大关，当时南方人口的绝对数字开始超过北方，是中国人口南北分布变化的转折时期。1850年，全国人口达4.3亿，是有清一代全国人口记录的最高峰。当然在这个过程中，人口不是一直处于上升状态，在天灾人祸时也出现过“白骨露于野，千里无鸡鸣”的人口下降状态。总的说来，中国古代人口呈现分布不均衡和多次大规模迁徙特点。在唐中叶以前，大部分人口分布在长江以北，以黄河流域为中心的区域人口密度大。随着经济的发展、政治中心的转移、人口的迁移、自然条件的变迁，人口稠密区慢慢转到南方。历史上大规模的人口迁移就有西晋末年永嘉之乱后的人口南迁、唐朝安史之乱后的大规模人口南迁、宋朝靖康之乱后的人口南迁等。目前，全国人口达 14.1 亿人，但东南人口稠密和西北人口稀疏的格局仍未能改变。

3. 历史地理环境对中国传统文化的影响

相对封闭的地理环境使中国传统文化具有自源性特征。东亚大陆相对半封闭的地理位置和大陆性季风季候等自然环境造就了中国先人勇毅奋进的文化和性格，也造成了中国文化的自源性特征，即中国文化是在中国大陆上独立自发产生的，虽然不免受到外来文化因素的影响，但文化主体依然是传承数千年的中华文明“主根系”。自源性文明具有深厚的环境根基、文化根基和生物根基，虽然可能因一时的起伏而兴衰，但在强大的“主根系”文明滋养下总能重焕生机，蓬勃发展。

广阔的腹地面积对中国传统文化起到一个回旋缓冲作用。中华文明依托于黄河、长江流域，腹地面积非常广阔，能够在外来文化入侵时起到一个回旋缓冲的作用，不至立即使中华文明受到巨大冲击，相反，这种回旋缓冲往往会为中华文明注入新的血液，逐步完成文明的交流与融合。中国历史上虽然曾有北魏、辽、金、元、清等少数民族建立的政权，但仍是向汉民族文化学习。各少数民族文化与汉民族文化日益融合，使得中国传统文化能够赓续不断、弦歌不绝。

（二）中国传统文化产生的经济环境

1. 农耕经济为主、游牧经济为辅的经济环境

由于自然环境的巨大差异，中国古代主要存在农耕经济和游牧经济两种类型，一般来说，中国古代的万里长城是游牧文化与农耕文化的大致分界线。农耕经济主要位于长城之南，主要包括黄河、长江、珠江等流域，这里东临太平洋，以季风性气候为主，雨热同期，十分适合农业生产，是中国文明的核心地区。游牧经济主要分布在长城以北的黄土高原及其以北的蒙古高原。在历史上，随着气候的变迁，游牧经济和农耕经济在此界线上交错互动，形成中国古代以农耕经济为主、游牧经济为辅的经济环境。

(1) 农耕经济

中国处于亚洲东部太平洋西岸，疆域辽阔，地理位置优越，气候温和，大河大陆型的自然地理生态环境孕育了华夏民族以农耕经济为主体的经济生产形态。农业在中国的发展有着极其悠久的历史和相当辽阔的地域。中国农业发生很早，考古资料证明，在距今四五千年前黄河中下游地域已有相当发达的原始农业，夏商周时期，农耕业已成为中原华夏民族社会生活资料的主要来源。秦汉以后，大一统的中华帝国更把“重农固本”奉为治国的不易之道。汉晋以后，中国农耕区域向长江中下游和江南地区转移，中国南方优良的自然气候条件和生态环境，使农耕经济进一步显示出巨大的发展潜力。此后，中国的农耕经济几千年一直稳定发展没有中断过。稳定的农业生产，为中国传统文化的产生和发展提供了经济基础。

(2) 游牧经济

游牧经济是与农耕经济差不多是同时产生的，其经济主要是畜牧业。由于土壤、植被、水源、气候条件的综合作用和对大自然驾驭能力低下，人们逐水草迁徙、居无定所，有很强的流动性和分散性。北方地区的气候极不稳定，冬天经常发生白灾、黑灾，夏天也经常发生旱灾、虫灾、水灾等，这对早期抗衡自然灾害能力还很低的畜牧业经济来说危害较大，其必然导致畜牧业经济的不稳定性或脆弱性。

游牧经济具有一定的非自足性，它不能满足游牧民族社会生活的全部需要，甚至不能满足游牧民族在食物方面的基本需求。为了保持食物结构的合理性，游牧民族和农耕民族形成了以交换为主的经济上的互补关系，且必须尽可能地维持其正常发展。在此基础上，形成了两地产品以交换为主的经济上的互补关系。就产品交换的基本形式而言，主要有历史上的朝贡、互市和战争。与此现象相对应的一个古代历史发展的重要特征，就是周边民族（游牧经济）与中原（农耕经济）关系密切、交往频繁，即频繁的军事冲突、统一、分裂、交流、依存、统治与被统治等。在游牧民族与农耕民族的互补关系中，以朝贡、互市为主要形式的正常的互补关系与以战争为手段的极端的互补关系之间存在着内在的有机联系。在和平时期，中原王朝与周边各民族间的使节往来不断，贡赐贸易和互市贸易成为二者关系中的主流，与此同时，双方都通过经济交流在壮大各自的实力，等到某一方实力达到一定程度以后，就会发动战争。

2. 经济环境对中国传统文化的影响

农耕经济贯穿于中国传统文化发展的始终，中国传统文化主要特征的形成与农耕经济的影响是分不开的。

农耕民族与游牧民族的长期对垒，促进两者之间经济文化互补和民族的融合。一方面，北方民族勇猛善战、粗犷强劲，富于流动性，善于吸取从远方带来的异域文化，成为中原稳健儒雅的农耕文化的补强剂；另一方面，农耕民族的先进生产方式、政治制度和文化技术，促进游牧民族社会形态的变化。这一切形成了古代中国不同区域文化格局，如秦晋文化、吴越文化、齐鲁文化、楚宋文化，使中国文化具有了多样化特点。

农耕文明的源远流长，从纵向来看，始终保留着各个历史发展阶段的经济成分；从横向来看，农耕经济并不仅仅是以农业生产为界限，而是包含着手工业、商业等多方面的经济成分。从历史发展看，中国经济在夏商周时期是原始协作式农业自然经济，秦汉至明清时期则为农业与家庭手工业相结合的经济，至近代始出现农业与工商业并存的经济形态。中国古代农耕经济的多元化结构造就了中国传统文化兼收并蓄的包容性特点。《易传·系辞下》提出“天下同归而殊途，一致而百虑。”如春秋战国时期的诸子百家、秦汉时期的儒道融合，这些不同派别、不同类型之间思想文化的交相渗透、兼容并包、多样统一，表现了中国文化“有容乃大”的宏伟气魄。

中国农业文化成熟较早，农业生产周期和植物从种子到种子周而复始衍化以及四时、四季循环的现象，启示了中国文化中循环论的思维方式。这种思维方式长期制约着中国人的思想方法。《易传》中有：“寒往则暑来，暑往则寒来。”政治生活中朝代的盛衰更迭，治乱分合的往复交替，所谓“天下大势，分久必合，合久必分”，以及人世间的种种变幻离合，更强化了人们的循环观念。金、木、水、火、土五行相生相克的观念，便是循环论的表现。在循环论思维方式的制约下，农业社会中的人们满足于维持简单再生产，缺乏扩大社会再生产的能力，社会运行缓慢迟滞。在这样的生活环境中人们容易滋生永恒意识，认为时间是悠久的、静止的，使中国文化显露出凝重的保守性格。保守的意识形态，导致社会普遍安于现状，缺乏远见和开拓精神。

农耕经济对中国人的性格特点产生了深远的影响。农耕经济依附于土地，土地在耕种过程中必须要有连续性，耕种了要收割，收获了第二年要继续耕种，在这个过程中还要涵养土地，自然就会形成一种稳定的生活环境。农耕文明还有一个特点，它日出而作、日落而息，春种夏长秋收冬藏，遵循着自然的规律。人们在一定环境里长期稳定地生活，生活节奏比较平和缓慢，依赖土地。其生存特点和生活方式使人们追求平稳、追求安定、追求和谐的生活目标，于是影响了中国人的性格形成，比如说务实精神，在农耕的生活方式中，人们必须踏踏实实去做才能有收获，有收获才能生存，即“一分耕耘一分收获”的生活经验，人们在农业劳作中领悟到“利不幸至，力不虚掷”，说空话无补于事，实心做事必有所获，这种农人的务实作风也感染了士人。比如说民本思想，农耕文明整个生存是依赖于农民的收成，没有农民的劳作就没有收获，没有收获就无法生存，后来在整个封建历史时期逐渐形成了重农抑商的以民为本思想。比如说中庸之道，承认对立面的对立、统一，强调用缓和、和谐、适度的方法来解决矛盾。在中国古代，中庸之道可以说是调节社会矛盾使之达到中和状态的高级哲理。它是一种生存智慧，把无过无不及的庸常之道作为天下的定理、正道，要求人们凡事要适中、适度，不偏不倚，保持均衡。

（三）中国传统文化产生的社会政治环境

1．宗法制家天下、君主制统天下的社会政治环境

（1）宗法制家天下

宗法制度是由氏族社会父系家长制演变而来的，是王族贵族按血缘关系分配国家权力，以便建立世袭统治的一种制度。其特点是宗族组织和国家组织合二为一，宗法等级和政治等级完全一致。此制度确立于夏朝，发展于商朝，完备于周朝，对各封建王朝产生了深刻的影响。西周时期，受到宗法制度的影响，具有家国同构的特点，即处理好了和家族成员之间的关系，也就处理好了国家大事。

宗法制主要内容包括嫡长子继承制、分封制和宗庙祭祀制：

① 嫡长子继承制。嫡长子继承制是中国古代社会一夫一妻多妾制下实行的一种继承制度，是维系宗法制的核心制度之一。该制度起于商末，定于周初。《春秋公羊传·隐公元年》提到的具体规定为“立嫡以长不以贤，立子以贵不以长”。自西周以后，汉族王朝基本上都执行周朝宗法制所规定的嫡长子继承制，即嫡长子拥有政治继承权。嫡长子是法定的继承人，继承王位以后，便是诸子的大宗，诸子为小宗，小宗必须服从于大宗。这种制度体现了等级观念，与宗法制度、妻妾制度相表里；但在当时条件下，一定程度避免了统治阶级内部兄弟之间为争夺权位和财产的继承而引发的祸乱，从而维护了王权的威严和社会的稳定。

② 分封制。分封制，是中国古代分封诸侯的制度。古代中国的“天子”将土地分给王室子弟、功臣或古代帝王的后裔，所封之地称为“诸侯国”“封国”或“藩国”等，统治封地的君主被称为“诸侯”“藩王”等。商代已开始分封诸侯。西周灭商后，便大规模地以封地连同居民分赏王室子弟和功臣，诸侯在其封国内享有世袭统治权，也有服从天子命令、定期朝贡、提供军赋和力役、维护周室安全的责任。春秋战国时，适应中央集权的郡县制逐渐取代分封制。秦始皇统一全国，普遍推行郡县制，废除分封制，建立了第一个专制主义中央集权的王朝。此后历代王朝也还有分封的事例，但性质不完全相同。

③ 宗庙祭祀制。宗庙是帝王、诸侯、卿大夫、士等祭祀祖宗的处所。宗庙祭祀制是为达到维护宗族团结而发展起来的一种重要手段。统治阶级利用宗法制度，通过祭祖，把宗族心理升华为阶级意识，从而有效地巩固和强化了现实的统治秩序。宗庙制度，简称庙制，是指儒家为已故祖先建立灵魂依归之所设立的次序和祭祀制度。庙制规定，天子立七庙，诸侯立五庙，大夫立三庙，士立一庙，庶人无庙，以此区分亲疏贵贱。

（2）君主制统天下

君主制指以古代君王为核心的中央集权的政治体制，它脱胎于原始社会后期的父权制。战国时初步确立起君主集权的政治体制，秦始皇统一中国后创立专制主义中央集权的政治制度。它既包括皇帝对中央百官的控制，又包括对地方及各级官吏和百姓的控制，从而把专制主义的决策方式和中央集权的政治制度有机地结合在了一起，正式确立了专制主义中央集权的政治制度。从此，封建政治制度的政体基本定型，专制主义中央集权的制度得以巩固。

宗法制是贵族之间的血缘关系制度，而普通的庶民还保持着过去的氏族形态，也就是依附于井田制之上的农村公社团体。一个农村公社就是一个氏族团体，他们是宗法制在底层的体现。春秋战国时期，宗法制度走向瓦解，姓氏也走向了合流。但是宗法制所形成的血缘观念依然长期影响着中国人。儒家倡导的“亲亲尊尊”“君君臣臣，父父子子”“忠孝”等观念便是宗法观念的继承。中国人重视家族的传承，以至于重视修家词，整理家谱。中国人将血缘关系放在人际关系中最重要的位置，出现了以血缘为纽带的裙带关系，一人得道，鸡犬升天。宗法观念下，中国人热爱故土，安土重迁，就算离开了家乡，也想着落叶归根。

2. 政治环境对中国传统文化的影响

(1) 宗法制家天下对中国传统文化的影响

宗法制家天下这种社会政治结构使整个中国传统文化带有强烈的宗族伦理特点，特别强调秩序等级，崇宗敬祖，尊重父母，尊重师长，等级森严。这种特点也使中国的社会结构特别稳定。每个人都能找准自己的位置，不逾矩的社会，一定是很稳定很和谐的。中国人对自己的家族、地区、国家都有很深的情感认同，如中国人重视家族的传承，重视修家祠，整理家谱；中国人热爱故土，安土重迁，就算离开了家乡，也想着落叶归根等，有利于增强国人的爱家爱国精神。这对于中国社会几千年的稳定和发展，都起到了至关重要的作用。宗法观念下，中国人将血缘关系放在人际关系中最重要的位置，当然也会带来一些负面的影响。比如，过于迷信权威。自古的华夷之辨，就是源自于此，包括后来闭关锁国的举措，以及天朝上国等一系列言论，都严重阻碍了中国的发展。中国人还过于“尊祖敬宗”。比如，自尊为天朝上国，不思进取，沉浸在过去的伟大成就中不能自拔。还有家文化、宗族文化，也会带来宗族利益和裙带关系，使整个民族产生“非我族类，其心必异”的盲目排外心理。

(2) 君主制统天下对中国传统文化的影响

君主制统天下，有助于多民族国家的建立、统一、巩固和发展，使中华民族有强烈的民族认同感和民族自豪感，把国家利益、民族利益看得高于一切，在国家利益、民族利益与个人利益相冲突时，往往牺牲个人利益。儒家“达则兼济天下”体现了中华民族强烈的入世感和参与感，士大夫们把“修身齐家治国平天下”作为自己人生的最高理想。这种结构产生的负面影响，就是容易形成崇拜权威的官本位思想，容易形成漠视民众利益、滥施威权的官场恶习。

(3) 二者结合对中国传统文化的影响

宗法制家天下和君主制统天下二者相结合就形成了一种“内圣外王”的人格理想，这也是中国传统文化的一个特点。“内圣”就是追求个人内在的修养成为圣人，是一种最高人格品质的追求；“外王”就是实现建功立业的人生理想抱负。“内圣外王”就是通过不断提高自己的修养，培养自己的能力和实力，然后在外部建立功业。这实际上是积极参与改造社会，在社会中建立自己的影响力，儒家所谓修身齐家治国平天下实际上就是“内圣外王”理想的基本内涵。

三、中国传统文化的现代价值

中华民族五千多年的灿烂文化曾经在世界历史上长时间占据前沿。一百多年前，西方列强用坚船利炮强行打开了中国的大门，尊崇道统的中国文化与追求革新的西方文化产生强烈冲撞，救亡图存的社会现实使当时的大多国人很难冷静地对五千年的传统文化有一个全面的衡量和认知。于是，一百多年来，很多人对西方文化进行选择性接受。直至今天，当人类面临精神家园日渐荒芜、社会要素关系难以和谐、各种恐怖活动层出不穷、环境严重污染以及威胁人类生命的各种世界性疾病越来越多等生存困境的时候，许多有识之士认为西方文化的发展已到达了一个临界点，要破解当代人类生存困境需要另外一个文化体系，于是便把目光投向了有着悠久历史文化传统的中国。

中国传统文化的现代价值主要有以下四个方面：

（一）延续民族精神：中华传统美德

所谓“传统美德”，是指在自觉的或习俗的道德规范中，那些为大多数人所接受并实际奉行的，而且是古今一以贯之的，在现代仍发挥着积极影响的那些道德规范。中华传统美德是中国优秀的伦理道德，是传统精神文化深层结构中的精髓和核心，代表中华民族的最伟大的民族精神。从人与自身关系的思考中，中国古代圣贤先哲们提倡的传统美德有：

1. 精忠爱国

中华民族在长期的民族生存与发展中，逐步凝结巩固起了深厚的爱国主义情感，形成了精忠爱国的浩然正气和民族气节。由于中国古代社会家国一体的社会结构和观念，中国人总是把自己的国家称作“祖国”，它不仅是衣食之源，而且是情感之源，中国人对其具有强烈的依恋意识。在中国道德中，爱国历来被看作是一种“大节”。虽然在封建社会时期它与忠君是联系在一起的，具有时代的局限性，但这种观念被提升为精忠报国的爱国主义精神后，在国家遭受外族入侵时，这种精神成为反抗侵略、保家卫国的重要精神力量。这一道德价值取向，在中国历史上产生了久远的影响，对于中华民族重气节的风尚的形成起着重要作用。

2. 修己慎独

中国传统伦理道德强调人性本善，同时又认为如果没有一番修身慎独的功夫，本性的善端是无法转化为现实的善。要实现这种转化，首先必须做到律己修身，“自天子以至于庶人，壹是皆以修身为本”（《礼记·大学》）。这样的修养功夫，强调自主自律、自我超越以维护人伦关系和整体秩序，其基本精神是“求诸己”，也就是严以责己、宽以待人，即“躬自厚而薄责于人”（《论语·卫灵公》）。而“求诸己”的最有效的方法是慎独，“君子戒慎乎其所不睹，恐惧乎其所不闻。莫见乎隐，莫显乎微，故君子慎其独也”（《礼记·中庸》）。这就是说，慎独就是在自我独处时要严于律己，戒慎恐惧，“吾日三省吾身：为人谋而不忠乎？与朋友交而不信乎？传不习乎？”（《论语·学而篇》）修己慎独的修养传统培养了中华民族践履道德的自觉性与主动性，造就了许多具有高尚品质和坚定节操的君子人格。

3. 见利思义

对义利关系的处理体现了中国伦理道德的价值取向。“义”是指体现社会公利的道德标准，“利”则泛指个人利益、功效。孔子主张“君子义以为上”，他要人们努力去追求义，即社会公利，为社会多做贡献，用社会公利限制、约束个人私利。“不义而富且贵，于我如浮云”（《论语·述而》）、“君子喻于义，小人喻于利”（《论语·里仁》），整个传统价值观的基调和主流是先义后利、见利思义。这种义利观注重的是社会公利，引导人们为国家和百姓做贡献，这是一种积极的社会本位的义利观，这种义利观在长期的道德实践中，升华为中华民族“杀身成仁”“舍生取义”的崇高道德境界。孟子在《鱼我所欲也》中说：“鱼，我所欲也；熊掌，亦我所欲也。二者不可得兼，舍鱼而取熊掌者也。生，亦我所欲也；义，亦我所欲也。二者不可得兼，舍生而取义者也。”这种道德观念造就了中华民族积极向上、追求完善的民族心理和民族素质，也培育了一批为国家、民族的利益勇于献身的民族英雄、爱国志士，他们以自己的生命实践了“成仁”“取义”的理论，给后世留下了气壮山河的英雄伟绩。

4. 笃实宽厚

中国是一个以农业为主要生产方式的国家，长期的农耕生活，形成了中华民族质朴的品格和务实的精神。在此基础上，中国传统道德形成了许多以“实”为价值标准的规范和美德，如老实、求实、诚实、忠实、踏实、实在等，形成了崇尚实干、反对空谈的实事求是精神。在待人上，中华民族向以宽厚为美德，严于律己，宽以待人，推己及人；在人与人的关系中，中国人以“将心比心”“以心换心”为原则，在互助中达到人伦的和谐、人格的美现，中国人常以宽厚的道德人格感动别人，达到人我的沟通，宽宏大量、忠厚长者等道德评价，都是中华民族重视宽厚品德的体现。笃实宽厚的美德形成了中华民族精神的崇实性和包容性，使得中华民族这个大家庭能够和睦相处，形成连绵不绝的民族历史和民族活力。

（二）对现代科技发展的影响

在全球充溢着科技能解决人类一切问题的乐观主义思潮中，重科技轻人文的负面效应愈加明显，1978 年 7 月，在印度博纳世界秩序标准规划第十四次会议上，美国起草了一份由 26 名学者签名的报告《科学技术的堕落》。报告认为，现代社会不少思想、道德、伦理和文化上的混乱，与科技发展过快有关。应当适度限制科技发展以调整思想，使人类有足够的道德理性来正面使用科技，造福人类。

中国传统文化具有鲜明的伦理道德倾向，高度重视厚德载物、天人和谐、主张世界大同的传统精神文化是化解各种失衡、危机、矛盾、冲突等世界性难题的思想宝库，是慰藉人类心灵和提高人文精神的珍贵资源。

（三）对现代商业发展的规范

全球性的现代化极大改变了人类的生活方式，人口增多、阶层分化复杂、资源匮乏，令现代人的生存竞争日渐激烈，追逐利润、见利忘义的商业行为在当今社会已成顽症。

中国传统文化一向倡导道德为本，立功、立言要先立德，以道德文化维系社会良性运转。求利之心人皆有之，但不能“放于利而行”。孔子主张“见利思义”“义然后取”，孟子“何必曰利，亦有仁义而已矣”等都是节制欲望，不与争利，将传统文化重义轻利或先义后利的价值理念纳入现代商业文明核心价值行为规范中，创造出具有民族特质的现代工商业文明模式。

（四）对地区局势争端的化解

当前世界正在发生着复杂而深刻的变化，经济全球化和区域经济一体化，为各国在更广泛的领域、更深层次上开展相互合作提供了有利条件。但是，在全球化加剧的背景下，西方文化思维中弱肉强食的“丛林法则”，给广大的发展中国家带来了灾难性影响。

中国传统文化中主张“尚和”的思想，在国家关系上，体现为倡导“协和万邦”，主张和平；在社会关系上，体现为倡导“同舟共济”，共建和谐；在家庭关系上，体现为倡导“家和万事兴”，讲求和睦；在文化关系上，体现为主张广撷百家，和融诸说。中国历史上的佛学东传、西学东渐，儒、释、道诸家长期并行不悖，都体现了中国传统的“和合”思想，在浩如烟海的古代典籍里，随处可见中国古人反对战争、追求和平的思想表达。

拓展阅读

阿诺德·汤因比是一个英国的历史学家，他也可以说是20世纪最具世界性影响的历史学家和历史哲学家，20世纪70年代初，他曾经两次造访中国。他在接受访谈时预言“将来统一世界的大概不是西欧国家，也不是西欧化的国家，而是中国”。大家都知道，当时我们中国还处于“文化大革命”时期，状况相当艰难，所以汤因比的这一预言，无疑是极其惊人的，那么汤因比为什么会说出如此惊人的预言呢？他如此高度评价中国，“与其说是由于中国在近现代史上比较短时期所取得的成就，毋宁说是由于认识到在这以前两千年间所建立的功绩和中华民族一直保持下来的美德的缘故”。汤因比实际上是基于对延绵的中国传统文化的礼赞，预言了当时正处于低谷的中国将在21世纪伟大复兴，这就是中国传统文化所拥有的崇高历史地位。

思考与探究

1. 分组讨论并制作PPT——中国和平崛起与传统文化的关系 。

2. 先请同学们谈谈你所了解的中国文化在当今国际上的地位或影响，最好能用事实说话。

3. 我国古代农耕文明为何最早发源于黄河中下游地区？

第二单元　中国古代思想文化

文化思想作为一种上层建筑，一种社会意识形态，与朝代的更替、社会制度的变迁有着十分密切的关系。历代帝王在改朝换代以后，往往会对前代的思想意识形态做某种调整，社会知识阶层也会因改朝换代而做出不同的思想反映，这两者都会对整个社会的文化思想产生重要影响。

一、中国古代思想概述

纵观中国传统文化思想几千年发展演变的历史，大致经历如下阶段：从创生、突破或遭遇异质文化因素，到多元共存乃至出现混杂散乱，再到交融整合乃至统一，最后走向衰退溃散而等待另一次新变。中国传统思想文化是在这种周而复始的周期性演变中不断丰富与发展，并获得了自身生命的延续。当然，在周期与周期之间，我们并不能画出一条绝对的时间界线，只能以一些相对重要的标志性事件和人物作为参照，划分出一个大致的时间段。

（一）从远古到西周王朝的衰落

如果从传说中的黄帝时代算起，到西周末年结束，这个时期大约两千五百年。这是中国古代文化思想的一个漫长的萌发期。夏商周三代的历史则渐趋明晰，特别是商、周文化思想，在出土的甲骨文、钟鼎文以及《尚书》等文献中可以略窥大概。从发掘的遗址和出土的文物可以看出，三代先民在农业、建筑、铸造等方面已经积累了相当丰富的实用技术知识；另一方面，流传下来的文献也表明当时人们有浓厚而虔诚的宗教信仰，尊天事鬼，尊奉“上帝”。在对自然界和人类社会的认识方面，也初步形成了一些体系范畴以及礼仪规范、道德观念等。特别是到了西周，其文化思想在《尚书》中已经有了比较丰富的体现，并为后来文化思想的发展提供了一些重要的思想萌芽。周代文明的昌盛，其实也是华夏大地上多元共生的部族文化长期交融积累的成果。如果《周礼》《周官》等文献中的记载是可信的，则周代已经在整合前代文化的基础上，建立了相当发达的一套礼仪制度文化，并且把当时的物质和精神文明推向了一个前所未有的新高度。

（二）从孔子及其学说产生到西汉儒学定为一尊

这个时期经历了五六百年。这是中国传统文化思想最富有原创性的时期，是中国文化思想基本核心内涵的奠基时期。“百家争鸣”局面的出现，使中国文化思想的发展出现了一个自由创造的黄金时代。周天子王权的衰落，改变了“学在官府”的局面，学术文化不再只是上层贵族和专职巫师世袭的特权和专利。孔子开创了私人讲学风气，并且创立了儒家学派，战国时期孟子和荀子从不同方面继承并发展了孔子开创的儒学。同时墨家、道家、名家、法家、农家、阴阳家以及兵家、术数、方技等各种学说流派和学术技艺纷纷涌现，产生了老子、墨子、杨朱、庄子、商鞅、吴起、惠施、公孙龙、韩非子、邹衍等一大批重要的思想家。

（三）从佛教的传入到唐朝经安史之乱由盛而衰

这个时期大约经历了九百年。这是中国传统文化吸纳外来的佛教因素发生新变化的一个时期。西汉“文景之治”打下的社会物质财富基础和汉武帝时代思想整合的文化效应强化了汉朝的中央集权统治，维护了社会稳定，在一定时期内保障了汉代文化进一步走向繁荣。但是，天人感应的神学理论与经学对文化思想垄断的弊端也逐步呈现，遏制了文化发展的生命力。到东汉时期，佛教思想作为一种外来文化因素来到中国，逐渐对中国文化产生越来越重要的影响。在佛教的影响下，产生于中国本土的宗教——道教，在民间的影响也开始日益扩大，南北朝时期，相应于南北东西各民族之间频繁的战争和人员交流，佛家、道家、儒家思想也在社会各阶层中以不同形式得到发展，各自产生了一些大学问家和思想家。佛家、道家、儒家既相互竞争，又相互交融，对中国文化中的哲学、伦理、科学、技术、文化、艺术等方方面面都产生了错综复杂的深刻影响。隋代和唐代统治者对儒、道、佛三教采取兼收并蓄、综合利用的政策，以维护社会稳定，调和社会矛盾。

（四）从宋代理学思潮的兴起到明代心学的衰落

这个时期经过了七百多年。这是中国传统文化自身进行调节整合，走向复兴、又由盛而衰的一个时期。宋代统治者在文化上废武尚文，重新使用儒家纲常礼教来维护社会稳定，理学思想应运而生，它以“先天太极”宇宙论为出发点，以“天理”为形而上学本体论基础，整合传统儒学思想范畴，建立起庞大的哲学体系。同时，这个体系也吸引了佛教、道教的一些思想内容和思辨方法，实现了中国文化思想的又一次整合。在宋、元、明发展过程中，理学出现了不同派别的思想，一是倾向于唯物论的“气”本体论和崇尚功利的“事功”之学，二是倾向于主观唯心论的“心学”。“心学”从宋代的陆九渊发展到明代的王阳明达到顶峰，又由王学末流而走向衰落。

（五）明末清初的西学东渐直到如今

这个周期到现在已经经历了差不多四百年，这时期中国传统思想文化受到来自西方文明的巨大冲击和挑战，从明朝后期开始，徐光启等人成为首批接受基督教文化影响的中国知识分子，他们不但引进了一些不同于中国传统文化思想的西方宗教观、宇宙论、价值观，也附带引进了一些西方的科学技术文化。明末清初一批启蒙思想家如顾炎武、黄宗羲、王夫之等已经开始向传统文化中那些直接为君主专制服务的观念、制度等发起严厉的自我批判。从鸦片战争到八国联军入侵中国，西方列强的坚船利炮不仅严重打击了大清帝国的社会政治基础，也打开了中国文化封闭自守的大门，使中国古老的传统文化无可逃避也无可奈何地直接面对一种异质强势文化的挑战与冲击。又经过百年沧桑，几代中国人的艰难探索，中华古老文化在革命风暴、战火硝烟、外敌入侵、天灾人祸、军事对抗、经济改革、贸易摩擦等无数历史事件中与西方文化冲突、交流，同时不断进行着自我反省、自我批判与自我重塑……到如今我们似乎已经看见中国文化及其思想传统在经历了“凤凰涅槃”之后获得再生的曙光。

二、先秦诸子百家思想

春秋战国时期，百家争鸣，学术思想异常活跃，涌现出了许多重要的思想家，如孔子、墨子、老子等，形成儒家、墨家、道家、法家、名家、阴阳家、兵家、农家等学派。诸子百家各引一端，崇其所善，相反相成，掀起了一场伟大的思想解放运动，它代表了我国学术文化发展史上的民主传统，使我国学术文化的方方面面都获得了长足的发展，出现异彩纷呈的繁荣景象。

（一）儒家思想

儒家学说产生于春秋战国之际，代表人物有孔子、孟子、荀子、董仲舒、朱熹、黄宗羲、顾炎武、王夫之。儒家树立的是道德大师的形象，刚健中正，仁慈亲和，具有完善的人格，以救世安民为己任。儒家的基本思想博大精深，主要概括为以下几个方面：

1. 重视修身、尊崇君子的人格追求

治国齐家修身始。儒家讲求“修身”，并设定了一整套美德标准，如修德行仁、立志笃行、正直忠信、谦逊谨慎、与人为善、以德报怨、先义后利、爱人惜物等，还总结了许多修养的方法与途径，如格物、致知、诚意、正心、慎独等。在人格培养方面，儒家提倡君子人格：君子追求高尚的精神境界和道德完善，如“忧道不忧贫”“谋道不谋食”；对物质没有过分要求，君子要重义轻利，如“君子喻于义，小人喻于利”；君子应言行一致，如“君子耻其言而过其行”“君子欲讷于言而敏于行”“文质彬彬，然后君子”；君子还应该通过个人品质的修养来实现治国安民，如“修己以安人”“修己以安百姓”。君子的观念已深深地融入了文化之中，也深刻地影响着人的性格和思想，对于人格世界的构成具有基础性的作用。

2. 关注现实、经时济世的入世追求

儒家直面现实的传统始于其始祖孔子。孔子生活在春秋末年“天下无道”“礼崩乐坏”的动荡时代，传统的价值观和行为规范受到强烈的冲击，这促使他关注现实社会与现实人生。孔子“不语怪力乱神”，对鬼神“敬而远之”，他说“未能事人，焉能事

鬼”“未知生，焉知死”。儒家的入世突出表现为自身对政治的参与，对民生的关注，希望通过自身努力来为国为民效力，来“齐家治国平天下”。孔子强调“德治”，孟子推崇“仁政”，荀子主张“礼法并重”，董仲舒和后来的二程、朱熹、王阳明等人的学说无一不是从治国出发的入世之学。儒家这种入世品格，表现了他们心怀天下、以天下为己任的担当意识和忧患意识，也启迪着后人志存天下、经邦治国、建功立业。

3.“身任天下”、忧国忧民的忧患意识

苏轼说：“人生识字忧患始。”所谓忧患意识，是指对国家对人民前途、命运的深切关心，表现为思想上、情感上的一种经常性的忧心和思虑状态。《易传》中讲“安而不忘危”，当政者应当居安思危，不可以因表面无事而沉迷安乐。孔子说：“人无远虑，必有近忧。”他忧“德之不修，学之不讲，闻义不能徙，不善不能改”“君子疾没世而名不称焉”。孟子说：“君子有终身之忧。”“生于忧患，死于安乐。”“乐民之乐者，民亦乐其乐；忧民之忧者，民亦忧其忧。乐以天下，忧以天下。”黄宗羲提出“天下之治乱，不在一姓之兴亡，而在万民之忧乐”，顾炎武指出“天下兴亡，匹夫有责”。

儒家这种“忧道不忧贫”、忧天下而不忧个人的博大襟怀，成为一种优秀的传统，启迪、激励着后世仁人君子以天下为己任，自觉地为国家分忧，为人民大众分忧。

4. 积极进取、自强不息的奋斗精神

《易经》云：“天行健，君子以自强不息。”儒家崇尚刚健有为、自强不息的精神。孔子一生“学而不厌，诲人不倦”“发愤忘食，乐以忘忧，不知老之将至”，为推行自己的政治主张，周游列国，虽遭冷嘲热讽和挫折打击，但从不灰心丧气，“不怨天，不尤人”，以对崇高理想的不懈追求践履着“知其不可为而为之”。孟子也主张在“苦其心志，劳其筋骨，饿其体肤，空乏其身”之时，“动心忍性，曾益其所不能”，于逆境当中不屈不挠。《荀子·劝学篇》强调要发挥人的主观能动性，为实现人生目标而持之以恒、锲而不舍。儒家这种积极进取、弘毅有为的精神，对塑造中华民族的性格起了积极作用。

5. 推己及人、“和而不同”的和谐人际关系

孔子极力推崇“仁”，他说“仁者爱人”。但这个“爱人”不是爱自己，而是“泛

爱众”，是对社会群体的爱，是“老吾老，以及人之老；幼吾幼，以及人之幼”的推己及人，是“己欲立而立人，己欲达而达人”的将心比心，是“己所不欲，勿施于人”的换位思考，是“达则兼济天下”的博大胸怀。儒家重“和”，倡导人与自然、人与社会、人与人和谐相处，所谓“心和”“人和”“天和”。以个人身心和谐为“心和”，人际与社会和谐为“人和”，人与自然和谐为“天和”，三者合而为一为“太和”。但与此同时，儒家又提出“和而不同”，主张于和谐之中保持自己独立的个性，不同而又不彼此冲突，坚持自己的主张，也能够包容他人的主张，“和谐”以共生共长，“不同”以相辅相成。推己及人、“和而不同”是儒家处世智慧的高度体现。

（二）道家思想

“道”是中国传统文化中的核心观念，具有中华民族所独有的人文特色。

“道”的内涵可以从哲学层面、人文层面、价值层面去理解。在哲学层面可以看到“道”的本源性、超越性和遍在性；在人文层面可以看到“道”中人的主体性、理性的力量和精神性追求；在价值层面可以看到万物一体的世界观、与道合一的人生观以及尊道贵德的价值观。“道”论从不同角度彰显了其是中国文化基因中的重要因素。以道为核心的中国文化的指向都是内向性的，即向内反省，通过内在的人格修养完成知道、成道、行道的过程，达到与万物相通的天人合一。

1. 道法自然

历来学者对“道法自然”有不同的解释。其实，“道法自然”即是说道效法自己的样子，实际上亦是道让万物依照本有的属性成长，实现它自身，这就是“道法自然”。“道法自然”的原则要求每个人都不要凭借自己的私心、私智去干涉其他人，而要努力去发现万物的内在特性、生长和运动的规则，让它们成为它们自身，这就叫作自然无为。“无为”也不是什么都不做，袖手旁观、冷眼相看，而是发现万物特性，让它们顺着自己的特性成长。这在道家看来，就叫作“辅万物之自然而不敢为”，“辅万物之自然”即是用善心去照料、看管；“不敢为”即是不敢“揠苗助长”。这种对待万物的态度用于人事的管理，就会自然而然地达到一种清静的境界。因此，要达到清静无为的境界。

2. 上善若水

古代哲学家常常用形象物来做哲理的比喻，水是用得较多的一个典型。不过老子似乎对水有着一些偏爱，一部《道德经》里就有五章提到水的榜样作用，但第八章说得特别清楚，天下最善良的德行应该像水一样。水把生机送给万物，让它们得到生存的大利，可是从来不去争自己的功劳；相反，却愿意到众人所厌恶的任何地方去，哪怕那里又脏又臭、又低又暗，水从来不去计较。这种品格，已经接近于“道”了。所以，为人处世，也要像水一样抱着普利群生的大愿，保持谦卑的态度，不在众人中争名争利。只讲耕耘，不问收获；只讲为善，不求福报；只讲服务，不计报酬。

3. 大小无定

在先秦诸子中，以老庄为代表的道家特别善于言“大”。“大”其实是“道”的代名词，而老子、庄子所说的“大”与“道”也就是现代人所理解的“无限”的代名词。人生有限，人所感受的世界也是有限的。人常常从有限的认识与经验出发，把一切固定化、狭隘化。老子、庄子要改变人们的习惯思维，要求人们从“大”“道”和无限的角度来审视周围的事物，让一切都处在相对之中，让日常生活中的大小观念失去固化的意义，从而拓展我们的心灵，让它变得更具有包容性。

《老子》第二十五章讲“域中有四大”，天大、地大、道大、王亦大，而以“大”称“道”。真正的伟大，都表现出谦虚、居下的态度，故老子讲：“江海之所以为百谷王，以其善下之。”谦虚可以自然而然地成为大者。

庄子讲“大小之辩”更为智慧。《逍遥游》篇中，大鹏鸟要从北天池飞往南天池，借六月海水而上升到九万里高空。小麻雀根本无法理解大鹏鸟的志向。庄子要追求人内心世界的自由，让个体生命能充分地实现自己的理想，不接受世俗社会的任何礼、法规则的束缚，世人也无法理解这一“大志”。

4. 得失不惊

老庄的生命哲学中最为可贵的思想在于：高度肯定人的生命具有不可剥夺的内在价值。世俗社会的财富、名誉、权势都不足以与生命的价值相比。所以老子说：“宠辱若惊，贵大患若身。何谓宠辱若惊？宠为下，得之若惊，失之若惊，是谓宠辱若惊。

何谓贵大患若身？吾所以有大患者，为吾有身，及吾无身，吾有何患？故贵以身为天下，若可寄天下；爱以身为天下，若可托天下。”（《道德经》第十三章）而庄子则更为激进地说，人生在世，宁愿像那只在泥中爬行的乌龟，也不愿意去做楚国的宰相。因为做楚国的宰相随时都会有掉脑袋的危险，还不如做一个虽然活得很辛苦但却很自由自在的乌龟。深受老庄思想影响的宋代大文豪苏轼说：“自其变者而观之，则天地曾不能以一瞬，自其不变者而观之，则物与我皆无尽也。”诗人龚自珍说得更好：“落红不是无情物，化作春泥更护花。”

（三）墨家

墨子和墨家学派代表社会底层小生产劳动者的利益和思想。墨子及其许多弟子本身都是手工匠出身，他们直接参加了生产实践，生活在社会底层，以节俭自苦为乐。在春秋战国之际，社会动荡，原来严格的社会等级秩序被打乱，工商食官的局面已不复存在。

各种个体手工匠逐渐成为一种独立的社会阶层，贩运商业的发展进一步刺激了个体手工业的繁荣。个体手工匠和小农作为小生产者成为社会物质生产的主要力量，已成为一股不可忽视的社会力量。他们中的佼佼者通过学士仕的途径，登上了政治舞台。墨家学派正是在这样一个社会背景下崛起的。

在战国时代，墨家是能够同儒家相抗衡的、名声很大的学派。《韩非子·显学》云：“世之显学，儒墨也。”从墨子至韩非子，其间有二百余年。略晚于墨子的孟子说：“杨朱、墨翟之言盈天下。”（《孟子·尽心上》）韩非子之后，墨家的影响还是很大的。相传墨家有严格的纪律，其领袖称为“钜子”，墨子可能是第一代钜子，后又有孟胜等人，但承传情况不详。

前期墨家，以墨子的“兼爱”“非攻”“尚力”等观点为中心。与儒家展开了激烈的争论。后期墨家在认识论以及几何学、光学、力学等自然科学方面有了进一步的发展。此外，墨家在逻辑理论方面有特殊建树，创立了中国古代第一个比较完整的形式逻辑体系。

墨家“显学”地位的消失，是在汉武帝独尊儒术以后。到清代之前，除了西晋的鲁胜作了《墨辩注》外，墨学就无人再去过问了。对诸子学颇有研究的傅山，开了清代研究墨学的先河。至清中叶，汪中对久被湮没的墨学大加推崇。而墨学研究的集大成者，当数孙诒让。孙诒让的《墨子间诂》，为研究墨子的重要参考书，今已收入《诸子集成》中。到了近代，墨学出现了复兴。墨家的思想，在近代一些志士仁人身上得到了弘扬，如谭嗣同、孙中山。另外，墨学因西方科学的传入而复兴。梁启超与胡适是宣传这一思想的最有力者。

1. 墨家学派的创立

墨子（约公元前480年～公元前389年），名翟，鲁国人，手工业者出身，自称“贱人”。曾学习儒术，因不满“礼”的烦琐，另立新说，聚徒讲学，创立了组织严密的墨家学派。墨子“生于鲁而仕宋，其生平足迹所及，则尝北之齐，西使卫，又屡游楚，前至郢，后客鲁阳，复欲适越而未果”（《墨子间诂·墨子传略》），可见墨子为宣传和实践自己的政治主张，曾大范围地在各国奔走、游说，故人称“墨突不黔”。墨子的学说思想汇集在《墨子》一书中，其学说、思想是百科全书式的，涉及当时的各个学科和领域，主要学说思想如下：墨子主张“兼爱”。“兼爱”是墨子学说的主旨，他认为社会的众恶之源是人们的自爱、自利，因此主张“兼相爱，交相利”，强调相互间的义务：“夫爱人者，人必从而爱之；利人者，人必从而利之；恶人者，人必从而恶之；害人者，人必从而害之。”（《墨子·兼爱》）同时，墨子又提出“非攻”，反对不义的掠夺战争；主张“尚贤”，即选择贤能的人做国君和各级官吏。在“尚贤”的基础上，又提出“尚同”的主张，认为当时天下大乱的原因就在于没有圣主和统一的义。因此，必须建立以天子为最高首脑的国家。墨子认为，生产对于国家的政治、经济、军事、外交等方面具有极大的重要性。“民有三患：饥者不得食，寒者不得衣，劳者不得息。”（《墨子·非乐上》）“凡五谷者，民之所仰也，君之所以为养也。故民无仰，则君无养；民无食，则不可事。”（《墨子·七患》）这说明只有大力发展生产，国家的政治凝聚力、军事与外交影响力才能得以壮大。他还主张“节用”“节葬”“非乐”，要求大家尽量节省任何一个不必支用的钱币。墨子提出的“三表法”认识论是客观的唯物的，即用古代圣王治国治民的史实、用国中的百姓对国君所实施政策的看法、观察现行政策是否对人民有利，来判断政策的正确性。“三表法”就是判定事物的三个原则，是站在人民大众立场上提出的认识论和方法论，在中国哲学史上具有重要的地位。

2. 墨家思想的精神

墨子的人生实践和在思想上的探索，无不表明他对平民和贫苦阶级无比的热爱。

墨家基于“农与工肆之人”的平民立场，在血缘、地缘和封建等级观念等基础上建立了“兼爱”“尚同”的思想：

（1）兼爱

墨家的“兼爱”与儒家的“仁爱”相比，主要有两点不同：其一，儒家仁爱以“亲亲”与“孝悌”为出发点，从家庭亲情之爱开始由近及远推广开去，因此儒家的仁爱是有差等的，有亲疏远近之别；而墨家的兼爱却“不辩贫富、贵贱、远迩、亲疏”“爱人之亲，若爱其亲”。其二，儒家的仁爱从人性、伦常立论，以性善论为基础。而墨家之兼爱则以“利”为基础，“兼相爱”与“交相利”并提。如《大取》篇所说：“‘圣人有爱而无利’，伣日之言也，乃客之言也。天下无人，子墨子之言也犹在。”这种以“利”为基础的“兼爱”观，反映了下层民众要求平等的愿望。兼爱需要从人君做起，“苟君说之，则士众能为之”，所以兼爱之说，实际上也是劝人君让利于民。因为提倡“兼爱”，自然也就要“非攻”，反对侵夺战争，因为侵夺战争的结果必然导致“夺民之用，废民之利”，“以攻战亡者，不可胜数”。所以，“非攻”的主张也是为了要救民于水火之中，是“兼爱”主张的具体表现。

（2）尚同

《尚同》篇描绘了一种从天子、三公诸侯国君到正长自上而下层层发布政令，又自下而上层层尚同的理想的国家制度。在这种制度下，天子、三公、诸侯、正长等，都是“选天下之贤可者，立以为天子”的，这种想法已经不同于宗法世袭制下的政治观念。值得注意的是，墨子的时代，社会的基础还是宗法氏族架构，还没有后代官僚行政实体的“国家”的概念，只有世卿世禄的贵族诸侯封国，而诸侯国不过是个扩大的家。诸侯、大夫都是分封与世袭的。而墨子却提出一套以“选天下之贤可者”为行政官吏，然后层层统辖实施管理的中央集权的国家制度。虽然假托是“古者天子”之所为，但在当时应该说是一种大胆而超前的想法。

3. 赖力仗义的人生哲学

墨家的阶级出身和生活作风，使其学说独树一帜，反映了小生产劳动者的思想愿望，并形成以“赖力仗义”为核心的人格理想，成为中华民族人格道德美学理论和实践的重要类型。

墨家认为，人之不同于禽兽，在于他必须依靠自己的力量才能生存：“今人与此

（禽兽）异者也，赖其力者生，不赖其力者不生”。赖力有两个含义，一是生而具有的生命力和劳动力；二是对这种生命力和劳动力的运用。前者是做人的力量，后者是主观的努力。赖力而生，这是一个简单的事实，却是一个被儒道两家及其“归仁”“顺天”的人格理想所忽视了的真理。这个真理，对生活在底层的自食其力的劳动大众来说，是那样的亲切、实在，无须做任何解释和教化都能百分之百地接受。相反，奢谈仁德天道之类，对他们来说往往显得隔膜、遥远。

赖力，不仅是人之为人的根本所在，更是人们生存好坏的先决条件。个人的命运绝不系于自身之外的抽象天命或被迫接受的人伦规范，个人的饥饱、寒暖、荣辱、贵贱、安危乃至整个社会的治乱，都取决于现实生活中每一个人格主体的力量大小和用力的强弱：强必富，不强则贫；强必饱，不强则饥；强必暖，不强必寒；强必贵，不强必贱；强必荣，不强必辱；强必治，不强必乱；强必宁，不强必危。

赖力是人们生存需求和满足的前提，也是人们实现精神追求和提高道德水平的前提。墨家务求实际，崇尚功利，反对离开生存需求来讲道德修养和追求美的享受。刘向在《说苑·反质篇》中曾记有禽子和墨子的一段交谈。禽子问墨子，美丽珍贵的锦绣有什么用处，墨子说这类东西没有什么用处。譬如遇到收成不好的凶年，别人给你一个稀世珍珠和一钟粟谷，并嘱珍珠不得出卖，只能用来装饰，让你在二者之中择一，你将选取哪个。禽子回答说，当然是粟谷，它可以用来救穷。墨子道，这就对了，对一般人来说，“食必常饱，然后求美；衣必常暖，然后求丽；居必常安，然后求乐。”就社会道德而言，这也是以人的生存需求和满足为转移的：“时年岁善，则民仁且良；时年岁凶，则民吝且恶”。人们求美求善之心直接依靠衣食居住和年岁收成的好坏，而衣食居住和年岁收成的好坏如上所说，又直接依赖于人的力量和用力的强弱，故人格主体的良恶美善最终导源于自身之力。拿禹、汤、文、武这些“大圣”来说，他们“形劳天下”“日夜不休，以苦为极”，之所以获得美好的声誉，“夫岂可以为命哉，故以为其力也”。

由于每个人都蕴含着用之不尽的强力，墨家对下层“贱民”倾注了不少的同情和关注，并以他们的代言人自居，大力推崇和挖掘贱民的能力价值。譬如说，奴隶们耕种出来的酒醴粱盛可以祭祀超人的上帝鬼神，商汤用下贱的伊尹取得了征伐不可一世的夏桀的胜利，他们就像生长在荒郊野沟中的芸芸杂草，平时虽不起眼，急时却能医治天下百病。终日劳力的大众既然有如此神奇的功能价值，他们就不应该受到歧视，进而人与人之间就不应该有长幼贵贱之分。于是，墨家提出了几千年来反复被人提起，给统治者以振动，给劳动者以鼓舞的响亮口号，“官无常贵而民无终贱”，他希望统治者“列德而尚贤，虽在农与工肆之人，有能则举之”。(《墨子·尚贤》) 贤与不贤，贵与不贵，要以是否有能有力为根本标准。这种难得的抑贵扬贱的平等的人格愿望，既抵制了仁德人格拘于礼仪等级的温文懦弱的要求，又拒弃了顺天人格清高避世而不思进取的士大夫气质，它犹如生命进取活力。当我们在二百年后那位耕田的农夫口中听到“王侯将相，宁有种乎”的呐喊时，不能不私下确认，墨家播下的火种、已照亮了人们的心灵世界，不论是自觉还是不自觉，相互之间都是那样的心心相印。特别要指出的是，汉代士大夫司马迁也自觉地接受了这一人格愿望的感染和召唤。他在《史记》中发现、搜集和描绘了汉初以前平民百姓中的英雄人物，他们个个闪烁着生命强力的光彩，如农民出身的陈胜、下级军官吴广、默默无闻的食客毛遂、看大门的侯嬴、屠夫朱亥等，不计其数。对那些出身低贱，但不畏权贵，能够有所作为的人，司马迁尤其欣赏。他在《鲁仲连邹阳列传》中称颂鲁仲连“其指意虽不合大义，然余多其在布衣之位，荡然肆志，不诎于诸侯，谈说于当时，折卿相之权”。

赖力而强，因强进取，用自己的力量和努力去救人之危，是墨家人格理想的基本内容。在这个基础上，他们着重提倡一种自我牺牲精神。“先万民之身，然后其身”是为人处事的出发点。只有做到无私谦让，才能做到助人为乐，并且在助人之中不沽名钓誉。在他们看来，如果为了博得名声才仗义行事，那就与盗贼无异了。投桃报李，是一种自然效果，而不应该投桃之前便追求有李来报。施行仁义虽然不能无视利益的交换关系，但理想的人格绝不应被这种关系束缚，必要时应该不顾自己的利益，甚至牺牲自己的利益以求有助于他人和自己从事的事业。墨家把这种人格品德称之为“任”，“任：士损己而益所为也”“为身之所恶以成人之所急”。后世所谓“任侠”的人格风范，便发端于此。

无私的任侠自然不避无畏的献身。赴汤蹈火、解民倒悬、胸怀从容的牺牲精神，是任侠的前提。在墨家看来，当面临只有牺牲个人才能维系社会的安存的时候，是让别人去死，还是主动的牺牲，这是考验每个人的人格是否崇高的关键。他们明确主张“杀己以存天下”，反对“杀人以存天下”，值得注意的是，墨家要求为之主动牺牲的对象，是“万民”，是“天下”，而不是儒家看重的君王、社稷，不是道家看重的个体的精神自由。

的确，墨家的人格理想与实践是“贱人之所为”。唯其如此，它在汉以后便被上层统治者所排斥，被大多数士大夫和知识分子所淡漠，没有再形成一种理论思潮，没有获得在理论上进一步完善的机会。但是，在平民大众的心中，它却深深地扎下了根，因为生活在底层的人们需要它。

（四）法家

法家是先秦时期一个主张法治的学派。“不别亲疏，不殊贵贱，一断于法”（《史记·太史公自序》），司马迁此语点明了法家理论的宗旨，即主张强化君主专制制度、以严刑峻法治民。法家的始祖为李悝，他编著的《法经》为中国古代第一部较为完整的法典。在早期法家代表人物中，商鞅重法、申不害重术，慎到重势。韩非为法家理论的集大成者，他总结了前期法家的经验教训，创立了以法为本，法、术、势相结合的法治体系。“观往者得失之变，故作《孤愤》《五蠹》《内外储》《说林》《说难》十余万言。”（《史记·老子韩非列传》）西汉以后，独立的法家学派消失，其主张融入儒学的思想体系中。

1. 法家学派的产生

春秋战国时期，是由奴隶制度向封建制度转变的时期，是由诸侯割据向统一的中央集权制封建国家过渡的时代。这个时代的基本特点是，割据的局面在逐渐被打破，统一的局面在逐渐形成，并且成为不可阻挡的历史趋势。在频繁的兼并战争中，各诸侯国为了求生存，谋取天下，都在探索富国强兵的道路，纷纷进行改革，大量招揽人才，给予优厚的待遇。各国对士阶层的重视，使他们拥有相对的自由权利和特殊的社会地位，因而各种文化思想得以广泛传播，出现了“百家争鸣”的局面。当时各家学派的思想，从根本上说，代表了社会各个阶级的政治利益，因此，他们往往是“各引一端，崇其所善……其言虽殊，辟犹水火，相灭亦相生也。”（《汉书·艺文志》）“法家”这一名称，最早出现于《孟子·告子下》：“入则无法家拂士，出则无敌国外患者，国恒亡。”然而孟子所说的“法家”，仅指遵守法令的士大夫而已，直到汉代司马谈的《论六家要旨》，才第一次为法家学派命名，“法家不别亲疏，不殊贵贱，一断于法，则亲亲尊尊之恩绝矣”。

法家代表新兴地主阶级的利益，主张法令应该“编著于图籍，设之于官府，而布之于百姓者也”（《韩非子·难三》），“君臣上下贵贱皆从法”（《管子·任法》）。他们积极主张通过“变法”的手段，打破贵族对政治的垄断，以官僚政治代替贵族政治，将权力集中于封建君主的手中。在此基础上公布法令，统一制度，奖励耕战，富国强兵，实行一系列改革措施，并废除其他文化教育，统一全国上下的思想。由于法家学说可以直接为统治者的专制统治和兼并战争服务，因而在战国时期法家受各国统治者重视。伴随着社会的变革和封建制度的确立，法家思想最终形成。

2. 法家的代表人物

（1）管仲和子产——法家的先驱

春秋时期，法家的代表人物管仲和子产都是掌握实际政权、推行法家思想的先驱。由于在奴隶社会贵族统治者企图通过对法令的垄断，威慑百姓，维护他们的特殊权益，因而法律，政令并不公布。法令的制定也没有固定的程序，新法旧法“纷然错出”，使百姓手足无措。管仲和子产为了新兴地主阶级的利益，公布法律，实行“惠人”政策，因为破坏了礼制，引起了旧贵族势力的反对，但他们并没有与旧贵族发生直接冲突。这也表明当时新旧社会势力的关系还没有发展到激烈的对抗程度。

李悝在魏国变法革新，推行《法经》，以法治国，但旧制度和旧贵族势力并没有退出历史舞台。吴起在楚国变法，对旧贵族确实算得上“刻暴少恩”，因而引起旧贵族的强烈仇恨，最终被旧贵族杀害。商鞅重“法”，其最大的贡献是将《法经》传至秦国，付诸实践，进行两次变法，为秦国富强奠定了基础，但最终遭车裂而死。申不害重“术”，为韩相15年，他认为君臣关系犹如富贵之家与盗贼的关系，臣总想窃夺君主的国家，君主就必须使用种种机巧权术来侦伺众臣的行径，君主要“窜端匿迹，示天下无为”，不让别人看清自己的心思，才能保住君主的地位。慎到重“势”，即强调统治者的权势，认为只有拥有权势才能说服臣民。他说：“尧为匹夫，不能治三人；而桀为天子，能乱天下。吾以此知势位之足恃而贤智之不足慕也。”（《韩非子·难势》）

（2）韩非——前期法家之集大成者

韩非（约公元前280年~公元前233年），战国时期韩国人，出身于韩国贵族家庭。韩非“为人口吃”，不善言谈，年轻时曾与李斯同在荀况门下求学，但在学习荀况的儒家学说之后，他却喜欢上“黄老刑名之学”。他目睹韩国日益衰弱，曾多次上书韩王，主张变法图强，可昏庸的韩王根本不理睬。于是，他便总结历史与现实经验，写成了《韩非子》一书。当时，秦王嬴政看到韩非子写的《孤愤》《五蠹》等文章大为赞赏，发出感叹："寡人得见此人与之游，死不恨矣。"（《史记·老子韩非列传》）于是秦攻韩以求韩非，公元前 233 年韩非入秦，李斯自知才识不如韩非，遂进谗言，致韩非入狱，并在狱中饮毒而死。

韩非在总结了前期法家在政治实践中的经验教训并继承其思想的基础上，将"法、术、势"有机地联系起来，进一步发展，形成了一套完整的法家思想体系，为秦建立统一的中央集权专制制度提供了理论武器。

韩非所说的"法"，是君主制定的成文法，是君主统治百姓的条规。"术"是手段，是君主驾驭臣民的权术。韩非认为，法和术缺一不可。有法无术，不能防止臣下发展个人势力，会造成君主权力的削弱；有术无法，也不能维持统治秩序的稳定。法、术以外，还要有"势"。"势"是指君主至高无上的权势。韩非认为，君主有权势才能推行法、术。因此，法、术、势是缺一不可的"帝王之具"。他主张集一切权力于君主，君主凭势、用术、通过法来统治人民。韩非法治思想的实质是维护君主专制统治。他提出法治的重要目的是要建立起"事在四方，要在中央；圣人执要，四方来效"的封建中央集权国家。韩非建立的以法治为主的法术结合的政治思想体系，标志着法家文化内涵与人格理想的成熟。从此，法家以独立的思想人格，屹立在诸子百家之林。

在战国末期群雄割据、连年混战的历史条件下，韩非的法治思想和政治主张体现了鲜明的反对守旧、积极革新的精神，集中代表了封建地主阶级的利益和要求，满足了当时建立统一的封建中央集权制国家的政治需要，为封建专制主义皇权的建立提供了理论依据，因而在历史上发挥过积极的作用。尤其是将法、势、术有机地结合起来，在公元前 4 世纪就达到这样的理论高度，在世界历史上是绝无仅有的。中国封建社会能够稳定地延续2000 余年，与这样高度发达的统治术不无关系。

3. 法家人格及其境界

人是什么，这是对人的本性的回答；人应该怎样，这是对人格的回答。人格就是人的格调，做人的风格。人格是对人的思想、人的追求，是人对世界、社会和人生的看法以及人生实践的总体反映。法家人格有着鲜明的不同于儒、道、墨诸家的特性，不少学者（如冯友兰先生、冈田武彦先生）都指出了法家学说及人格的功利主义特征，从价值论上看，这大致是不错的，但不足以状其全貌。法家人格首先是一种进取型人格，同时也是具有现实主义和功利主义的人格。

法家人格是一种进取型人格，这种进取性已经发展到极端的形态，他们不能容忍不按照他们意志行事的人，因而具有一定的进攻性、侵略性。法家代表了春秋战国时期生机勃勃的地主阶级进步力量，他们要求变法革新、富国强兵、统一天下，建立君主专制的中央集权国家。他们的思想和实践合乎社会前进的要求和人民统一的愿望。他们站在世袭的旧贵族的对立面，商鞅与秦国旧贵族甘龙、杜挚的激烈论辩，形象地说明法家与旧贵族从理论到实践的对立。“治世不一道，便国不必法古”（《商君书·更法》），“法与时转则治，治与世宜则有功”（《韩非子·心度》），代表了一种与时俱进的进步的历史观。正是在这种进步的历史观的指导下，法家兴起了气壮山河的社会改革风潮，管仲、李悝、商鞅、吴起、到分别在不同的历史阶段及不同的国家主持变法，适应了从奴隶制度向封建制度转变的历史趋势，并取得了极大的成效。他们按照新法行事，必然遭受旧势力的激烈对抗，但他们仍坚定自己的既定目标，义无反顾，无所畏惧，表现出可歌可泣的精神。商鞅、吴起被守旧势力杀害，为推动历史前进付出了惨痛的代价，但这并不能阻挡法家变革社会的决心。韩非在韩国宣传法家学说时，一个老前辈堂溪公曾以“吴起肢解”“商君车裂”的惨祸劝告他小心保全自己。韩非讲：治理好天下，有利于天下百姓，本不是件容易做到的事，改变先王之教，而推行我倡导之新法，可以有利于天下百姓，这是仁者智者所行的大道。因为害怕昏庸的统治者带来的杀身之祸，而逃避死亡的大害，放弃有利于天下百姓的仁智之举，这是贪鄙的行为。韩非拒绝了堂溪公的劝告，表现了为正义而死的决心。由此可见，法家思想家和改革家的确有令人肃然起敬的人格追求。

同时，法家的进取型人格又有其悲剧性的一面。他们变法图强却又急功近利，他们先知先觉却又迷信暴力，他们把人民当作工具来对待。法家要以“新法”来改变社会，而新法背后的支撑就是暴力和绝对君权。在新法当中，有相当大的一部分内容把统治者与被统治者的关系描绘成了狼与羊的关系，统治者就是狼，而百姓就是任人宰割的羔羊。如此，必然严重激化社会矛盾。同时，法家的统治方法是相当片面的、单一的，也是忽视文化和教化的。法家为了强调耕战，把儒家，纵横家，游侠，逃兵、工商业者一律斥为“五蠹”。“燔诗书而明法令”（《韩非子·和氏》），企图取消促进社会进步和多样化的社会分工，这是消极反动的，也是极其不得人心的。总之，法家人物的悲剧与他们的进攻性、侵略性人格有关，也与他们与全民为敌的不当举措有关。

拓展阅读

孔子的两个小故事。

借伞

一天，孔子外出，眼看天就要下雨了，可是他没有带雨伞。于是，就有人向他建议说："子夏有，跟子夏借。"孔子一听就说："不可以。""为什么？"有人不解地问。孔子说："因为子夏这个人比较吝啬，如果我朝他借伞的话，他不借给我，别人就会觉得他不尊重师长；他借给了我，肯定他又会觉得心疼。"这个故事告诉我们：和人交往，要知道别人的短处和长处，不要用别人的短处来考验他，否则友谊就不会长久。

行己有耻

《论语·子语》中记载了这样一个故事：弟子问孔子士的标准是什么，孔子只用了四个字就回答了他这个问题："行己有耻。"意思是说，修养自己，要知道什么是羞耻。见诸日常行为，可以表现在各个方面。譬如巧言令色、夸夸其谈、华而不实，孔子都认为是可耻的。可见，在当时，"行己有耻"就是衡量士的标准之一。而一个读书人，如果怀抱理想，有志于道，却以饮食不够讲究而自惭，那这样的人，孔子就认为和他也没有什么好谈的了。

思考与探究

1. 怎么理解孔子学说中的"仁"？
2. 你认同诸子百家哪家的思想？为什么？

第三单元　中国语言文字

人类文明发展史告诉我们，语言文字的发明和发展对人类文明进步起到了巨大推动作用。汉字是中华文明的重要标志，也是传承中华文明的重要载体。用汉字写就的《论语》《道德经》等思想名著，《黄帝内经》《本草纲目》等医学经典，《九章算术》《周髀算经》等科学鸿篇，《孙子兵法》等军事精品，《西厢记》《红楼梦》等文学巨作，堪称人类文明的瑰宝。而汉语是中国也是世界上使用人数最多的语言，是联合国六种正式工作语言之一。汉语是中国汉民族的共同语，中国除占总人口91.51%的汉族使用汉语外，有些少数民族也转用或兼用汉语。目前全世界有近14亿人口以汉语为母语，联合国也将汉语列为主要工作语言之一。总而言之，语言文字的产生、运用和发展，投射出了中华民族的心理及思维特点。

一、地域方言

语言濒危是一种全球现象，但是却值得所有人关注。保护民族语言和抢救濒危语言就是为了保护多样性的民族文化，同时也是为了保障各民族成员的平等权利。现代汉语有标准语（普通话）和方言之分。下面介绍具有代表性的各地汉语方言。

（一）湖南霸蛮

湖南方言是湖湘文化的载体，具有浓厚的地域色彩。其生活风俗、礼仪习俗、思维方式、区域自然地理环境与人文历史背景等文化现象也在方言词汇中打下了深刻的文化烙印。

湖南处于亚热带地区向温带过渡区，四季分明，降水充沛，土壤肥沃，素有“鱼米水泽之乡”的美称。人们日常生活和水密不可分，这表现在语言上，产生了很多以水为喻、以水乡特产为喻的词，如长沙话的“走水路”指“拉关系”“走后门”，头脑简单的人称之为“水货”，作风不正派的人被称为“水老倌”，湖南益阳话“起水”指走出困境，“放大水排”指粗心大意或听之任之、“玩花水”指暗中玩鬼骗人，“听河风”暗指打探小道消息。

一个民族的历史和文化背景也影响方言。湖南自古盛行巫楚文化，一般人都信鬼神，因此有关鬼的词应运而生，如“见鬼”“鬼寻哒”，本义为活人见到鬼，引申为运气不好。汉代以后，各种宗教佛教道教盛行，连新建房子都有看风水、看阳宅的说法。湘语中的“化生子”一词就来源于佛教用语，最初指未成年人或死亡者，后指不上道、没正形的人，例如：“你这小化生子，给我老实点!”

湖南人性格强悍刚烈，倔强霸蛮，勇武好斗，这种性格的形成和血缘、移民有关。湖南在古代又是少数民族的聚居区，被称为蛮族，保留着较多的野性。后来汉族移民南下，和少数民族通婚，他们的后代也随之继承了这种野蛮之气。由于湖南人霸蛮、狠、犟的性格，湖南方言中的词汇有充分体现这种性格的词汇，如“霸得蛮”、蛮、蛮人子、蛮汉子等。“不信狠”（不信邪，不服输，有一股闯劲）、有狠（有本事），冇狠（没有本事）、发狠（努力、用功）、充狠（没有本事却要显示自己有本事）、讲狠（以蛮横吓唬人）、赌狠（双方赛能耐）等。

（二）上海腔调

古代在长江出海的三角洲上，有一条自西向东、水势浩大的松江，后来改称吴淞江，就在现今的吴淞江又称苏州河的北面。在它下游将要入海之处，有两条支流，一条名叫上海浦，另一条称下海浦，上海浦后来就成了从龙华到外白渡桥的一段黄浦江。古代的上海方言就是自从有了上海浦、有了上海人的聚居以后开始形成的。用“上海”称呼的人口聚落，有可靠证据的最早记录是在北宋熙宁十年（1077）（见《宋会要辑稿》），距今已有九百多年的历史了。

每个城市都有自己独特的表达。在上海，那口纯正的吴侬软语，不紧不慢，柔柔糯糯，常被人们称作“腔调”。上海话不做作，但语气很嗲，用词很活，还有一种独特的味道。上海的“腔”与“调”，不仅仅包含讲话的腔调，其实还涉及很多层次。比如眉眼的表情是否亲善，手脚动作及坐立的姿势是否文雅，甚至还包含一个人的装扮。下表为比较有特色的上海方言词汇：

方言词	释义	例式
侬	第一人称“你”	侬好，碰到侬很开心。
懂经	指对某方面特别在行	王医生懂经得吓人。
交关	很多，非常	我交关高兴。
鲜格格	自以为是、臭美	刚买好的东西就拿去鲜格格了。
看洋眼	注意力不集中，到处乱看	才走了一点路，叫侬弗要老是看洋眼。
别苗头	比高下	伊在和我别苗头。

（三）神谝陕西

在陕西，五六位艺人，仅凭几块砖头，一把古琴，一只条凳，就能“一声道尽千古事，双手对舞百万兵”，这就是从西汉年间流传至今的“华阴老腔”。

这是传承了千年的艺术方言，这是中国最古老的艺术摇滚。其实，不止华阴老腔。在整个陕西，也许不经意间听到的任何一句话，都可能是来自历史深处的回响。宝鸡一带将“猪”读成“只”，不明白的总以为是很土的发音，而实际上，这“只”来源于“彘”，这才是“猪”最早的书面语。

周秦汉唐时期，陕西所在的关中地区曾长期是中国的政治、文化中心，关中的方言也被称为“雅言”。《诗谱》载：“商王不风不雅，而雅者放自周。”《论语》也说：“子所雅言：《诗》《书》执礼，皆雅言也。”可见，从西周开始，雅言已成为我国古代王朝的标准语言。之所以如此，除了王朝一统天下的必然需要以外，关中秦声的语调发音还有高雅、文雅、风雅、清雅、幽雅等大雅脱俗之义，它娓娓道来圆润清丽、美妙悦耳，理应成为王朝的正音。

陕西的方言，比如“谝”（聊天）、“匪”（小孩爱动）、“舍货”（败家子）、“个老”（角落）、“倭也”（人漂亮）、“么麻达”（没问题）。

（四）巴适四川

公元前316年，秦国相继灭巴、蜀两国，中原华夏族的制度与政令，便逐渐扩展到了蜀地，蜀地也开始有了大量来自华夏地区的移民。在语言的碰撞中，蜀语与华夏语开始了最初渗透，并互相择优保存，并且在西汉末年形成了较有特色的古蜀语。

在成都方言中，能见到的频率较高的一个词就是“耍”了，“怎么耍”“耍啥子”，三两朋友见面，必会如此问候，若志趣相投，便携手同去，耍开心了，回来以后便会谓之“好安逸”“好巴适”。

四川话中最大的特色恐怕就是幽默了，每逢大灾大难，四川人首先表现出来的不是悲天恸地，而是略带自嘲的戏谑，几千年来无不如是，就仿佛四川人骨子里就自带幽默的基因一样。因此，有人说，四川话是世界上最幽默的语言。走在四川城乡，你会很容易地发现，四川方言里很少有表现悲伤、痛苦的词汇。比如，摔了一跤，四川人不说“摔得好痛”，而是说“摔疼安逸了”，“疼”和“安逸”是两个词义相反的词，但四川人却将其合起来用，在表达痛苦时也不忘把自己调侃一番。

“巴适惨了”“好吃惨了”……如此语汇，其实无不如是。

四川话的幽默劲还在于四川话中副词、动词和形容词的后缀，强调的语气比较重，比如，普通话说“很高兴”“很舒服”，用四川话来表示则是“高兴得很”“舒服得很”“巴适得很”。“巴适”不知源于何时，出处何处，但它却已经成为四川方言的代表之一，在四川省以外地区，提起巴适，莫不给人一种四川乡音的味道。

此外，“脏兮兮”“胖嘟嘟”“酸溜溜”等，也无不体现出四川方言的独特韵味。

（五）粤语铿锵

粤语里有很多古意盎然的词，比如“得闲饮茶”，这个“得闲”就在楚辞里面。一个满口粤语的广东人，也许说话的时候，一不小心就会让自己成了一个古人。

粤语发源于古代中原雅言，粤语名称则来源于中国古代岭南地区的“南越国”（《汉书》中作为南粤国），民间亦称“白话”，或是广东话。

广东人来源于古代百越民族，在汉唐时期全面接受中原文化的熏陶。此后关山阻隔，广东一地免受胡人沾染。在中原方言大量与胡语交杂融生之际，它却反倒留下了不少的汉音唐话。

在中国古代，“靓”是一个全国通用的字，意为美丽、好看，只是近代，其他地方已少有用及。《后汉书·南匈奴传》中形容王昭君的美貌时即称：“昭君丰容靓饰，光明汉宫。”靓，音“jìng”（同“静”）。粤语将靓字保留下来，不过方音很难用普通话拼音法标出来，大致上读“liàng”（和“亮”字发音接近）。靓字简短、发音洪亮、表现力强，含义不单是美丽、好看，而且有品质良好之意。漂亮的青年女子叫“靓女”，漂亮的青年男子叫“靓仔”。

（六）火辣东北

冰雪天地中的东北，极寒的风物孕育的却是极热的东北性格。同火辣辣的东北人一样，东北方言也是豪放、直爽和幽默的。

东北方言简洁、形象、生动、高昂，富于节奏感，这和东北人豪放、直率、幽默的性格有着高度的契合。其实，东北方言相比于南方方言巨大的差异化，它并不难识别，甚至更接近普通话。

东北人常说的“磨叽”，来自满语。“干棒愣子”也是，在吉林省长春市九台区有一个其塔木乡，其塔木，在满语中就是站杆树的意思，指清一色枯干的树，即“干棒愣子”，于是演变流传，终成“清一色”之意。

东北有很多方言词汇，下面简单列举几个，“忽悠”（欺骗）、“磨叽”（办事不利索）、“唠嗑”（聊天）、“磕碜”（不体面）、“咋整”（怎么办）。

二、汉字拾趣

（一）象形字：望文生义

象形，就是按照具体事物的形体描摹事物的轮廓，直接描绘出一种具有形象感的符号，用这个符号来表示语言中与这个事物对应的词语。通过描摹事物形象而产生的文字可以称为象形字。象形字大多为名词，古汉语中名词多为单音节，即一物一名，一名一词，一词也就对应一个字，因此一个象形字就可以体现一个完整的个体。

汉字起源于图画，在象形文字产生之前，应该经历了一个图画记事的阶段。其他古文字材料表明，在成熟的象形文字产生之前，还经历了一个图画文字的阶段。图画文字，又叫图形文字、原始文字等，即用一定的图形来代表一定的意义，图画文字是用图画的形式来表达人们的语言、思维，通过一些特定的图画来提示语言，是一种辅助记忆的符号。与图画记事不同，图画文字已经具备文字的特征，可以记录语言，但它不能精确、完整地记录语言，它可以记录语言中的词，但更多情况下记录的是短语或句子。

由图画到图画文字再到象形文字，一个图形符号的外形可能没有发生多大的变化：如“人”，人侧面站立的象形，到小篆时期字形基本上没有多大的变化。

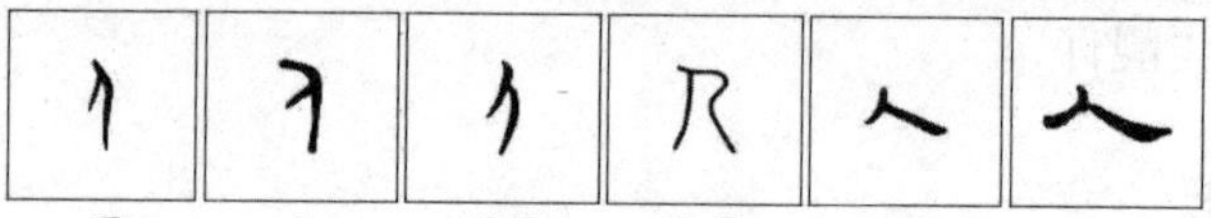

甲　金　楚简　小篆　秦简　汉隶

如“口”，像嘴张开之形，古今字形变化不大。

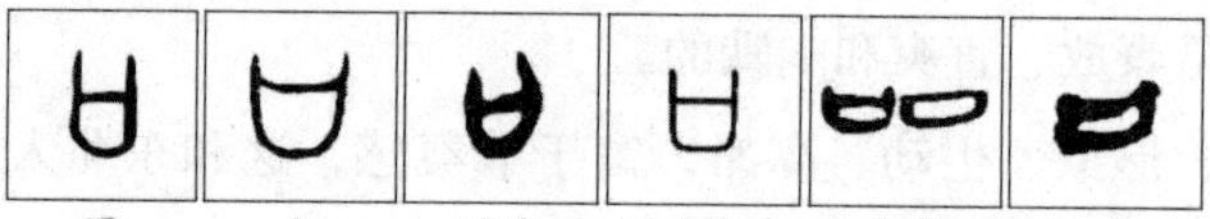

甲　金　楚简　小篆　秦简　汉隶

（二）指事字：有点不同

指事字，就是在有具体形象可像的象形字或符号的基础上加上一道或几道线条，用这些线条来指示所要表示的意思对应在象形形体中的具体部位，具有这样特征的字可称为指事字。这样造出来的文字可分为两个部分：一部分是具体事物的形象，即象形部分，一般可以单独成为一个象形字；另一部分就是一道或几道没有实际意义的线条，即指事符号，不能成为一个字，指事符号虽然不成文字，也没有实际的意思，但它对整个指事字来说是至关重要的，这个符号指示的位置才是整个指事字代表的含义所在。指事符号在象形字中所处位置不同，指事的部位也就不同，造出的指事字意义也不同，但通过加指事符号这种方式来造新字具有很大的局限性，主要缺陷就是由于是手写，很可能造成指示不明的现象，所以汉字中指事字较少，这些字里，多数指事符号用于指事部位，少数可能指事声音、气味等。

比如“上”，甲骨文由两条线组成，下面一条略弯，表示指定的一个平面，上面一横比下一横短，是指事符号，指事在平面之上，所以用两个符号合起来表示上。甲骨文之所以把下面一横弯曲，是为了跟甲骨文二区别。早期金文上字写法与甲骨文相同，有的字形下横不弯曲，后来为了便于区别二字，又加上了一道竖画，奠定了今天上字写法的基础。

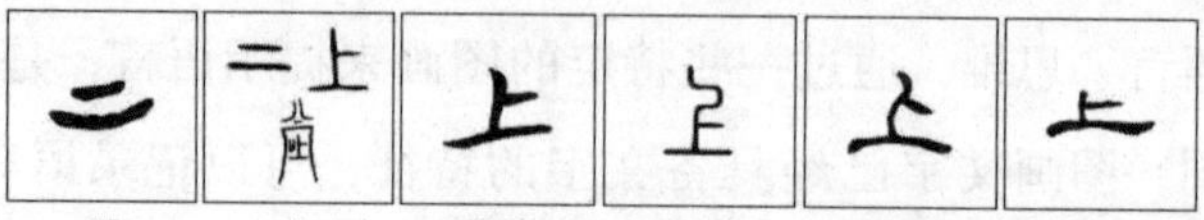

甲　金　楚简　小篆　秦简　汉隶

下，与上类似，甲骨文下指事的是平面以下，表示下面，晚期金文加上竖画，奠定了今天字形的基础。楚简在下字之上又加了一道短横，这一横是没有意义的饰画。

甲　金　楚简　小篆　秦简　汉隶

（三）会意字：比类合义

会意字，即用两个或几个部件组合成一个字，这个合成字代表的意义也是由这些部件表示的意义合成的。

所谓意义合成的方式，通俗地讲，就是说这个会意字的字形为什么对应这个意思，它们是怎么由这几个部分合成这个意思的。会意字的意义是由组成它的几个部分合成，但并不是简单地相加。用会意的方式造字是一种历史比较久远的方式，从汉字起源之初到文字成熟以后，甚至到现代汉字时期，人们都曾运用这种方式来创造新的汉字，这样一来，会意字意义的合成方式就会有所不同。主要有以下几种：

1. 同文会意

所谓同文会意，就是构成会意字的各个部分相同，这类字相对较少。我们比较常见的如林、森、从、众等就是这类字。

林，本义是连接成片的树木。一个木表示单独的树木，两个木会意表示树木很多。从甲骨文到现代，“林”字都是会意字，构形方式没有发生变化，只是字形随“木”字的演变而演变，逐渐简化。

甲　金　楚简　小篆　秦简　汉隶

2. 对文会意

对文会意是指构成会意字的两个部分构成镜像关系，这两个部分构形相同，方向不同。

北，甲骨文像两人背对背站立之形，表示两人相背，北的本义是违背，也表示背部。甲骨文里“北”已经被假借表示方位北方，为了表示背部、违背的意思，就在“北”字的基础上加了形符“肉”，造出了一个形声字背，“北”就不再表示背部的意思，专指方位北方了。

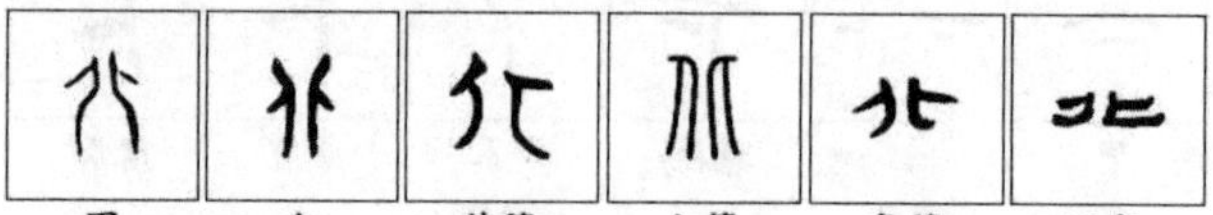

甲　金　楚简　小篆　秦简　汉隶

3．异文会意

异文会意是指构成会意字的各部分不同，由两个或两个以上不同构件构成，这类字是会意字的主体，数量众多。

众，甲骨文像多人在太阳下聚集之形，众的本义就是众多。甲骨文里另有一个从公的字形，这里的公是众的声符。金文里“众”上面所从之日已经被目替换，这可能是由原来的日旁讹变而成，也可能是参与会意的部件不同。由于商周时期，在田间集体劳作的人多半是奴隶或平民，所以“众”字反映的可能是奴隶或平民在日头下劳作之形，而这些地位低的普通大众劳作时常有头目监管，所以金文里将原先的日改为目，表示在监管下劳作的人，也同样表示众多及普通大众。后世继承从目的字形，逐渐线条化、笔画化为楷书“眾”字，简化为众，简化字“众”也是一个会意字，三可表示虚数，表示多，所以众的字形表示很多人即为众。

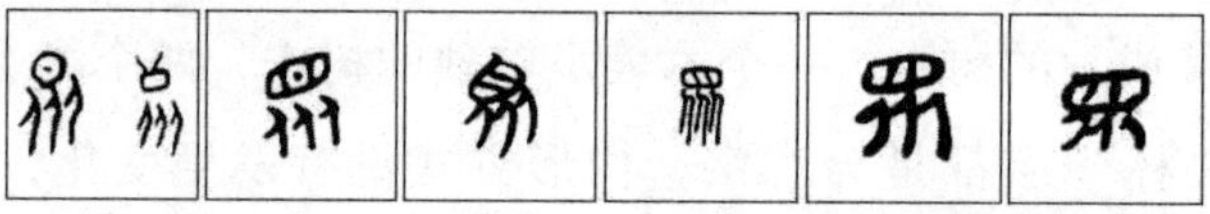

甲　金　楚简　小篆　秦简　汉隶

（四）假借字：有借无还

假借，即借用记录一个词的字形来记录另一个词，这两个词在意义上没有任何关联，假借是一种在文字使用中运用的方法，不能产生新字。假借是汉字使用中常见的现象，即使到了今天也依然存在，比如音译外语时所使用的汉字就是假借，如沙发、麦克风、汉堡包等。

举例“其”，甲骨文像畚箕、篼箕一类用具之形，是箕的象形初文，本义就是畚箕一类的用具，晚期金文在象形字基础上加上了声符“丌”（几案的象形字），逐渐演变为其。在甲骨文时代，其就已经被借来记录表示揣测、反诘、命令、劝勉的语气词，后又被借来记录指示代词那、那个，以及第三人称代词他、他的等，这些词使用频率都很高，因此其就被长期借用，久而久之就固定下来。于是后人便在原字形上加形符“竹”，新造了一个形声字箕来表示其的本义，而其就不再表示畚箕的意义了。

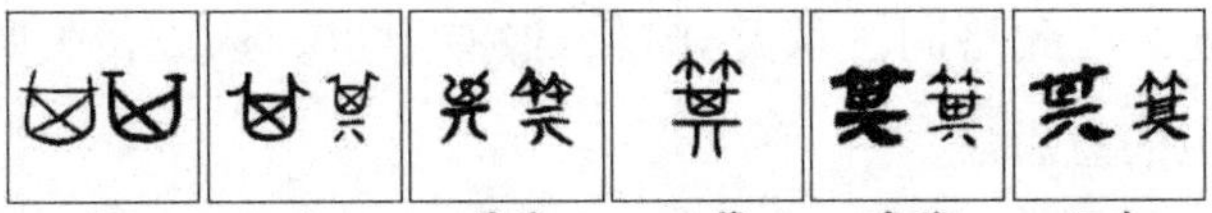

甲　金　楚简　小篆　秦简　汉隶

（五）形声字：有声有色

形声字在现代汉字中占据主导地位，在汉字中所占比例在 80% 以上。形声字是在表意字基础上产生一半表意、一半表音的文字。简单地说，形声字就是由形旁（也叫形符、意符）和声旁（也叫声符、音符）构成的字，形声字都是合体字。

如凤，本为象形字，像凤鸟之形，甲骨文突出高冠、长尾以及尾复羽，类似孔雀，描绘的可能就是孔雀的形象。后加注了声符“凡”（盘的象形初文），到小篆时，象形部分类化为从鸟，演变为一个从鸟凡声的形声字。楷书作“鳳”继承了小篆字形，简化为凤，成为一个记号字。

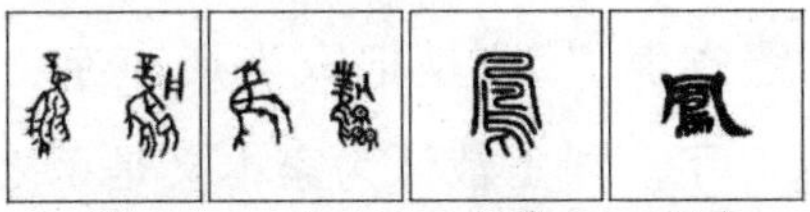

甲　金　小篆　汉隶

物，甲骨文从牛勿声，本义为杂色的牛，后世继承了甲骨文字形。

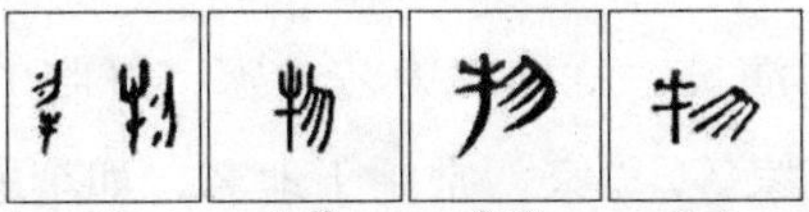

甲　小篆　秦简　汉隶

三、汉字奥秘

汉字表意制的逻辑基础具体体现在汉字凝结于概念、孕育范畴之中。我们举例几个汉字，来看看这些汉字背后的文化含义：

（一）国——心怀祖国

国家的“国”，从字形来说，是几经变化，改了又改的。《说文》说“国，邦也；从囗（wéi）从或（yù）。”段玉裁注：“古圆，或同。”商承祚说，“案《宗周钟》国作或，《毛公鼎》作或，与此略同，从戈守口，像有卫也。从或，失其旨矣。”商的意思是说，从戈守是保卫的意思。

国在古代常指诸侯国。如齐、鲁、燕、赵等，再如汉代诸王子封邑，也都称国。西汉后期有封国十九，东汉连属国在内，有二十四国。晋亦有分封，以致引出八王之乱。后来，国家又引申为国都，范仲淹在《岳阳楼记》中说到“去国怀乡”“去国”即离开京都。国还可作地域、地方讲，《诗·硕鼠》“适彼乐国”就是到那快乐的地方去。再如南国即南方，北国即北方。国又引申为家乡。如“故国”既是古国、祖国，也是故乡。杜甫《上白帝城》诗中“相逢故国人”即相逢家乡人。

“中国”一词，起自西周时期，缘我国建于黄河流域，以为居天下之中。

（二）家——社会的基础

家是宝盖头下加个“豕”，豕是猪，家为什么从“豕”不从“人”呢？《说文》许慎说：“家，居也。从宀，豭省声。”这是把家当形声字，宝盖头是形符，声符是豭（jia）。不过豭已省略为“豕”了。段玉裁认为家本义是豕之所居，引申假借为人之居。

家常作专家学派解。具有词尾性质。如儒家、墨家、法家之家，还有农家、田家、史家、教育家之家等。不过，近年来，家字用得很滥，动辄称“家”，“家”有转为谀词的可能。如：只要你做了演员，就称之为艺术家，好吃的人称美食家，做了领导就往往被人称作企业家、教育家等。“家”常用于地名，如李家庄、张家庄。

（三）食——从餐具开始

食，甲骨文食有很多异体，但主体部分都是相同的，下部像一个有圈足与底座的器皿，这个器皿就是簋，里面盛满了食物。但上部为何物的象形，学界意见有分歧。有学者认为上部为口的变体，整个字形描绘的是进食的情景，有的字形有小竖点，表示看到食物垂涎欲滴的情形。也有学者认为食字上部为器皿的盖子，小竖点表示事物的蒸汽，整个字形就是器皿里盛满食物的象形。根据出土商代簋实物表明，前者观点更可信，无论是陶簋还是铜簋，都是没有盖子的。因此，甲骨文食描绘的就是一幅古人进食的画面，从食字我们也可以看出古人进食所使用的餐具。

殷商甲骨文中有“大食”与“小食”。董作宾先生说小食与大食相对，古时候每天只吃两次饭，早上吃的饭叫作朝食、饔、早食，晚上吃的饭叫作飧、夕食。早饭在九十点钟吃，对应卜辞中的大食，晚饭在下午四五点钟吃，对应卜辞中的小食。大概因为每天吃饭的时间是相对固定的，大食、小食就成了记时间的词。在秦以前古人一般吃两顿饭，即中午饭和晚饭，据说和粮食紧张有关，因为那时农业不发达，产量不高，只要维持基本温饱就可以。自汉以后，之前的两餐逐渐变成了三餐，是因为生产力提高了，粮食有多余的，但是早餐基本和现在一样，吃得少，相对“简单”一些。

（四）饮——喝酒到饮酒

饮，像一个人低头伸舌在尊里喝水之形。从字形来看，饮食一个从今声的字，会意人在一个尊的旁边喝水。或认为饮字左下部是尊，而尊是盛酒器，所以人饮的是酒。但从许慎收录饮字的异体从水来看，其本义在先民尚未会造酒之前就是单指饮水；会造酒之后，则饮酒、饮水都称为“饮”，就是今天的“喝”字。这也符合人类社会的发展历程，饮的本义就是饮水。

《礼记·玉藻》记载古人有五种饮料：上水、浆、酒、醴、酏。上水就是说水在古人的日常饮料中是最重要的，直至今天水依然是最重要的生活必需品。古人认为上水就是明水，明水是玄酒，以水当酒显示返璞归真之意。

我们今天说“饮”，对象指的是“酒”。酒是中国文化的符号之一，是中国文化的缩影和载体，对文学、艺术、绘画、践行等都产生了深远的影响，很多经典的文艺作品的创作都与酒有关。酒不仅在生活的每一个方面留下印记，更造就了中国传统文化中的礼仪文化，对中华民族的民族心态产生了深远的影响。

（五）行——大道纵横

行，像纵横交错的道路之形，行的本义就是道路。甲骨文里“行”依然保留着道路的意思，行的本义是道路，今天已经没有这个意思了，由“四达之衢”引申出来的意思今天还有所保留，如“横成行，竖成列”的“行”，表示整齐划一的横向事物；道路本是通行的，故而引申为行走、出行等意。

（六）宀、出、各、入——居住文化

宀，房子的象形。甲骨文宀字作，像人站在正面看到的房子形状。许慎在《说文解字》中很好地揭示了“宀”的构造，认为“宀”是交覆深屋的象形。房子由四面墙组成，加上房盖，看起来是互相交织的，里面有堂和室。文献中还有先民穴居的遗记。许慎说宀“交覆深屋”，所谓深屋透露了远古时代穴居的孑遗，直至殷商时期黄河流域考古中仍然可见竖穴。

总体来说，穴居是从地面向地下深挖，再在挖好的竖穴周边建“墙”、顶上覆盖茅草一类遮盖物，就成了“宀”之初形。因为黄河流域地势平坦，这种穴居、半穴居的住房容易积水，古人就慢慢移居到地面上建立住所，逐渐有了一批从“宀”的字，反映的就是古人居住环境与居住文化的进步。当然穴居方式并没有随着先民有了宫、室而被遗弃，直到今天黄土高原上仍然有很多人住在冬暖夏凉的窑洞里面，不过穴居方式并不妨碍中华民族形成发达的礼乐建筑文化。

拓展阅读

雕虫小技——变幻莫测的鸟虫书

“雕虫小技”这个典故出自西汉扬雄的著作《法言》，有人问扬雄是不是少年时就喜欢写诗作赋，扬雄答曰：不错，但那只是小孩子“雕虫篆刻”般的技艺，成年就不做了。“雕虫篆刻”是西汉学童必习的小技，指的是雕琢虫书，篆写刻符，比喻微不足道的技能。雕虫篆刻实际上是教小孩子学习古文字，西汉时已流行隶书，学习古文字只是一种技能学习，实际的用途不大，所以这个词后来慢慢演变发展为“雕虫小技”。“雕虫小技”中的“虫”并不是指昆虫，而是一种类似于“虫子”的美术书体，叫“虫书”，还有一类字形类似凤鸟的书体，叫“鸟书”，与虫书合称“鸟虫书”，是金文中以篆书为主体的一种特殊的美术字体。这种字体的笔画设计跟飞鸟、昆虫的形状很相似，鸟、虫在文字中起装饰作用，可以突显字体的美感。“鸟虫书”最初只是在篆书笔画之外连缀一些鸟或虫的形状，使线条纤细修长，后来逐渐演变发展成为以虫、鸟的形状代替篆书笔画。王子于戈上铸刻的就是“鸟虫书”，其书体笔画纤细隽秀，线条多作繁杂的转曲摆动，回环缠绕，栩栩如生。

合文叠字——“囍”

双喜是中国传统文化中的一部分，每逢结婚办喜事，都要写上大红的“囍”，以此来表示喜庆，它还有一段颇具传奇色彩的来历。相传，北宋名相王安石年轻时，去京师汴梁赶考，途经一户马姓人家时，看见这户人家门前挂着一盏走马灯，灯上写着半副对联：“走马灯，灯马走，灯熄马停步。”原来这户人家有个才貌双全的女儿要招婿，小姐自己想出这半副对联来，谁能对上就嫁给谁。王安石欣赏这联语构思巧妙，便暗自爱慕上了制联人。

到了汴京，王安石顺利闯过诗、赋、策论三关，没想到主考官还要来一次考验应对能力的面试。轮到王安石面试时，主考官手指衙门前竖立的飞虎旗，出了个下联：“飞虎旗，旗虎飞，旗卷虎藏身。”要求王安石对出上联。王安石灵机一动，开口就把那家姑娘制的那半副联语当上联对了出来。考官大喜，连连颔首称赞。

面试结束后，王安石不等发榜就星夜兼程赶赴马家。那盏挑女婿的走马灯还在，王安石就用考官出的下联应对。马小姐说对得妙，这门婚事就这样成了。拜天地的那天，忽然有报子来传：“王安石进士及第，金榜题名！”这可真是喜上添喜呀！乐不可支的王安石马上在红纸上挥笔写下连体的“囍”字贴在门上，再赋诗一首：“巧对联成双喜歌，走马飞虎结丝罗。洞房花烛题金榜，小登科遇大登科。”更添喜庆的氛围。从此，人们每逢新婚吉庆时，都喜欢在门户、厅堂、洞房以及器物上贴上红纸的双喜字，反映了人们盼望喜事成双来临的心理（也有说故事中的主人公为明代书生方明秋）。

该合文集民间智慧和审美于一体，结构巧妙，是中国民间民俗艺术中的一绝。这两个左右并列的喜字方正、对称，骨架结构稳定，如男女并肩携手而立，平等互爱。四个口子，既象征男女欢喜，又寓意着子嗣繁茂，表达了人们对于美好生活的向往。按照民间说法，一般有女出嫁，大门上都要贴单喜字，有子娶媳妇，则要贴双喜字，只要路过的人看到单喜或双喜，立即就会明白该户人家正在操办喜事。

思考与探究

1. 我国古代汉字结构有哪几种类型，除了书中所提及的各类型举例，你还能说出哪些汉字分别是属于哪种类型吗？

2. 通过课后查阅资料，尝试找出你自己名字相对应的甲骨文，并试着画出来。

第四单元　中国古代教育

中华民族素以“文明古国”“礼仪之邦”著称于世，而这与中国古代重视发展教育密不可分。教育一方面是古代文化赖以延续和发展的基础，另一方面又是古代文化不断创新的动力。

一、中国古代教育制度

（一）中国教育的起源和学校萌芽

人类社会特有的教育活动起源于参与社会生活的需要以及自身发展的需要。原始人的社会生活和生产劳动是从制造工具开始的，他们在人工取火、采集、渔猎、制陶、战争和祭祀等活动中，积累了丰富的经验，向年青一代传授社会生活和生产的知识、经验与规范就产生了教育，学习制作工具的经验和技术就成了人类教育的第一课。

学校作为一种专门的教育场所，是人类社会发展到一定阶段的产物。五帝时代已有大学，名曰“成均”，最早见于《国礼》《礼记》。董仲舒第一个指出其为五帝之大学。“成均”是当时举行宗教仪式或进行公众集会时的演奏歌唱之地，也是实施乐教的场所。在“成均”进行的教育活动并不以生产劳动为教育内容，而是独立于生产过程之外的，其所具备的条件可被认为是古代学校的萌芽。此外，古史还有虞氏之学为“庠”的传说。“庠”是由氏族中的老者看管的储存氏族公共粮食的地方，亦是氏族敬老养老行礼之地。在氏族公社中，教育年轻人的任务，通常由具有丰富生活、生产经验的老人承担，所以“庠”也可能兼为教育的场所，具有养老和教育的双重性质。“成均”和“摩”虽还不是正式的学校，但已开始进行有目的、有组织的教育活动，为以后专门教育机构的产生奠定了基础。

（二）官学和私学

中国古代官学教育是指中央朝廷直接举办和管辖的，旨在培养专制统治所需人才的学校系统，包括中央官学和地方官学。私学与官学相对而存在，指不由政府主持、不纳入国家学校教育制度之内，由个人或社会集团主持、经营、管理的教育活动。

中央官学是和中国封建社会的政治经济的发展变化相适应并为其服务的。西周有“学在官府”之说，但由朝廷设立的中央官学正式创始于汉朝。魏晋南北朝时期政局纷乱，官学时兴时废。及至唐朝，中央官学繁盛，制度完备，发展到顶峰。南宋以后官学逐渐走下坡路。封建社会后期，中央官学逐渐衰败，实际上成了科举制度的附庸，名存实亡。清末，中国古代官学完全被西方的学堂和学校教育所取代。

中央官学教育可分为下列几种类型：一是太学和国子监。汉代特别重视发展官学，太学是重点。汉成帝时，太学生多达三万余人。汉代太学规模之宏大，世界罕见。隋文帝设国子寺，隋炀帝时改名国子监，是中国设立专门教育管理机构的开始，一直延续到清代。太学和国子监是封建王朝培养人才的主要场所，在办学育人、繁荣学术、科举取士等方面，都积累了许多宝贵的经验，在中国和世界教育史上占有重要的地位。二是专科学校。东汉末年创立的鸿都门学，南朝的史学、儒学、玄学，唐宋明三代分别创办的书学、算学、律学、医学、画学、武学等，都属于为培养某种专门人才而设立的专门学校。三是贵族学校。东汉的四姓小侯学，唐朝的弘文馆，宋代的宗学、诸王官学及内小学，明代的宗学，清代的旗学、宗学，等等，都属于以贵族子弟为教育对象的贵族学校。四是短期学校。在封建社会中央官学系统中，有些既不是高等学府，又不属于专科学校，更不是贵族学校，而是君主或执政大臣暂时开设的时间短暂且无制度系统的学校。

中国古代的地方官学自西汉景帝时文翁在蜀郡设学官开始。汉武帝对文翁设学官甚为赞许，并诏令天下郡国皆立学校官。至汉平帝时地方官学体制开始确立。按制度规定，郡曰学，县道邑侯国曰校，乡曰庠，聚曰序。学校名称由此而来。东汉出现了“学校如林，庠序盈门”的局面。魏晋南北朝地方官学衰废，“空有建学之名，而无弘道之实”。唐代为中国封建社会的“盛世”，其前期教育事业空前发展，地方官学繁盛。安史之乱后衰废。宋辽金时期，除辽金亦设有地方学校之外，宋代地方官学在学校经管方面设置主管地方教育的行政官员，各路置提举学事司，掌管州县学政，是我国正式建立地方教育行政机构之始。元代地方官学制度比较完备，在各路府州县内，均有相应的学校，但是事实上有名无实，并未普遍设立。明代早在明太祖朱元璋立国之初，就在全国诸府州县设立府州县学，村设立社学（设在城镇和乡村地区，以民间子弟儿童为教育对象的一种地方官学），最盛时期，全国共计有一千七百余所学校。清代基本上沿袭明代学校的规模。

中国古代私学教育产生于春秋时期，其中以孔子的私学规模最大、影响最深远。春秋战国是奴隶制向封建制过渡的历史转变时期，教育也随着经济政治的变更而发生了剧烈的变化，即由“学在官府”变为“学在四夷”，私学就是在这种历史条件下应运而生的。由于士这一阶层中的人为谁服务就代表哪个阶级的利益，且他们的学说传承体系也各不相同，所以产生了各种学派林立与诸子争鸣的局面。其中影响最大的是儒家、墨家、道家和法家四大学派。如前所述，他们在学术上各有长短。

秦统一全国之后，采纳丞相李斯的建议，颁“禁私学令”，否定教育的作用，违背历史发展规律。汉武帝罢黜百家、独尊儒术，以今文经学为官学，但是并不禁止私学。于是古文经学变为由私人传授的私学，到东汉末年已取得了压倒官学的地位。汉代尤其重视师传家法，皆由孔子以来的私学培养而成。魏晋南北朝时期，官学衰颓，私学却呈现繁荣局面，名儒聚徒讲学仍占重要地位，学生人数上百人或千人屡见不鲜。这个时期的私学教学内容突破了传统的儒学，还包括玄学、佛学、道教以及科学技术等。南朝梁周兴嗣编辑了影响深远的蒙学读物《千字文》，颜之推的《颜氏家训》成为家庭教育的代表作。

二、中国古代书院

书院，是中国古代教育的一枝“红杏”。作为一种特殊的教育形式和制度，它的“出墙”是在官学衰落和私学不兴的历史条件下产生的，在某种意义上讲是中国古代教育改革的产物。

书院自宋以后历经盛衰，伴随着近代学堂的兴起而废。但作为古代的一种独具风格的教育机构，它不仅孕育了一代又一代的贤人志士，也形成了一整套教学与管理的优良传统。宋以后的大教育家，无一不与书院有着千丝万缕的联系。教育史家张正藩教授在评论书院时指出，书院“对于我国教育、社会、政治及学术思想等方面，均有极大之影响。仅就教育而言，如院址之优美，讲学之自由，教训之合一，以及有教无类，因材施教，注重自动自发之研究精神等，若与现代之大学比，实有过之而无不及也”。毛泽东同志早年曾在长沙创办过培养干部的湖南自修大学，也主张吸收古代书院的办学经验，“采取古代书院与现代学校二者之长，取自动的方法，研究各种学术，以期发明真理，造就人才，使文化普及于平民，学术周流于社会”。可见，书院教育已成为中国教育不可或缺的重要组成部分，书院教育所积累的经验也已成为中华教育思想宝库的珍贵财富。

（一）中国古代书院的起源

说起“书院”名称的由来，要追溯到唐朝，它是中国士人围绕着书，开展包括藏书、读书、讲学、著书、刻书、祭祀活动的教育机构。

唐玄宗李隆基做皇帝的开元年间，国家富庶，经济和文化空前昌盛，历史上叫作“开元盛世”。开元五年（717 年），唐玄宗任命学士马怀素为修图书使，专门负责国家图书，并且组织了一批文士在乾元殿整理编辑国家藏书，又借来民间流传的异本，派人抄录，使图书更加丰富。还委派了官员负责管理，设立了乾元院。转年，乾元院改名丽正修书院。后来，在京都长安的光顺门外、东都洛阳的明福门外也设立了丽正书院。开元十三年（725 年），唐玄宗召集张说和学士们设宴饮酒，唐玄宗非常高兴，当众宣布：“联和众贤士在这里饮酒欢乐，就叫集贤吧。”于是丽正书院更名为集贤殿书院，并任命张说担任集贤院学士，管理书院事务。收藏的图书多达五万三千九百一十五卷，唐朝学者自己著作的书，即有二万八千四百六十九卷，浩如烟海，盛况空前。所有的书籍都抄写正、副两份，分别在长安、洛阳的集贤书院两处收藏。集贤书院除了收存大量图书外，还负责继续收集图书，向朝廷推荐贤才，向皇帝推荐有用的学问和值得推广的学术，并提出政策方面、文化方面的建议，供皇帝参考和选用。另外，集贤书院的官员要轮流值班，随时预备皇帝召见，做皇帝的咨询顾问。

书院，毕竟是皇家用来收集贮藏书籍的宝库，是推广和应用知识的地方，是经常同皇帝打交道的无比荣耀的机构，所以是读书人非常美慕的所在。于是，一些私人也把自己的书斋书室夸耀为书院，如开元年间曾经担任过集贤院学士的徐安负，退休以后回到原籍浙江龙游，修建了自己收藏图书、读书治学的地方，取名为九峰书院。就这样官方的文化机构，演变成了私人读书治学处所的名称。直至唐朝灭亡的这一个半世纪中，湮没无闻的不计，有记载可查的有三十多所书院，如在《全唐诗》里，就有李秘书院、第四郎新修书院、赵氏昆季书院、杜中丞书院等11所。

为什么读书文人们对“书院”这个名称情有独钟呢？原来从汉朝起，私人讲学授徒的地方一直称为“精舍”，或者叫“精庐”。自从东汉时佛教传入了中国，到南北朝时期佛教盛行起来，佛教的经师们借用名称，把传经授徒的地方也叫作精舍、精庐。这一下混了起来，弄得僧俗不分，释儒难辨，不知道精舍、精庐是哪一家的。这种现象令自视为正统的儒学先生们头疼不已，不情愿同僧侣们共用这一名称。感到用书院来命名治学读书、讲学授徒的地方比较恰当，于是，最终书院的称谓完全取代了先前精舍、精庐的称呼。“书院”之称虽然出现了，但并不普遍，也还不是教育性质的场所，我们只能说书院尚处于萌芽阶段。值得注意的是，有些书院除了文人学士自己在这里读书治学以外，还附带着教授子弟，或收徒讲学。有了学生，于是兼有了教学职能，如江西永丰的皇寮书院，本来是吉州通判刘庆霖来到永丰定居之后“建以讲学”的。陈衮建立的江西备安东佳书院，收集书籍上千卷，供来学者阅读，子弟到了弱冠年龄，都来这里就学。这时候书院已经具备了雏形。五代十国时期，政权林立，连年战乱，官方办的官学受到严重破坏，于是民间开始私人兴办书院。人们要读书求学，没有官学可入，只有书院可进入学习，这就为书院发展创造了条件。像河南的太乙书院，江西的梧桐书院、匡山书院，广东的天衢书院，出现的书院数量虽然不是很多，规模也不算大，但是已经逐渐完成了向私立教育机构的转型，而且孕育着蓬勃生机，日益显示出书院在文化发展中的积极作用。从这时开始，书院不断展示其魅力，吸引名师讲学，吸引众多的弟子入书院肆业。

（二）著名书院

1. 丽正书院

唐玄宗李隆基是我国历史上的一代风流人物，年少时凭着机敏善断、睿智多谋在激烈的宫廷争斗中脱颖而出，提前夺得帝位。在执政前期，他励精图治，任用贤俊，成就了可与“贞观之治”相媲美的“开元盛世”。但在取得“四海宴然”的成就后，他变得狂傲自负、多欲荒淫，引发了“冀以燕犀动地来，自理红粉自成灰”的安史之乱，导致了他本人“天上人间”的遭遇和唐王朝由盛而衰的结局。对于唐玄宗用人方面的功过是非和宠幸杨贵妃的风流韵事，很多人都能够娓娓道来，但鲜为人知的是，唐玄宗在我国教育史上也占有“一最”：中国最早的官办书院——丽正书院就是由唐玄宗下旨创建的。

书院作为我国古代一种独特的教育组织，最早出现在唐代。唐朝初年，经历了五代十国的长期战乱，人们迎来了期盼已久的太平盛世。在物质生活得到保障的基础上，许多儒者士人开始立“精舍”、建书院，收徒授业，传播知识。根据史料记载，唐代有四十多所书院，分布在全国各风景名胜之地。在民间人士纷纷开办书院的同时，唐玄宗李隆基于唐开元十二年（724 年）颁诏，在东都洛阳明福门外建立了中国历史上最早的官办书院——丽正书院。丽正书院的创立与统治者控制学术的做法密切相关。“学在官府”是我国文化教育自西周开始所形成的一个显著特点。此后，尽管出现了学术下移、学在四方、诸子百家兴起的局面，但历代统治者从来都未曾放松过对学术思想的控制。早在先秦时期，朝廷就很注意书籍的整理和校勘工作，设有诸如校书官、知书官等专职官员掌管此事。人们所熟知的西汉的刘向、刘歆，东汉的班固，东晋的谢灵运等，都是以校书而名垂青史的。到了唐代，对于经籍的收藏和校勘工作更加重视。从唐初贞观至开元年间，随着经济繁荣和国力昌盛，官学教育也有了较大发展。在中央设立国子学、太学、弘文馆、崇文馆等，不仅教授生徒，还负有校勘经籍图书之责。

尽管如此，经过隋朝末期以来的战乱，朝廷所典藏的书籍有很多散落丢失。一直到开元初年，“典籍散乱、条流无叙”的状况仍然非常严重。为了改变这种状况，马怀素、褚无量等文职官员奏请玄宗皇帝对典藏书籍进行“缮写刊校，以弘经籍之道”。唐玄宗是一个继承了重文兴教政治传统、崇儒向道的皇帝，他不仅采纳了官员们的建议，下诏书让褚无量、马怀素、元行冲等官员负责，召集天下名人学士，在乾元殿前，进行图书搜集整理，“大收群书，以广儒术”，而且他本人也经常到丽正殿亲自讲论、刊书修史，他特别要求要加强对历史文化典籍的整理和保存，目的是“以续前功”。

丽正书院作为官办机构，当时在书院工作的人都有一定的官职。据《新唐书·百官志》载：集贤殿书院，五品以上为学士，六品以下为直学士。宰相一人为学士知院事，常侍一人为副知院事。其后又增修撰官、校理官、待制官、留院官、知检讨官、文学直之员等，从这些官职的设置和丽正书院产生的经过不难看出：丽正书院实际上是围绕“书”而进行工作的官署，最初是以证比天下图书、修撰典籍为任务的。在皇帝的重视和亲自支持下，丽正书院在当时最大限度地收藏了全国古今各种图书、典籍，择聘一流学者对其进行校勘、辨证研究，通过细密地考订和深入研究，一些是非、曲直、真伪、正误得到澄清和确定，一些有益的成果得到了重视和保护。因此，可以说丽正书院是唐朝设在京都的一所全国最大、藏书最丰的国家图书馆。丽正书院所具有的另外一个性质和任务就是为朝廷推荐人才。据《旧唐书·职官志》所载，丽正书院“刊辑古今之经籍，以辨明邦国之大典。凡天下图书之遗逸，贤才之隐滞，则承旨而征求焉。……其有筹策之可施于时，著述之可行于代者，较其才艺，考其学术而申表之”。这段话的意思就是说，在整理图书、修撰典籍的过程中，尤其是在选评当时文人著述之时，书院负有举贤的任务，对那些确有真知灼见、真才实学的能人贤士，及时向朝廷推荐，使他们脱颖而出；对有利于治国安邦的建议，有益于社会发展的著述，学者们也申报朝廷，予以采纳、推行。故而丽正书院又是一个学术研究中心，那里人才济济、学者芸芸，犹如一个参与朝廷政务、为朝廷选拔人才的“智囊团”。除上述作用外，丽正书院还是皇帝欢宴贤才、酬唱歌赋的场所。

总的来说，丽正作为官办的书院，职掌着朝廷的经籍，具有校理图书、征储贤才、侍讲侍读、承旨筹策、撰述待制、辨明邦国大典而备顾问应对等多种功能，这些与后世聚徒讲学的书院不尽相同，但它所承担的“侍讲”“侍读”等职责，实际上是教授帝王的一种特殊的教学工作。同时，由于在丽正书院中担任校勘、撰集、著述等诸项工作，需要相当的文化水平，对于从事这项工作的人，必须经过培养训练，书院则利用藏书众多的条件自行授徒设教，也以师生、弟子相称，这也可以算是教育作用吧。综上所述，官方创办的丽正书院，对书院教育的产生，有着明显的诱发作用。它被赋予的种种职能和沿革发展，同样是书院发展史上的重要开端，并且成为后来书院的雏形。

2. 白鹿洞书院

白鹿洞书院在其漫长的发展过程中，经过历代人的不断继承和发展，形成了一套完整、严密的教育制度，特别是朱熹恢复白鹿洞书院后所采取和倡导的灵活多样的教学方式和自由活泼的学风，时隔近千年，仍然有许多值得我们学习和借鉴的地方。白鹿洞书院自由活泼的教学空气，首先体现在其课程设置方面。白鹿洞书院作为中国儒学发展的主流——理学的圣域和贤关，儒家思想学说和宋明理学是其理所当然的必修课。白鹿洞书院生徒所学习的儒家经典著作包括：《诗》《书》《易》《周礼》《仪礼》《礼记》《公羊传》《谷梁传》《左传》《论语》《孟子》《孝经》《尔雅》。理学著作包括朱熹的《白鹿洞书院揭示》和陆九渊的《白鹿洞书堂讲义》等。为了使生徒更好地学习儒家经典著作和宋明理学，历代皇帝和朝廷要员往往把这些书赐给或赠给书院，如宋太宗赵光义曾下令将国子监刻印的《九经》赐给书院。清康熙皇帝也曾将《十三经注疏》《周易折中》《朱子全书》等著作赐给书院。

除了儒学之外，诸子百家的作品，如《管子》《庄子》等著作；历史著作，包括《公羊传》《谷梁传》《左传》《汉书》等；诗词文赋，如《诗经》《楚辞》等；实用技术，如治民、讲武、水利、算术等；以及礼乐、写作等，都是白鹿洞生徒学习的重要课程。由此可见，白鹿洞书院的课程设置内容是相当宽泛的。

白鹿洞书院的教学方式也相当灵活多样，其中最具特色的是升堂讲说、生徒自我钻研、分斋教学、优游山水间等方式。升堂讲说的教学方式在庐山国学时就开始了。据记载，朱弼是庐山国学最后一位洞主，他“每升堂讲说，座下肃然”。老师除了讲课外，还要回答生徒提出的各种问题。据说，朱弼“每升堂讲释，生徒环立，各执疑难，问辩蜂起，弼应声解说，莫不造理。虽题非己出，而实事联缀，宛若宿构。以故诸生诚服，皆循规范”。朱熹在恢复白鹿洞书院后，也采取了这种教学方式，曾升堂讲说《中庸首章》《大学或问》等。这种教学方式一直延续到清朝。除本院教师讲说外，白鹿洞书院还经常聘请著名学者升堂讲说。南宋著名理学家陆九渊、明代著名理学家王畿都曾应邀到白鹿洞书院讲说，许多官员也纷纷到白鹿洞书院讲说。南宋末年，绍定间知军左膺午曾在白鹿洞书院讲说。明正德十六年（1521年），王守仁（官至南京兵部尚书）集门人讲学于白鹿洞书院；嘉靖四十一年（1562年），江西巡抚胡松讲学洞中，有《喻白鹿洞来学诸生》讲义传世。

生徒自我钻研是白鹿洞书院最重要的教学方式之一。朱熹曾一再教育生徒要自己读书、自己去领悟道理。他认为老师只是引路人和指导者，只能“示之于始而正之于终”。他非常注意对生徒进行读书方法的指导，其门人将他的学习方法概括为：“为学之道，莫先于穷理，穷理之要，必在于读书，读书之法，莫贵于循序而致精，而致精之本，则又在于居敬而持志。此不易之理也。”又将他的读书法定作：“循序渐进”“熟读精思”“虚心涵泳”“切己体察”“着紧用力”“居敬持志”六项。分斋教学是颇具实用特点的教学方式。在清朝，白鹿洞书院采用北宋教育家胡瑗的分斋教学法，把书院分为“经义”和“治事”两斋，“经义”斋的生徒主要学习和研究儒家经典著作，“治事”斋则分为治民、讲武、水利、算术等专业。“分斋教学”与今天的分系分专业十分相似。

优游山水间则是白鹿洞书院的一种将身心结合起来的独特教学方法。白鹿洞书院建于庐山之上，风光秀丽。朱熹在白鹿洞期间，常常与生徒优游泉石山林之间，寓讲说、启迪、点化于休息、游乐之中。这既与《论语》所载“仁者乐山，智者乐水”志趣相投，也与《学记》所称“君子之于学也，藏焉，修焉，息焉，游焉”相吻合，体现了朱熹“格物致知”的思想。这种优游林泉之间的教学方法，既可接触各种事物，又可体察“万物皆有”的“一理”。它足以与西方苏格拉底的“散步学派”相媲美。

3. 岳麓书院

竹子乃禾本科植物，生长旺盛，对自然条件要求甚少，它深深扎根于泥土之中，挖不尽烧不绝，夏秋时节，绿荫蔽日、阴翳可人；冬春时分，绿意盎然、生机勃勃。素有“岁寒三友”之称的竹子，与文人墨客有着不解之缘，古往今来，文人或为官或游历，虽远离故里，行止不定，但仰慕竹子的品格却不可须臾或缺，它坚韧不拔的毅力和不畏严寒的精神，渗透着超然傲世、淡泊明志的文人精神。或许正是这个原因，在岳麓书院中，每座庭院中都有竹，微风中竹叶随风摇曳，留下绿影、撒下诗情画意；细雨后竹茎鲜灵嫩绿，露出清浚、显出哲思理念。沿石径还有一片千年之久的古竹林，它是“千年学府”岳麓书院的真实写照，历史的沧桑、社会的变迁、朝廷的禁令，都没能毁掉它，正可谓兴学千年，弦歌不绝，虽屡毁屡兴，却基址不变，始终是湖南高等学府之所在。岳麓书院位于湖南长沙，前临碧波荡漾的湘江，背倚茂林修竹的岳麓山，风景秀丽、环境宜人。在浓阴蔽日的参天古树林中，掩映着一片古雅、庄重的古建筑群，一道道的院、一层层的绿，无不散发着历史文化的气息。无论讲堂、教学斋、御书楼，或是诗词、碑刻、楹联，都充溢着人文主义精神。这里远离喧嚣的都市，古朴而清新，尤其是后花园，花木扶疏，荷塘石桥，花墙漏窗，那份宁静使人倾慕。正如诗曰：“清泉自清泻，触石短长鸣。穷年竹根底，和我读书声。”谈到岳麓书院的创建，那要追溯到唐末五代之时，僧人智球等人因念“湖南偏僻，风化陵夷，习俗暴恶”，倾慕“儒者之道”，在岳麓山“割地建屋”，收藏经籍，“以居士类”，建成一个教育机构的雏形，虽然它还不以书院命名，但已成为书院之开端。

北宋开宝九年（976 年），潭州太守朱洞“因袭增拓”，将原办学基地扩建为书院。最初有“讲堂五音，斋序五十二间”，成为书院的主体——讲学部分，讲于堂，习于斋，岳麓书院继承了这一讲学古制，一开办就兴建了规模宏敞的讲学、斋舍。办学初期，学生甚多，有“道林三百众，书院一千徒”之说，成效也显露出来，“学者皆振振雅驯，行宜修好，庶几于古。”宋真宗咸平二年（999 年），州守李允则扩建，“外敞门屋，中开讲堂，揭以书楼”，后又得国子监所赐经籍。大中祥符八年（1012 年），山长周式请太守刘师道再度扩建，“教授数百人”，八年真宗帝召见周式，拜国子监主簿，留宫中讲学，周式坚持回山执教岳麓。真宗为其所动，答应其还山请求，并赐内府书籍和“岳麓书院”匾额，于是，岳麓书院名声大振，成为北宋著名的“四大书院”之一。书院进入南宋时期，发展尤盛，经著名学者、湖湘学派奠基人张栻主教，理学大师朱熹又远道而来与张栻会讲岳麓，从而使书院进入鼎盛时期。此后，岳麓书院时兴时废，兴衰交替，至清代，书院官学化，改制为高等学堂。历经千年，岳麓的坚韧精神和优良传统已经汇入那厚重而又遥远的历史之中，包容在那浩繁而发黄的典籍之中，体现在从古至今许许多多的思想、观念、情感和行为方式之中。乾隆年间书院山长、学术大师罗典所撰书的门联“惟楚有材，于斯为盛”，囊括了岳麓人文荟萃、人才辈出的盛景，岳麓的传统代代相传下去。在这里，仅就岳麓书院的爱国主义精神和传统来说，就培育了数代英豪。南宋时期，主教张栻力主抗金，利用书院传道，对湖湘子弟进行爱国教育，并身先士卒，亲临抗金之战；在抗清斗争中，王夫之便是岳麓爱国志士中的杰出代表，他不仅参加了抗清斗争，而且著书 800 万言，影响颇深，如贺长龄、杨昌济等岳麓学子；近代史上，梁启超、谭嗣同等人与康有为一道革旧图新，开展维新运动；蔡锷反对袁世凯称帝，立下显赫战功，成为旧民主主义革命领袖；1917 年到 1919 年，毛泽东曾两次在岳麓书院半学斋寓居，从事主编《湘江评论》等革命活动；杰出的代表人物还有蔡和森、邓中夏、何叔衡等，他们为中华民族的振兴做出了极大的贡献。殊不知，岳麓学子中还有不少的中国之最，如第一位筹建海军并着力保卫与开发新疆的民族英雄左宗棠，第一位主张向西方学习的改良主义启蒙思想家魏源，第一位办洋务建现代工厂的曾国藩，外交界先驱第一位驻外公使郭嵩焘等。从岳麓书院代代相传的这些杰出的爱国主义学子的思想情怀里，能够让人深切地感受到岳麓书院千年的勃勃生机！

4. 应天府书院

提起我国宋代著名政治家、教育家范仲淹，人们首先会想到他作为政治家的“先天下之忧而忧，后天下之乐而乐”的忧国忧民情怀，很少有人知道他作为教育家，在培育经世治国人才方面所做出的杰出贡献。其实，范仲淹在教育方面所取得的成就远远大于其在政治方面的成就，而他的教育生涯与当时全国四大书院之一的应天府书院有着不解之缘。

范仲淹早年就读于应天府书院，他废寝忘食、昼夜苦读，据说连续五年没有解衣就枕。学习到深夜困乏难当时，就用冷水洗面提神，早饭往往到太阳偏西才想起来吃。他从38岁以后曾两次主持应天府书院的教育，开创了追求新知、创新进取的一代学风。除范仲淹外，应天府书院还培养出了一大批经世治国的杰出人才，如北宋三大唯物主义思想家李觏、张载、王安石；三大教育家孙复、胡瑗、石介；三大军事家和战将庞籍、文彦博、韩琦；三大现实主义诗人石延年、梅尧臣、苏舜钦；三大诗文改革家穆修、尹洙、欧阳修；四大进步政治家富弼、余靖、蔡襄、叶清臣等，都毕业于应天府书院。他们活跃于当时的政治、军事、经济、文化等舞台，成为中国历史上的显赫人物，其中王安石、欧阳修、富弼等甚至影响了中国历史和中国文化史的发展进程。可以说，应天府书院是我国北宋时期经世治国人才成长的摇篮，应天府书院作为北宋全国四大书院之一是当之无愧的。

应天府书院位于今河南省商丘市老城西北角，最早创办于五代后晋天福六年（941年），一开始叫归德军南都学舍，由当时名儒戚同文主持。北宋大中祥符二年（1009年）宋真宗赐“应天府书院”匾额，成为全国最有影响的高等学府，与白鹿洞、岳麓、嵩阳并称全国四大著名书院。应天府书院初期，只是由私人开办的一家私学。曹诚接替戚同文主持书院后，慷慨捐资300万，扩建学舍150间，收集图书1500册，使书院办学条件大大改善。大中祥符二年（1009年），曹诚向朝廷提出请求，希望请戚同文的孙子、当时著名的学者戚舜宾主持书院教育。真宗皇帝对于曹诚这样一个普通老百姓热心教育，并且能够推荐贤才的义举大加赞赏，批准了他的请求，破格对他进行了题榜表彰，任命他为应天府书院助教，并赐书院匾额“应天府书院”。朝廷的这一做法激发了支持教育的热情，应天府地方官绅纷纷捐田捐资，支持书院发展。应天府书院迅速崛起的原因是多方面的，除了社会支持外，其先进的办学思想和面向社会灵活多样的办学方式恐怕是最重要的因素。范仲淹在天圣五年（1027 年）担任应天府书院主讲后，认真总结先师戚同文、曹诚、威舜宾的教学经验，确立了为社会培育有用人才这一教学宗旨。他在执教期间写出了影响宋代历史发展进程的《上执政书》，主张朝廷采取“固邦本”“厚民力”“重名器”“备戎狄”“杜奸雄”“明国事”六大举措。他极力推崇书院面向社会的教育作用，一针见血指出府、州、县学只重考试而不重教育的科举制度犹如“不务耕而求获”。围绕这一宗旨，他为书院制定了“为学次序”“读书次序" 等一系列学规，强调发扬刻苦精神。

在教学实践中，还提倡学生到社会上实地考察，使学生获得感性认识。针对当时师资不足这一问题，应天府书院采取了开放教学的方式，学生可以自由流动，来者不拒，去者不留。书院特别注重综合教育，为了开阔学生视野、增长见识，经常邀请社会名流或学术权威讲学，聘请文学家晏殊、经济学家孙复、政治家富弼任主讲，以弥补书院本身教育的褊狭；同时，书院还经常性开展学术研讨活动，坚持不同学派之间的会讲制度，先后到书院任主讲的邵雍、张载、司马光、程颢、程颐等名师巨儒，政治主张和学术见解各不相同，自为学派，在应天府各抒己见，颇似当代高校聘请学者名流做学术报告，进行学术交流，有利于学生吸收各种思想，进行探讨、切磋。应天府书院教育历经宋、元、明、清四朝，“名师主教，高徒不断涌现”，真正成为培育经世治国人才的摇篮，在书院史、教育史上拥有崇高地位。元代改名为“睢阳书院”，明代为了纪念先师范仲淹改名为“范文正公书院”，清代改称“文正书院”，光绪年间改建为“归德府中学堂”，千余年来，一直是中原地区的高等学府。

5. 东林书院

对联是我国所特有的一种文学形式，可以借以反映社会状况和绚丽人生。古往今来，奇文佳句绵延不断，名人轶事妙趣横生。中华民族历来以崇尚读书而著称于世，许多内涵深邃、富有哲理的读书联都脍炙人口，明代顾宪成的“风声、雨声、读书声，声声人耳；家事、国事、天下事，事事关心”尤为催人奋进，联语撷取自然现象，直抒致力读书的爱国心意，数百年来多少志士仁人，读此联而受到激励和鼓舞。

此名联就是明代顾宪成为江苏无锡东林书院的题联。东林书院在明末曾轰动一时，它创建于万历三十二年（1604 年），被毁于天启五年（1625 年），只存在短短的 21 年，却在当时社会激起巨大的反响。书院以其讲学关注政治、志在世道的特点成为书院史上一朵奇葩，它昭示着教育与政治的密切关系，再现了中国知识分子忧国忧民的爱国传统，因此也成为政治家们关注的焦点。谈到东林书院的创建还有一件有趣的故事。万历三十年（1602年），为时人所推崇的无锡学者顾宪成，在家乡讲学影响越来越大，急需一个固定场所，但又不敢提出创建书院，因为万历初年政府禁毁全国书院的那场浩劫，让人们还心存余悸。万历三年（1575年），大学士张居正在上《申请旧章饬学政以振兴人才疏》中要求"不许别创书院，群聚党徒"，此疏上奏之后，结果"命毁天下书院"，当时涉及面极广，全国都有所波及，给创建或修复地方书院带来很大的阻碍。顾宪成苦思冥想，根据当时情况，单独创建书院绝对不可能，大凡讲学者，均设"堂""祠"等，为了"盖避书院之名"。于是他就着手研究张居正的上疏和政府政策，他发现疏中确有例外，"如果有先贤所遗"，则可以"量为查复"。顾宪成思虑再三，觉得恢复"先贤遗址"讲学比较现实，才有可能获得政府的支持和认可，确定创建书院的唯一行得通的办法就是恢复"先贤遗址"，无锡城东正是东林书院的旧址，修复东林书院成为顾宪成迫切的心愿，从此他一心想着这个心事。

说来也巧，万历三十二年（1604年）的一天，顾宪成做了一个梦，梦如真事，他梦见了龟山先生，并且拜而求教于先生，问及孔子删述五经，垂训万代之事。梦中的龟山先生何许人呢？就是北宋政和元年（1111年）创建东林书院的杨时，字中立，号龟山，谥文靖，福建南剑州西铺龙团池（今福建将乐县北门）龟山下人，青年时师从二程，潜心研习儒学，学成南归，讲学东南地区，亲自创建东林书院于无锡城东，将毕生精力和聪明才智都用于讲学，他的理学思想已臻纯熟，书院成为北宋时期理学南传的重要阵地和江南学术研究中心。正因为书院之著名，才成为顾宪成的向往。顾宪成思前想后，将所做之梦讲述给无锡士人，并且将修复东林书院遗址的事联系起来，士人们竞相传开，从中还做了不少渲染，大约经过一年多的流传，又有风水先生对东林书院遗址做了观察，断言"后数年天下名贤，当聚于此"，于是，顾宪成与另一位无锡名宦宿儒高攀龙以及其他学者一起，正式议论修复东林书院之事。顾宪成之梦可谓日有所思，夜有所梦，实际上是他为了实现修复东林这一夙愿而做的舆论准备，大概这就是古代的广而告之吧。

万历三十二年（1604年）四月，顾宪成正式向无锡知县林宰、常州知府欧阳东风呈状，请求修复东林书院，在《请复东林书院公启》中说"敬启有宋龟山杨先生，受业两程夫子。载道而南，一时学者翕然从之，尊为正宗。考锡乘，先生常讲学是邑十有八年，建有东林书院。岁久旁落为东林庵，而书院废矣。距今五百余年，俯仰顾盼，莫不喟然叹息。某等潜不自量，欲相与共图兴复，念祠堂以崇先哲之懿范，则道脉系焉。书院以广友朋之丽泽，则学脉系焉。”阐明了他修复东林的目的，就是能直接程、朱道统，表彰正学，振兴来学，使“九峰二泉之间，行将坐收濂洛关闽之胜”。与此同时，高攀龙也给常州知府和无锡知县致书，指出无锡当地名儒士绅一直要求在原址上修复东林，也曾“三议兴复”，但未成。早在明中期成化年间，举子邵宝等人，曾聚徒讲学其上，以便遥追杨时先生学脉，激励锡邑学子，还在城南保安寺别建东林书院，但因不是杨时讲学原址，不久废弃。到嘉靖和隆庆年间，本地士人盛盘曾先后两次呈请官府，兴复东林，因经费问题均无结果。还指出今藉各位老公祖在，事当必成。在顾宪成、高攀龙等人的恳请下，在地方官府的大力支持下，特别是知府欧阳东风、知县林宰出力最多，以前议论数年未果的在原址修复东林书院之事，竟然顺利通过官府批准，看来舆论宣传功不可没。

修复东林书院工程从呈状当月十一开始到告竣，历时不到五个月，工程所需银除官府拨给部分助修，大部分来自民间募捐，其中将近一半以上由顾宪成、高攀龙、顾允成、安希范、钱一本、刘元珍、叶茂才捐助，这七人再加上后来的薛敷教，都是东林讲学的中坚分子，历史上称为“东林八君子”。

重新修复后的东林书院，布局严整紧凑，超然而古朴。位于城东第七箭河之北，盈盈清流从门前流经，书院占地基田 6 亩、园田 10 亩，规模不算宏巨，但绿水近绕岸柳轻拂，院内古柏森森，东依高耸城墙，西与北隔有小巷。虽处市尘，却无车马喧杂之扰，幽静、清寂是读书讲学、砥砺情操的理想胜地。书院在建筑布局上形同官学“左庙右学”，院左为祭祀建筑，燕居庙祀孔子，道南祠祀杨时及宋明诸贤；讲学建筑在右，主要包括讲堂及其附属，有书院大门、牌坊、月河、石桥、东林精舍、丽泽堂、依庸堂、书斋、山房、草庐、长廊、学舍等，意义来源于辟雍，天子之学为辟雍，四周环水之意。

书院重建后，顾宪成等“东林八君子”讲学于其中，一时学者同仁聚会，雍容一堂，“士大夫抱道忤时者，率退处林野，闻声响附，学舍至面不能容”为“吴中自古未有之盛”，影响非凡。书院讲会参照《白鹿洞书院学规》订有《东林书院会约》，并具体制定了会约仪式和管理方法。独特之处就是东林书院每年进行讲会，凡讲会必举行歌仪，众人齐声唱咏“院歌”，这“院歌”还得从东林书院名称的来历谈起。东林书院的命名与杨时对江西庐山东林寺情有独钟直接相关。清代人钱肃润道：“东林书院者，宋杨文靖龟山先生讲道地也，地以东林名者何？先生素爱庐山之胜，尝于东林道上感有赋，诗曰：寂寞莲塘七百秋，溪云庭月两悠悠。我来欲问林间道，万叠松声自唱酬。斯言也，有道存矣。及归而讲道锡邑，其地即以东林名。”这段话可见《十峰文选》卷三。杨时在东南各地游学时间很长，确实曾到庐山东林寺，并作有《东林道上闲步》诗三首，其中第一首就是钱肃润所引内容。也许杨时就是爱庐山东林寺名胜，加上在无锡讲学之处恰好偏处城东一隅，所以就以东林命其书院，以寄其情，又与其地其境十分贴切。正因此诗对东林书院影响之深，顾宪成在修复东林书院后，就将此段内容作为书院的“院歌”。在教学活动中书院也形成了自己的特点：注重学与讲的气氛，提倡自由讲学的风气，定期召开学术研讨会，倡导“诗教”。参加讲会的人，自称为东林社友，虽然自愿，大多数学者都能坚持，不倦探索，形成独有的学风。高攀龙说过：“学者应该以天下为己任”，公开申明书院的讲学活动要同社会政治活动紧密结合起来。

顾宪成则以“风声、雨声、读书声，声声人耳；家事、国事、天下事，事事关心”的名联，道出了东林书院聚徒并不空谈，而是关心国事、讽议朝政，具有鲜明的政治色彩。书院史中，唯有东林书院既讲学，又参政、议政，使教育活动、学术研究和政治革新相互渗透，一并深入员身心，影响着一代民风，影响着一批朝臣权贵，与朝中邪派势力做了不屈的斗争，留下了千古传颂的史话。

（三）名人名贤与书院

1. 朱熹与岳麓书院

朱熹是中华五千年文明史上颇有影响的一位集大成者。他的很多思想观点和论著对今天都有很高的参考价值和借鉴意义，所以人们常用“致广大、尽精微、宗罗百代”来评价他的学术成就。

据说在他还很小的时候，有一次父亲指着天告诉他说“天也”，没想到他竟然接着问道：“天之上何物？”父亲闻听，觉得朱熹小小年纪就很有寻根究底的求知欲望和辩证的哲学思维。朱熹后来也曾经回忆说，他在五六岁时就总是心存困惑，很想知道天是什么，天的外面又是一番什么景象。十来岁时，他阅读了大量的佛教文献和儒家典籍，禅道文章楚辞兵法，无所不学。十七八岁时，每天早上都要朗读十遍《大学》和《中庸》。即使考取进士之后，也仍然专心研读《论语》《孟子》等书籍，这在当时是很难能可贵的。因为在那个年代，人们读书大多是为了应付科举，一旦考试成功，踏上仕途，一般就放下书本，开始钻营官场世故；而朱熹却始终坚持潜心读书，这为他最终称为“近古文化的集大成者”奠定了坚实的基础。朱熹的主要思想核心“格物致知”就是受到《大学》的影响和启发。所谓“格物致知”，就是凡事都要在不脱离原事物的前提下去探索和挖掘其之所以存在的道理。他的这种观点和当时另一位知名学者陆九渊不同，由此还引发出一段颇为感人的故事。朱熹强调要注重基础知识的学习，他认为所谓的灵感悟性都是以扎实稳固的基础知识为依托的，因此要广闻博学，兼收并蓄；而陆九渊却力主灵感智慧的培养和提高源于个人本身的悟性，与基础知识的学习和掌握没有关系。两个人各执己见，在江西鹅湖寺进行了激烈的辩论。但学术主张的差异并没有影响朱熹对陆九渊本人的尊敬，在朱熹主持白鹿洞书院时期，曾经盛情邀请陆九渊前来讲学。据说，陆九渊当时讲的是《论语》中的一个章节“君子喻于义，小人喻于利”。由于言辞精准，剖析透彻，让所有听讲的学生都感觉是接受了一次儒家经典教义的洗礼，一些学生甚至因为感同身受，为演讲的精辟、严谨而感动得流下了眼泪。为此，朱熹命人将陆九渊所讲的内容刻在石碑上，立于院门处，显示出豁达的人品气质和公正、客观的学术理念。这段轶事一直为众文人学者所称颂，也在中国书院的历史上开创了不同学派在同一个书院内演讲的先河。

南宋乾道三年（1167 年），朱嘉不顾路途艰辛，从福建到岳麓书院讲学。当时，张栻与彪居正主讲于岳麓，他们尊崇和宣扬其老师胡宏的学术主张，逐渐在湖南发展成为以岳麓书院为基地的湖湘学派。朱熹的观点与他们不尽相同，就利用在湖南逗留的两个多月的时间，和张栻广泛研讨《中庸》之义，他们在岳麓书院和城南书院之间轮流进行讲学和讨论，即著名的“朱张会讲”。由于两个书院仅有湘江一水之隔，朱张二人经常乘舟往返于湘江两岸，后来就有了“朱张渡”的美名。

朱、张两位知名学者的会讲之地忠孝廉洁堂位于书院的中心位置。讲堂的正中是一个高约一米的讲坛，老师在上面讲课，学生们自带蒲团席地坐于周围。会讲的日子里，两位老师激烈论战，有时候三天三夜也难分伯仲；学生们也纷纷加入其中，阐发自己的意见和见解。从各地赶来的听讲者“生徒云集、坐不能容”，他们骑的马把池塘里的水都喝干了，以至人们以“道林（寺）三百众，岳麓一千徒”来形容当时的盛况。会讲结束后，不但朱嘉和张械都觉得对方给予自己极大的启发，拓宽了各自的治学思路和学术视野，就连所有的听讲者，也深受其益。之后，朱、张之学被称为“岳麓”学统，这种教学相长、互为促进的模式绵延至今。岳麓书院历经宋、元、明、清几个朝代，始终未易其名。清光绪年间改为高等学堂。清末对于书院的改制，为书院的历史画上了一个终止符。这可以说是历史发展的必然，但并不能由此认定书院的体系和制度都是弊端，客观地分析书院的发展，其中有很多的观点和主张都能动地推动了中华文化的历史进程，更有很多治学经验和理念是生活在今天的我们仍然可以吸取和借鉴的。

2. 王守仁与明代书院教育

王守仁是明朝的一位重要官员，同时又是当时知名的政治家、哲学家、思想家和教育家。战乱时期，他可以执掌兵符跨上战马统领各路官兵，勇往杀敌；和平年代，他又著书立说，传播其学术思想，为明代书院的复兴做出了直接而又显赫的巨大贡献。后人以“文经武纬是全才”来评价他所取得的政绩和学术成就，他在晚年的时候也曾形象而又不失幽默地说自己的一生只做了两件事，一件是“破山中贼”，即镇压起义、平定叛乱；另一件是“破心中贼”，即倾尽毕生心血钻研和宣讲“阳明心学”。

王守仁，字伯安，别号阳明，世称阳明先生。1472 年，他出生在浙江余姚的一个官僚家庭。父亲王华酷爱读书，在王守仁不足十岁时就中了状元，对于儿子的管教也格外用心。儿子天资聪颖，在父亲的教导下，学文习武，进步很快，只是他有一个小小的爱好，那就是喜欢下象棋。父亲经常责备他因为下棋而耽误了学习的时间。但是他年龄还小，难以割舍对象棋的浓厚兴趣。一次，父亲盛怒之下将象棋扔到了河里。王守仁在一阵气愤和委屈之后，终于体会到了父亲的良苦用心，当即作诗一首表明心意：“象棋终日乐悠悠，苦被严亲一旦丢。兵卒坠河皆不救，将军溺水一齐休。马行千里随波去，象入三川逐浪游。炮响一声天地震，忽然惊起卧龙愁。”诗中他以“卧龙”自喻，暗下决心要潜心读书，从小就树立起远大的政治抱负和强烈的社会责任感。之后，他的学习愈加自觉和刻苦。在他生活的时代，二程和朱熹宣讲的理学思想非常盛行。王守仁也非常崇拜朱熹的“格物致知论”几乎读遍了朱熹的所有书稿。28 岁时，王守仁凭借满腹经纶考中进士，被授予兵部主事。但是，军队上下都对这位新上任的主事持怀疑态度，大家只知道他博学多才，遍读诗书，觉得大抵不过是个专会纸上谈兵的偶官，不会有驾驭军队、骑马作战的真本事。终于有一天，太监张忠想陷王守仁于尴尬的境地，便要他当众射箭，没想到王守仁并未推辞，只见他信心十足地举箭劲射，结果连发三箭，箭箭中的，全军上下呼声一片，王守仁的声望也随之陡然升高。后来，在正德十一年（1516 年）、十四年（1520 年）和嘉靖年间，王守仁几度操办团练，集结武装，通过安抚与严惩相结合的方式成功平定了三次大规模的农民起义和部族叛乱，显示了“破山中贼”的卓越军事才能。

他的政治生涯也是几起几落，但对于教育和理学思想的探索与追求却从未停止和泯灭过。王守仁在年轻的时候就涉猎儒学、佛学等，特别对二程和朱熹的理学有更深厚的研究。正德三年（1508 年）时，他因为得罪了当朝权贵刘瑾，被施以四十大板的惩罚，并被贬官至贵州龙场。王守仁没有怨天尤人，而是利用这段相对比较清闲的时间刻苦研读诗书。也在经历了一段几近痛苦的深入研读和缜密思考后，他终于发现了自己一向尊崇的程朱理学的缺憾，同时悟出了包含自身感受和理念的新学说。在之后几十年的讲学过程中，他的学说发展成为一个包含三大组成部分的“阳明心学”，即“心即理”“知行合一”和“致良知”。

他主张“心即理”，意即世间的万事万物本不存在什么理（朱熹的格物致知论认为理存在于具体的事物中），所有事物蕴含的真理其实都是人心赋予的，因为人的内心原本就是无所不知、无所不晓的，这就是所谓的“心明便是天理”。为了使自己的“心学”主张更加形象，他用种植树木的原理来做解释，人的心仿佛就是大树的根，我们平时的学习并不是学习事物本身的道理，而是通过学习这种途径和手段去挖掘和呈现内心的智慧，就好像通过浇水、施肥来达到让树根孕育和成长的目的一样。所以，通过打骂、管制等方法是很难达到比较高的学术境界的，只有通过启发、诱导，让学生自己有了求知的欲望与兴趣，才能顺利提高自身的修养与境界。在以后的讲学中，王守仁逐渐将自己所说的“心”升华为“良知”，认为所有的人都是人性本善的，人的良知与生俱来，后天所要做的只是如何通过“存天理”“去人欲”的教育达到“致此良知”的目的。这种学术思想在明代中期以后，达到了“门徒遍天下，流传逾百年”的程度，其声势和影响甚至被远播到隔海相望的日本。为了宣扬和发展自己的学说，王守仁在从政之余积极从事教育，创办了龙冈书院、濂溪书院、思田学校、南宁学校、敷文书院、稽山书院、阳明书院等，又在白鹿洞书院、贵阳书院等地广泛讲学。虽然他进行这些学术活动的主要目的在于扩大自己学说的影响，但在客观上对推动明朝的学院建设起到了积极的作用。因为宋代时期曾经非常盛行的书院学风到了明朝几乎荡然无存，很多当年著名的书院，如白鹿洞书院，只剩下破败的学舍，而没有了往日聚众讲学的火热场面。即便是一些还未完全作废的书院，也只剩下祭祀前辈的用途。以江西为例，在王守仁以前，学院只有五十余所，但王守仁之后，学院迅速增加至二百余所。因此，王守仁及其弟子们的学术活动，不仅直接推动了明代的书院建设，而且使讲学、思辨之风再度盛行。

王守仁去世以后，成为各个书院师生行祭祀礼的主要对象。有意思的是，虽然祭祀的是同一个人，但不同地方的不同书院其祭祀内容也不尽相同，有的书院是纪念他兴建学社教书育人，对当地教育事业做出的杰出贡献；有的书院则是缅怀他从政期间镇压起义、平定叛乱带给当地百姓的富足生活；还有的书院是尊重他所取得的学术成就。

（四）中国古代书院教育的特色与贡献

中国古代的书院教育虽屡兴屡废，历经沧桑，但仍绵延近千年，具有旺盛的生命力。作为中国封建社会后期一种特殊的教育机构，书院强调自由讲学，重视学术研究，主张门户开放，提倡尊师爱生，确非官学和科举所能望其项背。书院以其独特的教育方式，为中国古代教育增添了绚丽多彩的一页。书院教育在办学和教育方面积累的丰富经验，也已成为中华教育思想优良传统的重要组成部分。

1. 书院教育把教学与学术研究结合起来，发挥了书院保存、创造和传播文化的功能

如前所述，最早的书院是官方藏书、校书和私人聚书治学的场所。如唐代的丽正书院和集贤书院，就组织了一批学士、直学士、侍讲学士、修撰官、校理官、知书官等，“掌刊辑古今之经籍，以辨明邦国之大典”。他们不仅考订、校勘图书，而且具有“顾问应对”的职能。这就要求他们潜心研究，具有较高的学术水平。至于私人的书院，往往也由于藏书甚丰而吸引莘莘学子前来问难求教、读书研讨。所以，书院自诞生起就具有浓厚的学术传统。

从宋代开始，书院就成为学问家的重要阵地。他们思想的孕育和形成往往得力于书院独特的环境、丰厚的藏书、师生的讨论。许多重要的学术著作的雏形也是来自书院的讲学，如朱熹在白鹿洞书院入院开讲的是《中庸首章》，还有《大学或问》《白鹿

洞讲堂策问》等讲义。所以，有人推定，朱熹的名著《四书集注》，就是在“多年教学实践中采用的教材、讲义，然后在这个基础上最后修辑成为整部著作的”。宋代活字印刷术的发明，使书院在以往藏书、校勘的基础上进一步发展了刻书、印书的功能，既可反映书院的教学水平和研究成果，又能传播学术信息，丰富教学内容，促进了书院的发展和文化传播。

自宋以后，“书院本”已成为中国古代重要的出版印刷力量，流传甚广。古代书院编辑刊印的图书大致有以下几种类型：一是刊印重要的古代经典著作，如广雅书院刊印的《广雅丛书》，把唐宋以来的史部书籍包揽无遗，收集十分完善。二是刊印当代学人的研究成果，如学海堂刊印的《学海堂经解》，包括清代经师注疏的书籍 180 种，计 1400 卷，《学海堂文集》则收辑了 500 人的学术论著。三是刊印书院的史料文献，如《明史·艺文志》所载孙存《岳麓书院图志》和刘俊《白鹿洞书院志》，就是由书院刊印的重要书院史料文献。四是书院师生的教学、研究成果，如岳麓书院曾排刻铎锋的《周易》讲稿——《周易启蒙》，还刊行过《岳麓书院课艺》《岳麓书院课文》《岳麓会课》等学生的论文集。苏州正谊书院不仅藏书达六万余卷，而且把师生每日读书的心得或疑惑记录下来，然后将日记汇编刊印成《学古堂日记》，对于促进师生的学术研究起了重要作用。教学与学术研究互相促进，刊印出版又为两者增添了动力和压力，使书院教育的学术水平具有较高层次，对于保存、创造和传播古代文化亦颇有贡献。

2. 书院把自学与指导结合起来，注重启发学生思维，调动学习的主动积极性，培养了一大批智能型的人才

由于书院以藏书丰厚为特色，书院中的教学活动一般是围绕着书而展开的。书院中的学生大部分时间是在教师指导下认真读书、自行领会。教师的讲解或提纲挈领、重点分析，或指点迷津、回答疑问，一般随人深浅，因材施教。朱熹就曾对学生说过：“为学勿责无人为自家剖析出来，须是自家去里面讲究做功夫。”要求学生注重自修的环节。

书院教育提倡自学，但不主张放任自流，而是非常注意发挥教师的指导作用。教师的指导作用主要表现在两个方面：一是指导学生自己读书。书院都比较重视指导学生读书，从读什么书，到哪些先读，哪些后读，哪些精读，哪些略读，哪些书要背诵，哪些书仅需涉猎，都有具体的要求。许多教师还把自己读书治学的经验无保留地传给学生。二是回答学生质疑问难。书院教育强调学生要善于提出疑问，鼓励学生问难论

辩。朱熹就对学生说："读书无疑者，须教有疑；有疑者，却要无疑，到这里方是长进。"又说："学者读书，须是于无味处当致思焉，至于群疑并兴，寝食俱废，乃能骤进。"他不仅提倡质疑问难，还教会学生质疑的方法。许多书院还把读书与质疑的情况进行考核管理，如清代上海龙门书院规定："诸生各置行事日记册、读书日记册"，"读书有心得，有疑义，按日记于读书册。所记宜实，毋伪；宜要，毋泛；不得托故不记。逢月之五、十，呈于师前，以请业请益。"这就有机地把读书与指导结合起来了。正因为书院这种以发挥学生主动积极性为鹄的，把学生自学与教师指导相结合的教育方式，培养了一大批智能型人才。如宋代道一书院培养出调和朱陆的理学大师吴澄；樱桃洞书院和芝台书院培养出宋庠、宋祁、黄注、黄序、黄庶等许多著名文学家和史学家，江西诗派的黄庭坚更是其中的佼佼者；宋代的二程也曾在周敦颐的书院游学，明清之际的王夫之也做过岳麓书院的弟子。几乎每一个著名的书院，都培养出一批著名的人物。许多著名的人物也不忘培植自己的书院，在功成名就时又执教于斯，培养更多的人才。

3. 书院把教学与训育结合起来，提倡道德完善，注重人格教育，形成了一种重视人格陶冶的书院精神

张正藩先生曾以"教训合一"概括书院教育的这一特色，并指出"自宋、元、明以迄清代，为时经数百年之久，关于书院之内容规则，虽不无变更添补之处，然其目的之在于讲学术以正人心，补国家学校之厥失，则始终一贯。亦即我国真正之书院教育，原系人格教育，至其倡导学术自由研究之风气及知识之传授，尚余事耳"。

书院重视道德完善和人格教育的特点在其"学规"中反映得最为明显。书院的"学规"最有代表性的当推朱熹为白鹿洞书院制订的《白鹿洞书院学规》。在学规中，朱熹明确规定了五教之目（父子有亲、君臣有义、夫妇有别、长幼有序和朋友有信）、为学之序、修身之要（言忠信，行笃敬；惩忿窒欲，迁善改过）、处事之要（正其义，不谋其利；明其道，不计其功）和接物之要（己所不欲，勿施于人；行有不得，反求诸己）。在列出上述要点后，朱熹明确揭示了书院要人格陶冶胜于辞章修养的办学思想。他写道："熹窃观古昔圣贤所以教人为学之意，莫非使之讲明义理，以修其身，然后推己及人，非徒欲其务记览为辞章，以钓声名取利禄而已也。"朱熹提出的书院办学思想对中国古代教育影响甚大，不仅为历代书院所恪守，且为古代教育的共同方针。

如清代康熙年间受聘为岳麓书院山长的李文炤，在制订岳麓书院学规时也提出“注重于立身、敦品、养性”的主张，与朱熹一脉相承。

此外，古代书院还注重校园环境对于人格熏陶的意义，通过书院的箴碑、门楹、堂联和斋舍的命名等来教育学生。如岳麓书院门楹就有“地接衡湘，大泽深山龙虎气；学宗邹鲁，礼门义路圣贤心”。顾宪成、高攀龙主持的东林书院则有“风声、雨声、读书声，声声入耳；家事、国事、天下事，事事关心”的对联。学生每日耳濡目染，受益良多。

古代书院这种把教学与训育结合起来，重视道德完善的传统形成了后人称为“书院精神”的风尚，对于学生的健康成长起了不可估量的作用。如前述岳麓书院，宋代出现过浴血抗金的吴猎和赵方，明末时出现过爱国志士吴道行和王夫之。其后的唐才常、沈荩、杨昌济等，也都是岳麓书院爱国主义精神的传人。再以东林书院为例，在不畏权奸、刚直不阿的顾宪成、高攀龙的言传身教影响下，曾培养出一批如杨涟、左光斗这样刚正廉洁、重视气节的杰出人物。明末有不少忠良死节的人物也都出自东林书院。东林书院之所以能达到“远近名贤，同声相应；天下学者，咸以东林为归”的境界，不能不归之于这种高风亮节的书院精神。

4. 书院提倡门户开放、百家争鸣，创造了独特的“讲会”制度，把学校教育与社会教育结合起来

古代书院一般“开门办学”，听讲者不受地域和学派的限制。倘有名师巨儒讲学，其他书院的学生和慕名而来的学子亦不拒之门外。如明代王阳明在稽山书院“亲临讲学”时，湖广、广东、直隶、南赣、安福、泰和等地的听讲者达三百余人。清代顺治年间白鹿洞书院还拨专款接待前来听讲的学子，并规定：“书院聚四方之俊秀，非仅取才于一域。或有远朋，闻风慕道，欲问业此中者，义不可却。”同时，各书院也邀请不同学派的大师来院讲学，争鸣论辩。

书院创造的“讲会”制度就是一种提倡学术争鸣和信息交流的典型。所谓“讲会”，是大师、师友或师生甚至社会上的书生会聚在一起，自由讲学、自由争辩，从而提高学术水平的一种活动。“讲会”制度由宋代著名学者吕祖谦首创。宋孝宗淳熙二年（1175 年）春，吕祖谦邀请朱熹、陆九渊、陆九龄及其门人参加学术讨论，由于地点在信州鹅湖寺，所以称“鹅湖讲会”。这次“讲会”讨论的重点是“为学之方”。朱熹主张学习应该“泛观博览，而后归之约”，陆九渊兄弟则认为必须“先发明人之本心，而

后使之博览”。陆九龄以诗阐明自己的观点：

孩提知爱长知钦，古圣相传只此心。大抵有基方筑室，未闻无址忽成岑。
留情传注翻榛塞，着意精微转陆沉。珍重友朋勤切琢，须知至乐在于今。

在陆九龄看来，学习的根本在于激发“孩提知爱长知钦”的本心，犹如建筑房屋、垒成高山一样在于打好基础。陆九龄的诗刚念了四句，朱熹便对吕祖谦说：“子寿（陆九龄）早已上了子静（陆九渊）舡了也。”诗罢，双方又展开了讨论，陆九渊和其兄诗云：

墟墓兴哀宗庙钦，斯人千古不磨心。涓流积至沧溟水，拳石崇成泰华岑。
易简工夫终久大，支离事业竟浮沉。欲知自下升高处，真伪先须辨只今。

陆九渊进一步论证了“此心”的先验性和永恒性。他认为，只有发明“此心”的易简功夫，才能发扬光大，犹如涓涓细流聚为沧溟之水，拳拳小石垒成泰山华岳。而朱熹的学习方法不过是“支离事业”，终究要漂浮沉没。

尽管朱熹听了这首诗有点儿神色黯然，不太高兴，但并未影响他和二陆兄弟的个人情谊。双方的学术观点虽然都未改变，但通过讨论，各自的长处和缺点也暴露得比较明显，成为古代学术争鸣的佳话。三年以后，朱熹又和一诗以答辩：

德业流风夙所钦，别离三载更关心。偶携藜杖出寒谷，又枉篮舆度远岑。
旧学商量加邃密，新知培养转深沉。只愁说到无言处，不信人间有古今。

尽管朱熹还是不同意陆九渊兄弟的学术主张，但他们还是彼此羡佩对方的道德文章，不仅以礼相待，而且在门人面前经常赞誉对方。1181年，朱熹又邀陆九渊到白鹿洞书院讲学。陆九渊的“君子小人喻义利章发论”，使听讲者中有人感动得掉下了眼泪。朱熹也认为陆九渊的讲学“切中学者隐微深痼之病”，并对自己过去讲得没有如此深刻感到惭愧。他还请陆九渊把讲稿书写下来，这就是著名的《白鹿洞书堂讲义》。朱熹还亲自为这份讲义写了跋。

“讲会”制度在明清有很大的发展。如明代王阳明的弟子钱德洪、王畿等，为传播王学不遗余力。史书称钱德洪“在野三十年，无日不讲学”，王畿“林下四十余年，无日不讲学，自两都及吴、楚、闽、越、江、浙，皆有讲舍”。各地纷纷成立了讲会，如泾县的水西会、江阴的君山会、贵池的光岳会、广德的复初会等，这些讲会逐渐把书院的讲学扩展成地区性的祭祀和学术活动的中心，进一步扩大了书院的社会影响，使书院也承担起一部分社会教育的功能。

清代的“讲会”已形成一整套完善的制度，各地书院的讲会都具有明确的宗旨（如紫阳讲会以尊朱宗孔、复宋辟明、阐扬理学、延续道统为宗旨）、详细的规约（如紫阳讲会有《紫阳讲堂会约》等）、固定的日期（如紫阳讲会分月会和大会，月会每月初八、二十三各举行一次，巳时开讲，申时散会；大会在每年九月十五日朱熹的生日举行，或在每年三月十五日朱熹忌日举行，每岁一次或两次不定，月会和大会均为三天期）、严密的组织（如紫阳讲会设会宗、会长、会正、会赞、会通等职处理会务）、隆重的仪式和专门的经费开支。紫阳讲会就是一个以书院为基地但亦面向社会的地区性学术讨论会。

5. 书院通过聘请德高望重、学问渊博的名师，吸引虔诚好学的生徒前来就学，既提高了书院的知名度，也提高了书院的教学质量，且形成了融洽深笃的师生关系

中国古代的书院一般都非常注重聘请名师主持院务，因为书院山长（也称院长、洞主、山主、掌教、主讲等）的形象好坏往往是书院声望高低、教学成败和能否使四方学子闻风而聚的关键。中国古代自宋始，几乎著名思想家都曾讲学于书院，如陆九渊讲学于象山精舍，朱熹讲学于武夷精舍和白鹿洞书院，吕祖谦讲学于丽泽书院，张栻讲学于城南书院，魏了翁讲学于鹤山书院；元代的赵复讲学于太极书院，程端礼讲学于稼轩书院和江东书院，同恕讲学于鲁斋书院；明代王阳明讲学于龙冈书院和稽山书院，湛若水讲学于白沙书院，顾宪成和高攀龙讲学于东林书院，王夫之讲学于岳麓书院；清代孙奇逢讲学于百泉书院，黄宗羲讲学于江阴证人书院，李二曲讲学于关中书院，陆世仪讲学于东林书院和毗陵书院，颜元讲学于漳南书院，戴震和段玉裁讲学于寿阳书院，钱大昕讲学于钟山书院，等等。

这些名师掌教的书院吸引了四方游学之士闻风负笈而至，甚至不远千里，“裹粮”而来，“结庐”而居。有些名师解聘离任，讲学他院，许多弟子亦结伴随行；有些弟子还集资建院，礼请老师留住讲学。书院之所以能长期维系，代代相传，与主讲书院名师的热心教诲和慕名而来的学生的虚心求教，从而形成的良好的师生关系是分不开的。这与封建社会后期官学中的情形显然大不相同。

朱熹在《学校贡举私议》中曾激烈抨击宋代官学与科举的弊端：“所谓太学者，但为声利之场，而掌其教事者，不过取其善为科举之文，而尝得隽于场屋者耳。士之有

志于义理者，既无所求于学，其奔趋辐辏而来者，不过为解额之滥，舍选之私而已。师生相视，漠然如行路之人。间相与言，亦未尝开之以德行道艺之实。而月书季考者，又只以促其嗜利苟得冒昧无耻之心，殊非国家之所以立学教人之本意也。”他认为官学中师生关系冷漠疏远的根本原因在于官学成为科举的附庸，“但为声利之场”，未有“德行道艺之实”。所以，朱熹竭力倡导不为功名利禄而图穷理修身的书院教育。

在朱熹任南康知军时，他不仅修复白鹿洞书院，而且经常以地方官吏的身份去讲学授业，“每休沐辄一至，诸生质疑问难，诲诱不倦。退则相与徜徉泉石间，竟日乃反”。在知潭州荆湖南路安抚使时，他又修复岳麓书院，并在繁忙的政治事务中抽时间过问岳麓书院的教学：“先生以穷日之力，治郡事甚劳。夜则与诸生讲论，随问而答，略无倦色。多训以切己务实，毋厌卑近而慕高远，恳恻至到，闻者感动。”朱熹不仅循循善诱，且对学生严格要求。据说他总是隔日去岳麓书院督促勉励学生。有一次，朱熹抽查两名学生讲解《大学》，因为学生弄不清楚，讲得糊里糊涂，朱熹很不高兴，下令要书院的教授、职事等人在一日内商量出一个规程来，送他参定。他还气愤地对学生说：“若只如此不留心，听其所之。学校本是来者不拒，去者不追，岂有固而留之之理！”甚至说：“不理会学问，与蚩蚩横目之氓何异？”这说明，古代书院虽不能授予学生以什么“出身”“功名”“官诰”，但书院名师的教学仍是既热心诲人，又严格管束，并不放松对学生的要求。因此书院中的师生关系亦格外深笃、融洽非常，因为这是一种以人格感召和学问吸引为基础的超功利的师生关系。

古代书院中情深意笃的师生关系传下了千古佳话。如理学大师朱熹去世时，尽管有人上疏称“四方伪徒聚于信上，欲送伪师之葬，会聚之间，非妄谈时人短长，则谬议时政得失，乞下守臣约束”，宋宁宗因此下诏对送葬规模进行约束限制，但送葬的友人门徒仍多达几千人，可见师生感情之深笃。同时代的心学大师陆九渊，死后灵柩送回家乡时，亦有千名左右的弟子门生前来奔哭会丧，对老师的崇敬爱戴之心可见一斑。

明代的罗汝芳在老师因事下狱时，不仅不避嫌忌讳，而且变卖田产为颜山老师开脱，侍养狱中六年之久，甚至放弃了参加廷试的机会。后来罗汝芳取得官职，在告老还乡时仍始终侍奉颜师，茶果等仍亲自送到颜师面前。他的孙子想代为效劳，罗汝芳却说：“吾师非汝辈所能事也。”师生情谊胜过了父子。王阳明的师生关系也很感人。《阳明年谱》曾记载过他在书院教学时平等、亲切地对待学生，“中秋月明如昼，先生命侍者设席碧霞池上，门人在侍者百余人。酒半酣，歌声渐动，久之，或投壶聚算，或击鼓，或泛舟，先生见诸生兴剧，退而作诗”。好一幅师生同乐图！他的热心育人、亲近生徒赢得了学生的敬佩和爱戴。在他死后安葬时，从千里之外赶来哀悼的门徒就达一千多人。尔后，他们中的许多人纷纷在各地设立书院，效法和纪念老师，传播王学，影响甚大。

6. 古代书院具有比较有效的管理体制和具体明确的规章制度，并吸引学生参加书院管理，体现了注重效率、效益的办学特点

书院在最初出现时，管理体制比较简单，它的主持人既负责书院的组织管理，又负担书院的教学工作。在其后的发展过程中，逐步形成了具有书院特色的管理体制。

以清代白鹿洞书院为例，《白鹿洞志》卷十一详细记载了当时书院的管理人员人数及条件：

主洞（1人）聘海内名儒，崇正学，黜异端，道高德厚，明体达用者主之。无则不妨暂缺。

副讲（1人）主批阅文字，辨析疑义，聘本省通五经、笃行谊者为之。

堂长（1人）负责督视课业勤惰，诱掖调和院中学徒，由主洞、副讲择学徒中之优者为之，不称职者则更易。

管干（1人）、副管干（2人）专管洞内一切收入、出纳、米盐琐碎、修整部署诸务，即于洞中择有才而诚实者为之，不称职则更易。

典谒（2人）专管接待宾客及四方来学者，择洞中言貌娴雅者充之，按季更易。

经长（5人）经义斋五经各设一经长。

学长（7人）治事斋七事（礼、乐、射、书、数、历、律）各设一学长。

引赞（2人）负责“谒圣引礼”，择“声音洪亮，进退疾徐中节者”任之。

伙夫（1人）。

采樵（2人）。

门斗（1人）负责启闭院门、洒扫庭院，每夜提铃巡守轮值。

在上述26人中，管理人员15人（主洞、副讲、堂长、经长和学长），工作人员7人（正、副管干，典谒，引赞），勤杂人员4人（伙夫、采樵、门斗），只有主洞和副讲由专职人员担任，伙夫、采樵和门斗聘请临时人员，其余20人均选用学生充任。有

时学生还参与书院志的编校、院田的清查和田租的征收。可以说，书院的管理主要是由学生自己进行的，这大大节约了书院的人力、物力、财力，也锻炼了学生的能力，提高了办学的效率和效益。

为了加强书院的管理，古代书院还制定了一整套的规章制度，以岳麓书院为例，仅清代就有各种学规、学约、学箴、戒条等 13 种，共 92 条之多。如乾隆十三年（1748 年）时，王文清订立了《岳麓书院学规》和《读书法》，并嵌于讲堂以训勉诸生。兹将全文抄录如下：

岳麓书院学规

时常省问父母。朔望恭谒圣贤。

气习各矫偏处。举止整齐严肃。

服食宜从俭素。外事毫不可干。

行坐必依齿序。痛戒讦短毁长。

损友必须拒绝。不可闲谈废时。

日讲经书三起。日看《纲目》数页。

通晓时务物理。参读古文诗赋。

读书必须过笔。会课按刻蚤完。

夜读仍戒晏起。疑误定要力争。

王九溪先生手定读书法

读经六法：

① 正义；② 通义；③ 余义；④ 疑义；⑤ 异义；⑥ 辨义。

读史六法：

① 记事实；② 玩书法；③ 原治乱；④ 考时势；⑤ 论心术；⑥ 取议论。

一些书院还对学生每日的课程安排加以规定。如清代龙门书院对生徒的日课规定如下：

“诸生各置行事日记册、读书日记册。于行事日记册内，分晨起、午前、午后、灯下四节，按时定课大要。以晨起、午前治四子各经（一书精熟后再读一书）及性理（每日读数章）；午后读诸史纲鉴（专取一书，从首读起，不得杂乱）及各家书（择其要，撷其精，不得观无益之书），或旁通时务（须有实际），有余力或作文辞（须当于理，不得做闲杂辞章），或习书法（须端楷）；灯下或兼及科举之业（宜多读先正阐发义理之文）。虽间有参差，总以绵密无间为主。每日课程及事为，按候记于行事册。读书有心得，有疑义，按日记于读书册。

所记宜实，毋伪。宜要，毋泛。不得托故不记。逢月之五、十，呈于师前，以请业请益。师有指授，必宜服膺。每月课文一次，岁终甄别，以验所学之浅深而进退焉。

诸如上述的各种规约非常之多，其中有些可能失之太烦琐、太苛刻，但其对于生徒为学进德的指导作用无疑是不能忽视的。

三、中国古代科举

（一）名目多样的科举榜单

科举考试分级进行，每级考试结束后都要将录取者发榜公布。每逢发榜之时（无论是哪一级考试），都会牵动无数人的心。因此，人们对榜的关注和记述也多留在历史文献之中。综观不同时期、不同级别、不同情况的录取榜，真可谓名目繁多。

科举考试的级别不同，形成各种名目的录取榜。明清推行“科举必由学校”的政策，即参加科举考试的读书人必须先参加府州县学的入学考试，称童生试。经童生试录取者可入学读书，称为“生员”，俗称“秀才”。而录取生员所公布的文榜，当时并不称“榜”，而称为“出案”。童生试又分三级考试，分别是县（州）试、府试、院试。县、府试分别由知县、知府主持，县试录取者方准参加府试，府试录取者方准参加院试。院试由各省学政（又称学院）巡回至所属各府（或直隶州），亲自主持府试录取的童生进行考试。这种考试称为“案试”或“案临”，所以公布录取榜称为“出案”。县试、府试、院试都有初试和复试。初试录取榜只书考生座号，不书姓名，故称“出号”，亦称“草案”。复试后正式录取者则称“出案”，亦称“发案”。

生员经过选拔考核后可参加本省的乡试，乡试录取者为举人，其第一名称“解元”。乡试公布的录取榜，则有许多名目。有人简称为“乡榜”。

明清科举制度以取中举人为“乙榜”，取中进士称“甲榜”，以示等级区别。因举人是作为出身的第一榜，故名一榜，而再经取中进士，则称两榜。

各省取得举人资格者可以参加在京师举行的会试。会试录取者为“贡士”、第一名为“会元”。会试公布的录取榜，即会试榜，因放榜日期一般在农历三四月间，正值杏花开放，明清时俗称为“杏榜”。

会试取中的贡士可以参加殿试，而殿试无黜落，只是一个重新排名的考试。经殿试发榜公布者为进士，其第一名为“状元”。殿试榜，俗称“金榜”，因榜用黄色纸张（清代为表里二层）、故称“金榜”，又称“黄榜”。取中进士者俗称“金榜题名”。在文人笔下又多作“黄金榜”。

而不同时期的榜也各不相同。元朝和清朝分别由蒙古族和满族所建立，因而在科场发布的录取榜，也体现了浓厚的民族特色。元朝科举取士，把蒙古人、色目人分作一类，汉人、南人分作一类。所考科目，难易程度均有区别，张榜公布录取者亦分两榜。元代尚右，故会试中式后，以蒙古人、色目人为一榜，揭于中书省门之右、称“右榜”；以汉人、南人为一榜，揭于中书省门之左，称“左榜”。殿试揭晓后，仍将蒙古人、色目人为一榜，揭于内前门之右，以汉人、南人为一榜，揭于内前门之左。

清初，为突出八旗的特殊地位，将乡试、会试、殿试录取的满洲、蒙古八旗士子单独出一榜，称“满榜”，而公布其他考生之榜则相应称为“汉榜”。康熙初年（1662年），所有考生均归一榜，不再分满、汉，但规定各自的取中名额。雍正元年（1723年），设立翻译科，只准八旗士子参加，并分为满洲翻译和蒙古翻译，只有乡试、会试两级，两级发榜，均按满洲翻译和蒙古翻译填写榜文，称为“满洲榜”“蒙古榜”。凡中乡试榜者称“翻译举人”，中会试榜者称“翻译进士”。

清代在科举考试过程中经常会在录取前张贴一种“蓝榜”。它不是录取榜，而是除名榜。清代科举条例规定、凡考生试卷内有违式者，如空行空格、越幅曳白、题目错写、涂改过多、行文不避讳、抬写错误、诗多韵少韵、字数不符等，均将试卷单独提出，并将考生之名用蓝色笔写出张挂，故称“蓝榜”。凡登蓝榜者，即被除名。

（二）科举考试的科目、内容与方法

科举考试为避免考生过多造成人力物力的浪费，历朝历代都对报考者实行预备考试，以选拔已经具备一定知识水平的人参加，这种预备性考试即是科举中的解送考试，这种考试的难度和竞争的激烈程度往往不亚于中央一级的选拔。唐代科举考试分为发解试（府州试）和省试两级，宋代发展成州试、省试和殿试三级，到明洪武十七年（1384年）礼部颁布“科举程式”，将科举规定为童试、乡试、会试和殿试四级，这成

为明清科举制度的固定模式，一直沿用到科举停罢。童试，是最初级的地方县、府考试。凡是没有取得县学、州学、府学学生资格的人，不论年龄大小，通称为童生，因此，童生可以是儿童、青壮年，也可以是白发苍苍的老人。为取得入学资格，读书人必须首先参加童试，童试包括县试、府试和院试三个阶段的考试。通过院试录取的考生被称为生员，也称为秀才、茂才、文生，相公等。严格地说来，童试只是一种入学考试，童试合格者只表示已取得了地方官学学生的资格。乡试又称为乡闱，在南、北直隶（南京和北京）及各省省会举行，每三年一次，考试的时间是在农历八月初九、十二和十五三天，又称为秋闱、秋试，秋榜、桂榜，又叫“大比”。清代还在皇帝登基、大寿等喜庆的年份特别举行乡试，称为乡试恩科。乡试录取者为“举人”，俗称“孝廉”。举人不仅可以进京参加全国性的会试，即使会试未能考中进士，也具备了做官的资格。会试是集中会考的意思，乡试后的第二年在京城贡院举行，由皇帝任命的主考官和同考官主持。会试录取后被称为“贡士”，贡士在参加殿试之前，还要进行一次复试，这种复试于康熙五十一年（1712 年）至嘉庆初成为定制。复试结果分为一、二、三等。

在考试内容方面，从隋炀帝时期开设的进士科，以考试策问为主来选取进士。策问就是有关国家政治经济生活等方面的论文，此时进士科考试只有试策，“到高宗时考功员外郎刘思立始奏进士加杂文，明经加帖”。杂文就是诗赋，帖是帖经。此后发展为口试、帖经、墨义、策问、诗赋五种形式。所考内容主要是儒家经典，在唐代就是《五经正义》。帖经，是唐代科举考试的一种重要形式。据《通典·选举三》说，主考官任取经书的一页，将左右两边遮盖，中间只露出一行，另用纸帖三至五字不等，要应试者将所帖的字填写出来。这种考试方法必须通过熟读经书才能答出，不过出题范围仅限于《五经正义》。墨义，是一种简单的笔试问答，只要熟读经文和注疏就能回答。墨义设置的问题通常比较简便，常要问三十条、五十条或一百条才能统计成绩。这种方法全靠死记硬背，与帖经的目的一样，都是为了考查考生对一定知识的掌握程度。墨义中的问答方式有时也采取口试的方法，较为灵活。策问，是要对现实问题提出建议，比帖经、墨义高深，内容大都涉及当时的政治、吏治、教化、生产等方面的问题。当时各科考试中起决定作用的大都在策问上，它对于考查考生的政治才能是一个较为有效的方式。唐代及第进士因此出现不少有才干的宰相郡守，但久而久之，这种考试方法也暴露出不少弊端，如士子们常常用前人编集成册的旧策来读诵以应付考试，据说白居易也曾带着旧策集和一同应试的人“携以就试，相顾而笑”。不少人只读旧策，束书不观的现象在所难免。诗赋，是唐高宗永隆二年（681年），考功员外郎刘思立认为明经多抄义条，进士惟诵旧策，都没有实才，奏请进士加试杂文二篇（一诗一赋），是为唐代试诗赋之始。至唐文宗太和八年（834年）礼部罢进士议论而试诗赋，诗赋和策问同居重要地位。后来，实际上进士科的考试更偏重于诗赋，即使帖经不及格的，诗赋好也可以放宽通过。

唐代科举分为常举和制举。制举，是由皇帝临时下制诏举行；常举，即“常贡之科”（包括“生徒”和“乡贡”），是常年按制度举行的科目。常举的科目繁多，主要有秀才、明经、进士、明法、明书、明算等六科。秀才科为最高科等。但六科中最常举行的仅有明经、进士两科，最初这两科都只考策论，考试内容是经义或时务策。后来虽然这两科的考试内容都有些许变化，但其基本精神是：进士重诗赋，明经重帖经和墨义。

在儒家经典著作中，至明清时期，科举作为全国统一的取士制度已成熟完善，考试标准严格刻板，考试科目简化为只有进士一科，考试内容的范围较之从前更加狭窄，经义仅限于《四书》。

明代以时文取士。时文或称制艺，或称八股文，或称时艺、四书文、八比文。制艺言其为制科（科举）之文，八股言其形式，四书则言其内容，因为出题取自四书，而又须依经按传，代圣贤立言。八股文格式固定呆板，清规戒律诸多，有不少苛刻烦琐的要求。每篇八股文的结构由破题、承题、起讲、入手、起股、中股、后股、束股和大结组成。字数方面，八股文也有严格的规定。顾炎武曾批评说：“八股之害，等于焚书，而败坏人才有甚于咸阳之郊所坑者。”尽管八股取士在当时已暴露出诸多弊端，但在腐朽的封建统治下，并不具备根本改革科举制度的条件和基础，八股文控制了科举考试长达近五百年之久。

科举考试对于每个读书人来说都可称之为人生中的最为重要的事。应考者们寒窗苦读数十载，黄卷青灯，终日过着熟读经典，吟诵诗文的单调生活，投入极大的时间、精力、财力，其过程可谓异常艰辛。科举考试不但很难，而且考场生活也很苦。考生在进入贡院考试之时要经过严格的搜检，考场官吏对照名册严格盘查考生姓名、出身、年龄等，甚至连高低胖瘦、什么脸型、有没有胡须等也一一询问查看，古人没有相片，要防止冒籍现象，只能细致如此。此外，负责搜检的士兵还要对考生上下全身搜索一遍，把携带的物品检查一番，看看有没有挟带舞弊的资料。官吏、士兵个个长呼短喝，让文弱书生们心悸胆寒。杜牧曾记载过一个举子，进场考试时因受不了这样盘查的屈辱，一气之下跑出贡院。

在唐代科举考试的时间通常为一整天，至唐穆宗长庆年间（821 年～824 年），考试时间可延长到晚上，答卷时间以白天加上三条木烛烧尽的时间，三支烛烧尽就要收卷。相传考生韦承贻写过一首诗来表达考试的艰辛：

白莲千朵照廊明，一片升平雅颂声。

才唱第三条烛尽，南宫（指尚书省）风月画难成。

直到宋代，科举考试的时间才多限制在白天。考试当天，举子们需自带茶具、热饭和取暖用的木炭、照明用的烛炬、简易的桌椅等用具到贡院（即专门为科举考试建立的考场），此外还允许带一本供查韵脚字的韵书，其他的则一律不许携带。明清时期，由于每位考生都有单独的号舍，且需要在考场中过夜，因此他们所携带的东西就更多，除携带笔墨用具以外，还要携带餐具、食品等。考场内兵卫森严，号舍短屋，条件艰苦，颇令考生难堪。浙江《乡闱诗》有云：“负凳提篮浑似丐，过堂唱号直如囚”，生动刻画出考生的狼狈形象。

（三）录取、及第后的待遇

唐代科举“进士重诗赋，明经重帖经和墨义”，虽没有明确录取的人数，但明经科的名额远远多于进士科，一般“进士大抵千人得第者百一二，明经倍之，得第者十一二”。进士科平均每科录取约为二十五人，明经科每科录取可达一二百人，两科录取人数之悬殊由此可见。因此，进士及第是很困难的事情，当时流行这样一句谚语：“三十老明经，五十少进士”，是指三十岁考中明经已经算老了，可若五十岁能中进士也还算年少。唐代二百年间进士登科的人数总共才三千多人，且考取进士后要再经吏部考试才能授予官职。

科举考试虽难，但进士及第是唐代最光耀门楣的事。当时称登科的为“登龙门”，意思是说过此门鱼可以化为龙，成为另一族类、另一阶级，进而飞黄腾达。唐代省试以后，经中书门下省复核以后，就开始“放榜”，即公布录取名单。唐代放榜时间多集中在二月，二月正值春天，因此被称为“春榜”，唐诗云：“门外报春榜，喜君天下知。”放榜的地点在礼部南院东墙，时间为当日凌晨，进士榜榜头竖帖四张黄纸，所以及第者和祝贺者往往又将进士榜称为“金榜”，进士及第也由此被称为“金榜题名”。何扶在一首诗中说道：

金榜题名墨尚新，今年依旧去年春。

花间每被红妆问，何事重来只一人？

公布录取名单对考生们来说是最令人兴奋的时刻，也是最令人心痛的时刻，及第者的欢呼雀跃和落第者的悲痛欲绝形成鲜明对比。白居易 27 岁一举及第，写诗道：“慈恩塔下题名处，十七人中最少年。”志得意满之情溢于言表。然而对于落第者来说则是心如死灰。

科举及第能大大改善读书人的社会、经济地位，及第者在社会上威风八面，声势显赫，如在清代，秀才见知县只能是拜见，而举人则是会见，这就意味着举人有与县太爷平起平坐的身份。知县在客厅会见举人老爷，是不能端茶送客的。举人犯了罪，也必须先向学政报告，先将功名革去以后才能按平民身份进行审理。此外，考中举人在经济上也会发生根本改变。《儒林外史》中记载，范进中了举人之后，很多人前来拜“新中的范老爷”，“自此以后，果然有许多人来奉承他：有送田产的，有送店房的，还有那些破落户，两口子来投身为仆图荫庇的。到两三个月，范进家奴仆、丫环都有了，钱、米是不消说了”。唐代明经、进士及第之后只是取得了做官的资格，还不能直接入仕做官。

（四）状元文化

状元是中国科举制度特有的产物，作为科场称谓，指最高级别考试的第一名。

“状元”一词最早见于唐朝。唐朝的科举考试有许多科目，当时只有进士科的第一名称为状元。因为考生赴京应礼部试，中第后须以奏状报于朝廷，第一名列状之首，故称“状头”“状首”，又称“状元”。宋代推行殿试制度后，沿用此称。当时对通过礼部试的考生有一个排名，殿试后依殿试成绩重新排名，并将第一名称为状元，而礼部试的第一名为“省元”（明清时称“会元”）。从此，状元成为殿试第一名的称谓，并且区别于省元。既获省元，又获状元者称“连中二元”，若地方初级考试也获第一，便为“连中三元”。宋代有时也将一甲的一、二、三名统称为状元，元朝将状元定为殿试一甲第一名的专称，明朝更以制度形式规定，殿试一甲赐进士及第，其第一名为状元，例授翰林院修撰（从六品）。

“状元”有许多别称，如榜首、状头、状首、鼎元、鼎魁、廷魁、大魁、殿元、殿魁、殿撰、龙头、龙首、龙头客、天子门生等。这些别称是从不同角度对状元的赞美。状元是殿试的第一名，故称“殿元”。状元之名列在金榜第一行之首，故称“榜首”。“魁”有首选、第一之意，而殿试又称廷试，所以称状元为“殿魁”“廷魁”，而“大魁”则尤表赞许，有天下第一之誉，科举时代对中状元者誉为“大魁天下”。经殿试排名的进士分三甲，一甲只三名，如鼎有三足，所以被称为鼎甲，状元居鼎甲之首，故有“鼎元”“鼎魁”之称。旧称考场正门为龙门，而称取中进士者为“登龙门”“跳龙门”，状元自然被称为“龙头”“龙首”“龙头客”。

状元是科举中的魁首，他们经过长期艰苦努力，最终攀登上了金字塔的顶端。他们中的大多数人得到这个称谓是当之无愧的。人们对状元报以赞许的目光，给予崇高的荣誉，这实际上是继承发扬了我国优秀传统文化的进取精神。在科举时代，“状元”这一称谓对社会生活产生了十分广泛的影响，有关状元的故事传诵不衰，不但存在于史书中，表演于舞台上，而且渗透到生活习俗、饮食起居等领域，形成了一种特有的文化现象，即所谓的“状元文化”。

（五）榜下捉婿

科举制度带来了婚姻观念的变化。南宋史学家郑樵称：“自五季以来，取士不问家世，婚姻不问阀阅。”实际上，自唐代确立科举制度之后，已经开始了这一变化。

魏晋南北朝时期，选官制度是九品中正制，其选拔标准主要靠的是门第，而在婚姻上也同样注重门第。因为就士人的命运而言、其最为关心的即婚与宦二事。但是，自科举制度建立后，随着“取士不问家世”，从唐代开始，婚姻观念也悄然从单纯重门第向逐渐重功名转变。财产的丰俭是传统观念中择偶标准的重要参考，在科举时代也仍然有极深的影响。但是，可以看到，从唐代开始，人们的择偶标准中首先看重的是科举功名。由于富贵与功名是不可分的，而进士及第就意味着辉煌的仕途，所以进士就成了公卿富豪的东床佳选。

唐代长安风俗，每逢礼部放榜之后，曲江大会期间，新科进士便成为万众瞩目的中心，也是权势人家择婿的主要目标。功名不仅在择婿标准方面对婚姻观念产生了重要影响，而且对婚后的家庭生活也有着一定的影响。为了荣华富贵，妻子往往极力劝丈夫去考取功名。

“郎才女貌”一直是人们评判佳偶的理想标准。科举制度的建立，更使这一标准有了新的内容。唐初，择偶选“才”，不专指文才，当时习武较射择婿的风俗也是很盛行的。在唐代广为流传的唐高祖“雀屏中选”的故事，即赞扬李渊以较射而娶了窦氏女（后为窦皇后）。随着科举制的发展，科举功名对世人的影响进一步加深，“郎才”之才也逐渐在世人的心目中产生了变化，由原来指文、武等各种才艺，而变为专指“文才”。“我悦子容艳，子倾我文章”（李白，《代别情人》诗）便是典型的代表。有记载称，李郢以诗才著名，在杭州时，听说邻女貌美，便去求婚，恰逢他人也来求婚，“女家无以为辞，乃曰：‘备钱百万，先至者许之。’两家具钱，同日皆至。女家无以为辞，复曰：‘请各赋一诗，以为优劣。’郢乃得之。”董家遵先生指出：“欧洲的武士是用刀、剑、拳、脚来达到‘吊膀’的目的，而我国的书生则用诗、词、歌、赋来博得女人的欢心。手段与方法虽然不同，而目的和用心则是完全无异。”

欧洲的故事和戏剧描述着许多武士与贵妇的风流案，我国的故事与戏剧流传下不少书生与小姐的浪漫史。的确，唐以后，特别是明清的小说、戏剧中多是这类才子佳人的故事。书生们只要金榜题名，便可轻易地扫除任何障碍，与绝代佳人喜结良缘。这也表明，在择偶观念中，科第渐重于门第，而郎才女貌渐重于门当户对。

科举制度打破了门第对婚姻的阻隔，这在中国古代婚姻史上是个重要的变化。“婚姻不问阀阅”的风气一直沿至明清，而“郎才女貌”的择偶标准，助夫成名的贤妻典型，一直为世人所接受、所称颂。宋代南戏剧本《张协状元》《王魁负桂英》，元杂剧《西厢记》《墙头马上》《迷青琐倩女离魂》《荆钗记》《拜月亭记》，明末清初传奇剧本《燕子笺》以及明代小说三言二拍中的许多故事，都把由科第而联成的婚姻（不论结局的悲与喜）作为创作的主题。

科举时代婚姻观念的变化，是由科举制度促成的。它使“郎才女貌”这一择偶形式成为一种时尚和习俗，比起重门第，强调门当户对还是进步了许多。但是，也应该看到，重科第不重门第，只是择偶的眼光看得远了，不计较一时之富贵，为的是将来终生的富贵。因为科第毕竟是与做官联系在一起的，而人情世态之势利并没有本质上的改变，重科第实为重官位。正因为如此，在科举改变婚姻观念的同时，也为人间的婚姻家庭关系增添了许多戏剧性的内容，带来了诸多家庭的婚姻悲喜剧。

（六）读书的苦与乐

在古代的蒙学教材中，有许多鼓励儿童刻苦读书的警句，“十年窗下无人问，一举成名天下知”便是突出的一例。它告诫读书人要耐得住寂寞，经得起十年寒窗的磨炼，因为吃得苦中苦，方能成为人上人，只有到了“一举成名”之时，才会被世人所了解。的确，在实际生活中，更多的人只是看到了金榜题名者的一时荣耀，却很少有人愿意了解他们读书的苦与乐。

读书，对一个有志做官的人来说，是苦是乐，完全取决于个人的心态。但就读书本身而言，无疑是件苦事，特别是读书人要通过逐级考试，在众多人中脱颖而出，取得好成绩，没有吃苦的精神、刻苦的努力是难以成功的。在科举时代，这种事例不胜枚举，不论是出身官宦之家，还是出身贫寒之家，没有谁可以不付出艰苦的努力而能获得成功的。

唐代著名书法家颜真卿，少年时即好学，负壮志，由于家境清寒，无钱买纸笔，便以黄土扫墙来练字，后举开元间进士。文学家韩愈虽出身官宦家庭，但幼年丧父，一直过着漂泊困顿的生活，他并未因此而放弃学习，反而是更加刻苦自励。他 7 岁开始读书，每日必写千百言心得，13 岁已能诗善文，年轻时就以博通六经百家之说而著称，19 岁赴长安（今陕西西安）参加科举考试，然连考三次均未录取，遂居长安四年，经济拮据，寄食于人，但毫不气馁，继续肆力于古文，终于受到京中名士梁肃、郑余庆的欣赏，在他们的推荐下，韩愈于贞元八年（792 年）考中进士。大诗人白居易出身于世敦儒业的没落官僚家庭，早年逢战乱，颠沛流离、虽居无定所，却“十五六始知有进士，苦节读书。二十已来，昼课赋，夜课书，间又课诗，不遑寝息矣”，以致口舌生疮，手肘成胝。后至长安，以求闻达，29 岁考取进士，35 岁再登制举。李商隐出身没落贵族，10 岁丧父，家境清寒，他自幼决心走科举之路，以改变自己的生活地位。少年的李商隐先从堂叔研习古文，后迁居洛阳，为人抄书糊口，而学习十分刻苦。16 岁时以所著《才论》《圣论》呈公卿大僚，颇得好评，因而受知于朝廷元老令狐楚，并在其资助教育下又苦读十年书，研习四六文，学业大进。其间几次赴京考试，均失意而归，但始终不放弃，于 26 岁考取进士。以上所举之例，均为唐代著名的文人，他们为应科举尚苦读如此，其他人则更不必说了。

中国的读书人自古以来就有刻苦的传统，面社会舆论又有刻苦读书的说教，劝人刻苦往往与劝学联系在一起。科举时代，特别是对儿童的启蒙教育中，更是把刻苦读书放在重要位置上，“十年寒窗”是基本的心理准备，而“头悬梁”“锥刺股”的故事，“囊萤”“映雪”“穿壁引光”等感人事迹在不停地为读书人鼓劲。可以说，在科举制度的影响不断深入的情况下，“书山有路勤为径，学海无涯苦作舟”已经成了无数读书人的座右铭。

宋初名相吕蒙正，幼时遭遇不幸，因其父喜新厌旧，宠爱众妾，只得随母出走。后投奔寺院，在好心的僧侣帮助下住进了一个在向阳山坡上新凿的窑洞里。为此，吕蒙正发愤读书，废寝忘食，“昼夜漏相接，未始少懈”，以期来日科举登第，摆脱困境。经过十多年的专心苦读，吕蒙正终于得了状元。

北宋政治家、文学家范仲淹也有类似的经历。他出身官宦家庭，两岁丧父，母亲改嫁朱家，他也随继父姓朱，并随之宦游各地。范仲淹年轻时极负志略，以孟子“天将降大任于是人也，必先苦其心志，劳其筋骨”之名句为座右铭，读书淄州（今山东益都）长白山醴泉寺五年，刻苦自励。他常将一碗冻粥用筷子划成数份，分几餐充饥；寒冬时节，以凉水洗脸，以驱除疲劳，提起精神学习。他终于在 27 岁时考中进士，后接母回家，改姓归宗。

在刻苦读书的成千上万人中，不乏“头悬梁”“锥刺股”之类似举动。明代的陕西高陵人吕楠，少年时即有志圣贤之学，以图入仕后治国平天下。

科举时代，的确有许多人在读书中感到了乐趣，特别是那些以天下为己任，走出书斋，接触社会，广泛交友，互相切磋的人，他们不仅学业有成，而且从中享受了无限的欢乐。这方面，唐代的李白、杜甫可谓是其中之佼佼者。李、杜二人都曾想通过科举入仕、也都刻苦读书，虽科举未成，但都成为著名的诗人。杜甫少年时读书同样刻苦，“读书破万卷，下笔如有神”，这是他的真实体会，20 岁时，杜甫开始离乡游学，他游浙东、齐鲁、燕赵等地，“放荡赵齐间，裘马颇清狂”。他爱好历史，每至一地，便寻访古迹，印证文献，收获颇丰，学识更为渊博。他一度赴洛阳应试，未能考中。30 岁后，又先后结识大诗人李白及高适，他们吟诗论文，行歌泗水，醉舞梁园，李白的潇洒，高适的豪放，都使杜甫若对明月，如坐春风，受益匪浅。

唐代像李、杜这样从读书中获得乐趣的人还是不少的，这与科举制度初建有一定的关系。一是学校教育与科举的关系不如后世那么紧密，二是科举考试的科目较多，因此为读书人创造的空间较大。宋代以后，学校教育与科举考试联系紧密，考试内容也多转为儒家经典，对读书人来说，入仕的竞争越来越激烈。就是在这种情况下，我们仍然可以看到一些心态好的读书人，他们同样能够从读书中享受到快乐。前面提到的宋初状元吕蒙正，在刻苦读书的同时，还广交朋友，如张齐贤、温仲舒等。对吕蒙正来说，读书交友是件乐事，有时读书累了，便和朋友们登山、钓鱼，玩个痛快。

不管读书人如何对待读书的苦与乐，既然他们走上了科举之路，就会对十年寒窗有充分的心理准备。而对他们更艰苦的考验，则是一次次的应试赶考。

拓展阅读

古代著名教育家。

孔 子

孔子一生从事教育活动40余年，其弟子多达3000人，精通六艺者72人。他虽然不是私学教育的首创者，但办学的规模却是最大的，影响也最为深远。他对我国及世界教育史的卓越贡献，使他成为我国古代教育思想当之无愧的奠基人。孔子2500多年前提出的教育思想对今天的教育理论研究和实践仍有借鉴意义。

墨 子

墨家学派重视科技教育和生产劳动，墨子也因此而成为我国古代科技教育的首创者。在教育思想上，墨子反对不劳而获。墨子也提倡道德教育，主张培养学生的“利他”观。而且，墨子认为意志力是做事成功的关键。所以，墨子的学生大多具有坚忍的毅力。墨子认为教育的目的是培养“兼士”，即“有力者疾以助人，有财者勉以分人，有道者劝以教人”。教学方法上，墨子主张教师不仅要教主动求学之人，还要主动去教不来求学之人。墨子还特别强调培养学生的逻辑思维能力，分辨是非和探求事物之间因果关系的能力，以便能对未来作出准确的科学预测，以减少盲目性。墨子的这一教育思想对现代教育仍不无启示。

孟 子

孟子以性善论为基础，强调教育的作用在于存心养性。孟子还认为环境对人的品德有重要影响。孟子还是中国古代第一个提出人才教育的思想家。“得天下英才而教育之，三乐也。”（《孟子·尽心上》）在如何培养人才的问题上，孟子继承并发展了孔子“因材施教”的思想，提出“教亦多术”的思想，孟子还提出要处理好成才理想与兴趣爱好的关系。为此他主张为了理想应放弃不适宜的兴趣与爱好。

荀子

荀子对哲学、逻辑学、政治、经济、军事、文化、音乐，尤其是教育，都做过深入的研究。他的教育思想蕴含许多朴素的辩证法和唯物主义观点。他写的《劝学》《礼论》《修身》《性恶》等文章都被后世奉为儒家教育的经典之作。荀子的教育思想是以其"性恶论"为基础的。荀子认为人与生俱来的本能是"性"，后天学习所得是"伪"。人的本性是恶的，但人可以通过后天的学习成善，即"化性起伪"。荀子的教育观也蕴含了朴素的辩证法思想。他肯定人有认识客观事物的能力，而客观事物有被认知的可能。所以，荀子强调人类要有目的、有步骤地认识书本知识和客观真理。在学习方法上，他强调学、思、行的结合，学是思的基础，思是学的深入，行是学的目的。学习要锲而不舍，还特别强调教师在教学活动中的作用。荀子认为教师在教学中起决定作用，应该拥有绝对的权威。所以，学生学习的捷径就是接受老师当面的指教。

王充

王充是东汉唯物主义思想家和教育家。他博览群书，潜心研究，著书立说，同时收授门徒。王充崇尚教育的作用，认为教育可以改变人的本性，使恶者从善，善者更善。他认为教育的目的不是单一的，而是多层次的，培养目标也是多层次的。他把人才分为四类：儒生、通人、文人、鸿儒，他最轻视"儒生"，最敬仰"鸿儒"。他认为教育的理想目标就是培养"鸿儒"一样的人才。在教育目的上，王充强调学以致用，融会贯通。在教学方法上主张"距师""问难"，反对"信师是古"。特别值得一提的是，与前人相比，王充还提出了一种全新的教育——胎教。王充能从孕妇的生理卫生、心理卫生和胎儿的正常发育的角度提出胎教，实在难能可贵。现代科学也已证明，孕妇的饮食、视听言行所引起的心理反应和情绪变化，与胎儿的发育确有直接关系。

朱熹

朱熹一生从教50年，积累了丰富的教学经验。在教育生活中，朱熹根据人的年龄、心理和思维特点，把学校划分为小学、大学两个阶段。他认为小学教育是基础，好比"打坯模"，还专门编写了适合儿童阅读的教材和读物。朱熹还特别重视道德教育，认为学生只有具备较高的道德修养，才能使学得的知识发挥正当的作用。否则，学生就会成为脱缰野马。特别受后人推崇的是，在教学过程中，朱熹总结了许多读书方法，后人称为朱子读书六法。即："循序渐进""熟读精思""虚心涵泳""切己体察""着紧用力""居敬持志"。朱熹读书法所体现的精神，对我们今天的读书做人显然有着极其有益的启迪意义。

王守仁

王守仁是明代著名的哲学家、教育家。因曾在阳明洞读书、讲学，后人又称他为阳明先生。其讲学的一大特点是不拘形式，随时答疑。还经常通过书信解答弟子的疑问。从这个意义上我们可以说，王守仁应该是中国古代"函授"教育的典范。作为一个教育哲学家，王守仁提倡学习要"自知""自得"，反对盲从六经，认为不能以孔子、朱熹的是非为是非，每个人都应有独立思考的权利，判断是非的能力。他在教育思想方面的主要观点有：教与学的关系上，强调"师友点化"与"自家解化"相结合；在师生关系上，反对传统的师道尊严，提倡师生之间朋友相待，直言相谏，教师应欢迎学生的批评。他还提出"随人分限所及"的教学原则，主张从学生不同年龄的生理、心理特点出发，循序施教，更好地发挥个人所长。除此之外，王守仁教育思想中的儿童教育论也很突出。他反对当时"鞭挞绳缚，若待拘囚"的儿童教育法，认为应以诱导、启发、讽诱的方法为主；教学内容应动静搭配，体脑交叉。王守仁为此还独创了"歌诗"的方法，使儿童在愉悦的气氛中学习知识，增长才干。

思考与探究

1. 中国古代教育与现代教育有哪些不同？你认为教育的根本目的是什么？
2. 中国古代的教育思想对于现代教育教学有何借鉴意义？

第五单元　中国古代文学

泱泱五千年中华文明，孕育了璀璨的文化，为中国古代文学提供了肥沃的土壤。“凡一代有一代之文学，楚之骚，汉之赋，六代之骈语，唐之诗，宋之词，元之曲，皆所谓一代之文学，而后世莫能继焉者也。”（王国维《宋元戏曲史》序）历代文学，是文字的艺术，是审美的人格，是心灵的感悟，是民族的发展史。在中国人的集体精神世界里，任凭时空斗转星移、人世沧桑巨变，文学作为人的灵魂附在、作为历史的想象见证，是永恒镌刻、缠绵不绝的。本章带大家领略诗词散文之风骚、畅游戏曲小说之绚彩，以期涵养审美素养、人文气质、精神魅力。

一、古典诗词

诗言志、歌咏言，中国古代文学史，可以说是一部诗词的历史。在远古时代，我们的先民就创作了《断竹歌》《南风歌》等；先秦时期，《诗经》《楚辞》两峰并峙，后人简称诗骚，诗骚是中国文学精神的渊薮。在汉代，新诗体——乐府诗继诗骚而起，《古诗十九首》等大放异彩。魏晋南北朝，五言诗全盛发展，形成了建安体、陶体、谢体等诸多流派。隋朝之诗，韵律铺排为唐诗孕育先机。唐诗，是中国诗歌史的巅峰、是中国文学史的如椽巨笔、是中华民族乃至全世界的珍贵文化遗产，惊世诗才、精妙诗作不可尽数。宋词上承唐诗之盛，词家阆苑仙葩、万紫千红、百花争艳，与唐诗并称为中国古代文学的双绝。直到明清，诗词创作仍源源不断，体现出顽强的艺术生命力。本节内容，我们聚焦古典诗词的几个重要高峰：先秦诗歌、唐代诗歌、两宋之词。

（一）先秦诗歌

先秦诗歌包括《诗经》《楚辞》，以及春秋战国时期的一些传统民歌和上古歌谣。民歌及上古歌谣集中收录于《古诗源》中。先秦诗歌是中国传统诗歌的源头始祖，其中《诗经》是中国现实主义诗歌的源头，而《楚辞》是中国浪漫主义诗歌的源头。

1. 体式风格

先秦时期的诗歌在体式上是四言、五言、杂言和骚体等多种形式并存的。四言体式以《诗经》最为典型，从现存《诗经》句式看，305 篇中共有诗句 7297 句，其中四言体 6612 句、杂言体 685 句，四言体占全部诗句的 91%。先秦典籍存留的上古歌谣也多是四言体式，内容主要是史前原始宗教仪式中的祝祷之辞及咒语、《周易》中的“爻辞”，也有一些是先秦诸子与早期“小说”话语中的“古歌”。先秦古歌也有较多五言体式，如《左传》《国语》等春秋战国歌谣中就有较多五言，《诗经》除四言主体句式外，五言是最多的。《尚书》《周易》《左传》《国语》则传录了不少杂言诗歌。另外，有专门的“楚辞体”，是以屈原《离骚》《九歌》《九章》、宋玉《九辩》《招魂》为代表的文人诗歌体式，它的突出特点是在句子间使用“兮”“些”等虚词以调节平衡。

2. 功能内涵

王国维《宋元戏曲史》说：“歌舞之兴，其始于古之巫乎。”由此可见，先秦诗歌是在舞、乐、诗合一的原始宗教和巫术环境孕育而生的。在先秦人的原始精神信仰中，巫术能够沟通神灵，达到“神人以和”目的，而巫之上接神灵、下通民意的具体方式，是通过歌舞等仪式实现的。

基于此，先秦诗歌在功能属性上，以礼乐文化、宗教仪式、政治教化为核心目的。宗族及国家的祭歌，如《墨子》载商王驱旱祷辞、《荀子·大略》载商王祷雨辞；反映政治的讽谏之歌，如《尚书·夏书五子之歌》；占卜之谣辞，如《周易》卦爻辞中保存的古歌谣等；外交聘问中的用诗，如《左传》《国语》大量引诗等。还有些民间歌谣来自民间采诗，所谓“饥者歌其食，劳者歌其事”，则以歌咏民间娱乐、劳动景象为目的，如《击壤歌》《涂山氏歌》《麦秀歌》等。

3.《诗经》《楚辞》

《诗经》《楚辞》是先秦诗歌的两大巨擘之作，共同擎起中国诗歌文化的圣殿，在中国文学史和世界文学史上有着崇高地位。

《诗经》是我国第一部诗歌总集，它的出现，标志着我国最早发生、发展的文学形式——诗歌，完成了从口头到书面、从民间到宫廷的进阶。《诗经》共收集了从西周到春秋时的305篇，其中一部分是司乐太师所保存的祭歌和乐歌，另一重要部分则是经过采集和整理的民歌，这些诗编为“风”“雅”“颂”。

“风”是民歌，包括十五个地方的民歌，就是所谓“十五国风”，《周南》《召南》《邶风》《鄘风》《卫风》《王风》《郑风》《齐风》《魏风》《唐风》《秦风》《陈风》《桧风》《曹风》和《豳风》，共160篇。

“风”比“雅”“颂”更富于现实性，广阔地反映了当时的社会生活，在《诗经》中占主要地位，是华夏民族文艺宝库中的璀璨明珠。“十五国风”大部分作品是劳动人民的集体创作，有的是表达反抗剥削压迫的愿望，对劳役、兵役的痛恨与批驳，典型如《豳风·七月》《魏风·伐檀》《唐风·鸨羽》《王风·君子于役》等；有的是表现爱国主义情怀、对统治阶级丑恶行径的揭露，如《秦风·无衣》《鄘风·载驰》《陈风·株林》《鄘风·相鼠》等；有对劳动愉快的讴歌，如《周南·芣苢》《魏风·十亩之间》等；还有表达爱情恋歌和反映妇女命运的诗篇，典型如《周南·关雎》《邶风·静女》。

除上述所说直接抒写对社会生活的真实感受外，“十五国风”的艺术特色主要体现为大量运用赋、比、兴的手法，且多为后世诗歌兴寄遥远、含蓄蕴藉所借鉴。“赋”，就是铺陈描写；“比”，就是比喻；“兴”，是先说一件事以引起所要说的事。如《豳风·七月》《魏风·硕鼠》《周南·关雎》《秦风·蒹葭》等篇，歌咏景物，抒写情思，托物讽喻。人们或通过人物内心活动的描绘，或通过景物的烘托，把人物刻画得栩栩如生，如《邶风·静女》《周南·桃夭》《郑风·女曰鸡鸣》等篇，都把人物刻画得形象鲜明，个性突出，具有感人的艺术魅力。“十五国风”在语言运用上，多采用劳动群众的口语，准确、生动、鲜明、表现力强，具体形式上以四言为主，又时常突破四言，形成长短不同的句式，灵活自由，成为后世各类诗歌体裁的发源。通常一首诗分几章，章与章只变换几个韵脚字，每章押不同的韵，重章叠句、反复咏唱。

《诗经》名篇：邶风·静女

静女其姝，俟我于城隅。爱而不见，搔首踟蹰。

静女其娈，贻我彤管。彤管有炜，说怿女美。

自牧归荑，洵美且异。匪女之为美，美人之贻。

“雅”分为“大雅”和“小雅”。“大雅”用于隆重盛大的宴会的典礼，“小雅”用于一般宴会的典礼，都是西周的乐歌。其中有叙事诗，有抒情诗，有对前代英雄人物的歌颂，有对当时政治的讽刺。“雅”共105篇，大部分是高度现实性的作品。“颂”，则是“以其成功告于神明”的祭歌，现存的“颂”有“周颂”31篇、“鲁颂”4篇、“商颂”5篇，计40篇，这些诗，有祭祖先的，有祭天地山川的，也有祭农神的。

《楚辞》是我国最早的浪漫主义诗歌总集，是与《诗经》并峙的丰碑。它因源于江淮流域楚地歌谣而得名。西汉末年，刘向将屈原、宋玉的作品以及汉代淮南小山、东方朔、王褒、刘向等人承袭屈原、宋玉的作品汇编成集，计十六篇，定名为《楚辞》，是为总集之祖。后王逸增入己作《九思》，成十七篇，分别是《离骚》《九歌》《天问》《九章》《远游》《卜居》《渔父》《九辩》《招魂》《大招》《惜誓》《招隐士》《七谏》《哀时命》《九怀》《九叹》《九思》。这个十七篇的篇章结构，就是后世通行本《楚辞》。

以屈原作品为主体的《楚辞》，对于后世赋体、骈文、五七言诗的形成都有着巨大深远的影响，标志着中国诗歌从民间集体创作歌咏到诗人独立创作的飞跃。它有时也被称为“楚辞体”或“骚体”“骚”，因其中《离骚》而得名。后人也常以“风骚”代指诗歌，或以“骚人”称呼诗人。

伟大的爱国主义诗人屈原，“逸响伟辞，卓绝一世”，《离骚》《九歌》《天问》《九章》等，长于政治咏怀、规模宏大、感情奔放、风格瑰奇、想象丰富，广泛运用楚地方言声韵，书写楚地山川风物、历史人情，采用香草美人的比兴寄托手法、重章叠韵、多“兮”字收尾，“叙情怨，则郁伊而易感；述离居，则怆怏而难怀；论山水，则循声而得貌；言节候，则披文而见时”（刘勰《文心雕龙·辨骚》），体现了诗歌内容与形式的完美统一。在人格魅力上，屈原忠贞不屈、满腔忧愤、上下求索，更使他成为浪漫主义诗风的鼻祖、是中国知识分子的精神偶像。

（二）唐代诗歌

诸多才情卓绝的唐代诗人，群星辉耀、蔚为大观，把诗歌艺术推向巅峰、把汉字魅力发挥到极致、把生命感悟描绘至无限。目前可考证的唐代诗人超过3700个，现存世唐诗54000余首，这还未穷尽唐代诗歌的全部面貌。时至今日，诸多空前绝后、脍炙人口的诗句成为经典永流传，唐诗的研究者仍层出不穷，可见唐诗已经深刻地烙进了中国人的文化基因、审美感知，体现出中华民族文化的绵延不绝！

1. 初唐诗人群

唐诗这座文学史高峰的出现有多方面原因，以安史之乱作为分野，大唐的初、中期处于政治经济上升期、民族融合期、文化包容期、对外交流活跃期，唐诗是帝国繁荣、科举取士的结晶。就文学发展的规律而言，历经先秦两汉、魏晋南北朝、隋代多个历史朝代的艺术经验积累，五七言古诗的体制、格式、风格等日趋成熟，易为唐代诗人借鉴学习、驰骋性灵。

文学艺术的发展有很大的继承性、关联性和复杂性，唐以前流行的诗歌称之为“古体诗”，与唐代形成的“近体诗”对应。唐诗按流变历程来说，通常分为初、盛、中、晚四个阶段。初唐诗承上启下，被称之为唐诗繁荣的准备孕育期，代表诗人是“初唐四杰”的王勃、杨炯、卢照邻、骆宾王，他们才华横溢、激昂豪迈，为初唐诗歌吹进一股新风。继之其后，则是陈子昂、沈佺期、宋之问等气象万千、雄浑博大的诗人群，其中，陈子昂在内容肌体上反驳南朝肉靡纤弱的诗风，主张学习“汉魏风骨”，沈佺期、宋之问则探索了诗歌格律，促进了“近体诗”的体制定型。

2. 盛唐诗人群

盛唐时期（文学意义上的盛唐，通常指唐玄宗开元、天宝年间，即最精华之时段为713～770年），唐诗随着盛世国力同步走向巅峰，顶级诗人辈出、风格题材多彩、流派全面繁荣，诗坛巨擘李白、杜甫就出现在这一时期。另外，山水田园诗的代表人物首推王维、孟浩然，边塞诗的著名代表人物有高适、岑参、王昌龄等。

关于盛唐诗人群及其诗作的语言风格、艺术手法、情感格调，古往今来无数文学评论家、诗词人都进行过评析，但没有人能够专一横断。正所谓看山是山、看山不是山、看山还是山，盛唐诗歌贵在其审美形态之璀璨丰富。历代以来关于盛唐诗较为典型的审美点评如下：

盛唐殷璠在《河岳英灵集》的序与集论中，提出盛唐诗具有“神”“情”“气”“兴象”“风骨”“声律”等特点。宋代严羽在《沧浪诗话》中认为盛唐诗极具“兴趣”，所谓“言有尽而意无穷”。元代方回在《瀛奎律髓》中强调盛唐诗“浑成”；杨士弘在《唐音》中指出“直陈情事，不绮丽”。明清时期，王世祯在《徐汝思诗集序》中提出：“盛唐之于诗也，其气完，其声铿而平，其色丽以雅，其力沉而雄，其意融而无迹。”李沂在《唐诗援序》中指出：“冲融温厚，诗之体也；昌明博大，诗之象也；含蓄隽永，诗之味也；雄浑沉郁，诗之力也；清新娟秀，诗之趣也；飞腾摇曳，诗之态也。”近现代以来，闻一多在《唐诗杂论》中曾指出盛唐诗壮丽之特点，杨启高在《唐代诗学》中认为盛唐诗，“此时特色，约有四端：一曰律体大盛，二曰各极所长，三曰体裁繁富，四曰学古涂广。”林庚以“盛唐气象”来概括盛唐诗，王启兴、乔典运在《盛唐诗歌的美学风貌》中认为盛唐诗极具自然、人情、个性、绘画与韵律之美……

论述之繁复，难以穷尽。概而言之，盛唐诗人及其诗作高度体现了人类的诗性思维、灵魂地栖居。其中，

（1）艺术风格：自然、神韵、浑厚、风骨、韵外之旨。

（2）情感特点：思绪飞动、无情不发、物我合一、至真臻情。

（3）不同派别诗人的核心特征：李白之飘逸、杜甫之沉郁、山水田园派之空灵、边塞派之气韵。

（4）题材丰富：离别、爱情、咏物、咏史、酬赠、怀乡、边塞游等。

李白（701～762年），字太白，号青莲居士，是盛唐的天才“诗仙”，与杜甫并称“李杜”，是继屈原之后又一位伟大的浪漫主义诗人，在我国文学史上具有极其崇高的地位，集诗人、游侠、刺客、隐士、道人、策士等众多身份于一家，留给后世九百多首熠熠生辉的诗作。有《李太白集》传世，诗作中多以醉时写就。李白擅长歌行、绝句、乐府，其歌行作品空无依傍、变幻莫测；绝句自然明快，飘逸潇洒；乐府奔腾回旋、气势壮大。整体呈现出豪迈奔放、飘逸若仙、意境奇妙的浪漫主义色彩，笔落惊风雨、诗成泣鬼神，把人的诗性想象、夸张、比喻发挥到极致，对后世影响深远。李白的代表作有《望庐山瀑布》《行路难》《蜀道难》《将进酒》《早发白帝城》《梦游天姥吟留别》《静夜思》等，均为国人耳熟能详。

《将进酒》

李　白

君不见黄河之水天上来，奔流到海不复回。
君不见高堂明镜悲白发，朝如青丝暮成雪。
人生得意须尽欢，莫使金樽空对月。
天生我材必有用，千金散尽还复来。
烹羊宰牛且为乐，会须一饮三百杯。
岑夫子，丹丘生，将进酒，杯莫停。
与君歌一曲，请君为我倾耳听。
钟鼓馔玉不足贵，但愿长醉不愿醒。
古来圣贤皆寂寞，惟有饮者留其名。
陈王昔时宴平乐，斗酒十千恣欢谑。
主人何为言少钱，径须沽取对君酌。
五花马，千金裘，呼儿将出换美酒，与尔同销万古愁。

杜甫（712～770年），字子美，自号少陵野老，伟大的现实主义诗人，被称之为“诗圣”。杜甫少年时家境优渥、因喜漫游，赠李白诗说：“余亦东蒙客，怜君如弟兄。醉眠秋共被，携手日同行。”中年后，他科举不中困守长安、经历了安史之乱带来的战乱流离，而后蜀中漂泊、舟中长逝。杜甫诗作以古体、律诗为主，突出风格是沉郁顿挫，记录了盛唐时期由盛转衰的社会动荡、体现出高度的忧国忧民情怀，被认为是世上疮痍、诗中圣哲；民间疾苦、笔底波澜，因而有“诗史”美誉。比如作品：“三吏”《石壕吏》《新安吏》和《潼关吏》，“三别”《新婚别》《无家别》和《垂老别》。他的律诗写应酬、咏怀、羁旅、宴游、山水，信手拈来、贯穿今古、尽工尽善，其他典型作品包括：《望岳》《登高》《春望》《茅屋为秋风所破歌》等。

《登高》

杜　甫

风急天高猿啸哀，渚清沙白鸟飞回。
无边落木萧萧下，不尽长江滚滚来。

万里悲秋常作客，百年多病独登台。
艰难苦恨繁霜鬓，潦倒新停浊酒杯。

3. 中晚唐诗人群

虽盛唐气象已过，中晚唐时代的诗歌创作仍未衰歇，在艺术风格上更加多元化、艺术成就同样高超。

元结、顾况等人的诗，继承了杜甫忧国忧民的精神，诗风质朴深挚。刘长卿、韦应物以山水诗著称，清雅洗练、自成一家。白居易、元稹、张籍等人倡导“新乐府运动”，主张诗应有为而发、有益于政教之用，一方面继承杜甫的现实主义诗风，又加以革新、推出大量政治讽喻诗。白居易更是中唐时期影响极大的“诗魔”，明确提出“文章合为时而著，歌诗合为事而作。”白居易有《琵琶行》《长恨歌》等代表作，充分体现了他补察时政、写实通俗的创作理念。韩愈、孟郊等人追求艰涩怪诞之美，同时突破律体约束、以散文入诗，韩愈于诗之外尤其擅长散文、主张古文运动。

李贺有“太白仙才，长吉鬼才”之誉，是继李白之后的浪漫主义诗人，擅长悲愤抒情、神仙鬼魅题材，风格空灵诡异、语言悲冷凄苦、选词炼句奇警，《雁门太守行》传遍天下。柳宗元，与韩愈并称为“韩柳”，与刘禹锡并称“刘柳”，他的山水诗意境深沉、情致委婉，与其散文山水游记异曲同工。刘禹锡诗文俱佳，风格开阔疏朗、甚有禅味，与柳宗元并称“刘柳”，与韦应物、白居易合称“三杰”，代表作有《陋室铭》《竹枝词》《杨柳枝词》《乌衣巷》等。

晚唐虽是唐一代的末端，但诗歌领域仍爆发出黄昏的挽歌之美，标志性人物是李商隐和杜牧，世称“小李杜”。李商隐的诗风特立独行，意象玲珑、无迹可寻，尤其爱情诗与无题诗写得出神入化、缠绵悱恻、含蓄晦涩，极致追求诗歌本体的词句、意境之美，开创了诗歌回归自我哲学的新风格、新境界。

《锦瑟》

李商隐

锦瑟无端五十弦，一弦一柱思华年。
庄生晓梦迷蝴蝶，望帝春心托杜鹃。
沧海月明珠有泪，蓝田日暖玉生烟。

此情可待成追忆？只是当时已惘然。

杜牧的诗歌，诞生于其忧国忧民的思想情怀与感伤沉郁的绮思柔情交织之中，兼具俊爽健朗的形象美、强烈跌宕的诗情美、清新明洁的意境美，《赤壁》《过华清宫》等流传于世。

（三）两宋之词

词源于民间，始于唐，兴于五代，盛于两宋。因是合乐的歌词，又称曲子词、诗余、乐章、长短句。《全宋词》共收录流传至今的词人1300多家，将近两万首。古往今来无数文人墨客以词为佳话、以词为歌吟，感受其余味悠长和灵魂真味。

1. 宋词的诞生流变

唐代从西域传入胡乐，与中原旧乐有机融合，产生了燕乐。原来整齐的五、七言诗已不适应，于是产生了字句不均、形式灵活的词。由于敦煌石窟中大量的“曲子词”被重新发现，词源于民间俗文学的观点已得到广泛承认。在民间词发展之后，文人依照乐谱声律节拍而写新词，叫作“填词”或“依声”。于是，词与音乐分离，形成一种句子长短不齐的格律诗。五、七言诗句匀称对偶，表现出整齐美；而词以长短句为主，是典型的参差美。

词，天然地有配合演唱娱乐、俚俗浅易的文学特征。宋词的发展，就是承袭“花间词派”余绪、努力摆脱俚俗粗鄙、复归于风雅正途、各种风格竞相迸发走向成熟巅峰的过程。

北宋词，大体可分三阶段。第一阶段，由唐入宋。中唐时期，诗人张志和、韦应物、白居易、刘禹锡等人开始写词，把这一文体引入了文坛。到晚唐五代，文人词有了很大的发展，以晚唐词人温庭筠为代表的“花间派”词人，以及李煜、冯延巳等南唐著名词人，共同奠基了词体的成熟。北宋晏殊、晏几道、欧阳修等著名词人，上承“花间词派”并做全新探索，是唐词到宋词的过渡。第二阶段，全新开拓、风格多样化。柳永、苏轼、秦观等著名词人极大地扩充了词的题材、艺术手法，彻底改变了“词为小道”“诗庄词媚”的定性。苏轼是文人抒情、“以诗入词”、雅化词品的大艺术家，而柳永推动了词的大变，他采用教坊新声和里巷俚曲制作慢词，变旧声为新声，开启了宋词作为“一代之文学”的新时代。第三阶段，北宋词的总结期。周邦彦在艺术创作上集大成，推动了宋词的深化与成熟。

宋室南渡后，词坛风气发生了深刻变化，与南宋国运趋势变化命运相连。南宋初期，多学习苏轼“以诗为词”，言志抒怀、恢宏士气，以辛弃疾最为著称，其词颇显文才武略、豪放慷慨。李清照标举“词别是一家”，以女性词人特有的细腻纤巧写闺情词而有大丈夫气，创立独具一格的“易安体”。南宋中后期，因宋金南北对峙局面相对稳定，逃避现实、雕章琢句的清雅词派兴起，姜夔以清刚冷峻的词笔开创了体制高雅的格律词派。自此之后，史达祖、吴文英、王沂孙、周密、张炎等词人，取径各异而同趋于雅，字句研炼、音律闲婉、刻意晦涩，但也因此伤及自然流畅，词由雅俗共赏变为纯粹的文人吟唱，缺乏鲜活豪迈之气。

2. 豪放派词人群

两宋词虽各家风格不一、异彩纷呈，但大体上可分豪放派、婉约派（也有评论家认为可分为婉约、豪放、闲逸、雅正四大派别）。

豪放派词人，把词从“娱宾遣兴”改造为独立的抒情艺术，他们的创作视野大气磅礴，意境纵横潇洒、恢宏豪迈，喜用诗文手法写词，用典入事，不拘音律，开门见山直入主题。相对缺陷可能是失之平直，有时偏于叫嚣狂傲。两宋的豪放派词人群，包括：范仲淹、苏轼、辛弃疾、陆游、陈亮、张孝祥、张元干、刘辰翁等人，其中苏轼、辛弃疾词学地位最高。

苏轼（1037～1101年），字子瞻，四川眉山人，号东坡居士，唐宋八大家之一，豪放派的旗帜，北宋书法家、文学家、词人、画家。嘉祐二年（1057年）与其弟苏辙同登进士，二人与其父苏洵，被世人尊称“三苏”。词集有《东坡乐府》三卷，存词三百五十余首。

苏轼开创了“豪放派”的先风，以其开拓旷达的胸怀，极大地扩宽了词体的格调。苏轼的大半生基本上都是在党争的混乱中颠沛流离，理想抱负和失意坎坷铸就了他的词风，王国维《人间词话》认为“东坡之词旷，稼轩之词豪”，充分说明了他擅长借助瑰丽恢宏的意象、抒发自然旷达的壮志豪情。苏轼提倡“自成一家”的创作主张，把笑傲江湖、进取理想、激情昂首、命运思考、人生哲学充分融入词的世界，他的词风往往向诗风靠拢，日常交际、闲居读书及躬耕、射猎、游览皆可入词，创造性运用大量的题序、典故，深化词作内涵。他的代表作包括《水调歌头·明月几时有》《念奴娇·赤壁怀古》《定风波·莫听穿林打叶声》《江城子·密州出猎》等。

《念奴娇·赤壁怀古》

苏　轼

大江东去，浪淘尽，千古风流人物。故垒西边，人道是，三国周郎赤壁。乱石穿空，惊涛拍岸，卷起千堆雪。江山如画，一时多少豪杰。遥想公瑾当年，小乔初嫁了，雄姿英发。羽扇纶巾，谈笑间，樯橹灰飞烟灭。故国神游，多情应笑我，早生华发。人生如梦，一尊还酹江月。

辛弃疾（1140～1207年），字幼安，中年后别号稼轩，今山东济南人。南宋官员、将领、文学家，豪放派词人，有“词中之龙”之称。与苏轼合称“苏辛”，与李清照并称“济南二安”。辛词现存六百多首，是两宋存词最多的作家。辛弃疾一生以恢复中原为念，对国家兴亡、民族命运有着深切忧思，却命运多舛、壮志难酬，于是把满腔的爱国激情、战斗人生写进词中。他的词作以豪放为主，善于营造恢宏苍茫和悲壮沉雄的词境，意象壮观飞动、奔腾耸峙，他善用典故、历史题材、偶尔也融入通俗稚拙的民间语言，表达英雄豪迈与高亢悲愤的交织扭结，大起大落、反差强烈，有瀑布般的冲击力量。除了豪放词外，辛弃疾也有不少吟咏祖国河山、描写田园生活、书写爱情的清新作品，表达对自然山水、风月草木的情感寄托。

《永遇乐·京口北固亭怀古》

辛弃疾

千古江山，英雄无觅孙仲谋处。舞榭歌台，风流总被雨打风吹去。斜阳草树，寻常巷陌，人道寄奴曾住。想当年，金戈铁马，气吞万里如虎。元嘉草草，封狼居胥，赢得仓皇北顾。四十三年，望中犹记，烽火扬州路。可堪回首，佛狸祠下，一片神鸦社鼓。凭谁问：廉颇老矣，尚能饭否？

辛弃疾的传世经典之作：《永遇乐·京口北固亭怀古》《青玉案·元夕》《破阵子·为陈同甫赋壮词以寄之》《丑奴儿·书博山道中壁》《清平乐·村居》《南乡子·登京口北固亭有怀》《水龙吟·登建康赏心亭》等。

3. 婉约派词人群

婉约派与豪放派，可以说各尽其美、各臻其盛。婉约派词人，有几重共同特点：一是以情感人，喜怒哀乐、悲欢离合都可入词，往往侧重于书写儿女风情，题材内容相对狭窄；二是柔婉之风，或含蓄婉转，或风格绮丽，或情致缠绵；三是艺术工巧，洞晓音律、结构缜密、锤字炼句。婉约派词人群，有柳永、晏殊、晏几道、周邦彦、李清照、秦观、姜夔、吴文英、李煜、欧阳修、史达祖等。

柳永（约984～1053年），北宋著名词人，他对宋词全面革新，创作慢词、创用词调最多。柳永的艺术风格是，擅长将敷陈其事的赋法移植于词，大胆运用俚词俗语、雅俗并陈，辅以适俗的意象、淋漓尽致的铺排、质淡无华的白描进行创作。代表作：《雨霖铃》（寒蝉凄切）、《蝶恋花》（伫倚危楼风细细）以及《望海潮》《八声甘州》等。

《雨霖铃》

柳 永

寒蝉凄切，对长亭晚，骤雨初歇。都门帐饮无绪，留恋处，兰舟催发。执手相看泪眼，竟无语凝噎。念去去，千里烟波，暮霭沉沉楚天阔。多情自古伤离别，更那堪，冷落清秋节！今宵酒醒何处？杨柳岸，晓风残月。此去经年，应是良辰好景虚设。便纵有千种风情，更与何人说？

李清照（1084～1155年），号易安居士，今山东济南人。在数千年文学史上，留下传世佳作的女子寥若晨星，李清照被誉为“词坛宗主”、千古第一才女，艺术成就首屈一指、无人比肩。后人辑有《漱玉集》《漱玉词》，今有《李清照集》辑本。

清代诗人、文学评论家王士祯指出，“婉约以易安为宗，豪放惟幼安称首。”清代戏曲理论家李调元在《雨村词话》评论道，“不徒俯视巾帼，直欲压倒须眉”，足见李清照的艺术成就之高。她的创作阶段，与其身世经历高度相关，其早年家学渊源、出嫁后与丈夫赵明诚致力于金石搜集，金兵占据中原后，她流离南方、境遇孤苦。所以早期的词以婉约风格为主，是清新明快的少女词风，多写其悠闲生活、平易真切，如《减字木兰花》；她经历了从北宋到南宋的变迁，中期部分作品既保持了女性独有的柔婉芳馨，“才下眉头、又上心头”，不知不觉间又有健举的精神流露，如《南歌子》。后期多悲叹身世，南渡之后，迟暮感伤、“凄凄惨惨戚戚”，但又不拘泥于女性的沉郁温婉，流露出高远飞扬，比如晚期作品《渔家傲》。

《声声慢·寻寻觅觅》

李清照

寻寻觅觅，冷冷清清，凄凄惨惨戚戚。乍暖还寒时候，最难将息。三杯两盏淡酒，怎敌他、晚来风急！雁过也，正伤心，却是旧时相识。

满地黄花堆积，憔悴损，如今有谁堪摘？守着窗儿，独自怎生得黑！梧桐更兼细雨，到黄昏、点点滴滴。这次第，怎一个愁字了得！

总体来说，她以女性独有的血泪真情、超然的才思敏感，善用白描、语言清丽、崇尚协律，写出了诸多“别是一家”的精美之作，在群花斗艳的宋代词苑中独树一帜！她的传世精品有《声声慢·寻寻觅觅》《一剪梅·红藕香残玉簟秋》《夏日绝句》《如梦令·常记溪亭日暮》《醉花阴·薄雾浓云愁永昼》《渔家傲·记梦》等。

二、古代散文

古代散文在中国古代文学史上同样有着重要地位，它的历史与诗词一样悠久。殷商时期甲骨文的卜辞，就被认为是片段型的散文，《尚书》则是成篇的散文。先秦散文是中国散文的发端，历史散文、诸子散文开创了议论和叙事的散文规范。汉代史传（如司马迁《史记》等）、政论文（如贾谊《过秦论》等），虽依附于史学、政论之说，却从语言、人物描写等方面，透露出散文的文学性；被后世誉为“汉赋”的汉代辞赋文学，手法和内容兼收并蓄，推动了散文作为文学体裁的独立。魏晋南北朝，是文学的自觉觉醒时期，散文在表达上更加个性化、风格更加多样化。唐宋时期，是古代散文的高峰，“唐宋八大家”誉满天下、精品力作脍炙人口。元明清时期，戏曲、小说兴盛，诗文成就相对较弱，“公安派”“桐城派”等较为突出。

鉴于篇幅，我们重点讨论古代散文的代表——先秦散文、唐宋散文。

（一）先秦散文

先秦散文，包括两类：一是如《左传》《国语》《战国策》等叙事型历史散文，二是儒、墨、道、法等诸子学派的说理散文，如《论语》《墨子》《孟子》等（孔丘、墨翟、孟轲弟子对其师的言行记录），以及《庄子》《荀子》《韩非子》等本人著作。

1. 历史散文

先秦时期纯文学性质的散文并未出现，而历史著作中的叙事、写人也很生动形象，故纳入叙事型散文范畴。叙事型历史散文分为编年体、纪传体、纪事本末体、国别体。以《左传》《国语》《战国策》等为代表的作品文学价值较高，全面记载了诸侯各国政治、军事、外交、文化等诸多活动，特别是描绘战争场面、纵横家辩士形象等非常出色，具有说理论证、雄辩生动的鲜明特色，在语言上善用说理、论证和寓言故事。司马迁的《史记》在写作技巧和语言风格上多有借鉴。

2. 诸子散文

诸子散文，是春秋战国天下纷争、百家争鸣社会现实的集中反映。诸子在思想、创作、哲思、政治主张上百花齐放，对我国几千年政治文化、文学艺术等产生巨大影响，在中国文学史上有着划时代的奠基意义，所谓文学的“正宗”“半部《论语》治天下”。

诸子散文万峰磅礴、九流并起。在体制上，多以论说为主，论证充分、逻辑严密、结构完整。在精神主张上，各抒胸臆、放言无惮、高深玄妙，如孔子提倡仁义礼乐、君子立言，孟子号召以人为本、仁爱仁政，庄子主张自然无为、逍遥不羁，墨子主张兼爱尚贤。在文风上更是个性突出，如《论语》简括平易、雍容和顺，《墨子》质朴明快、逻辑类推，《孟子》气势充沛、雄辩锐利，《庄子》想象神奇、汪洋恣肆，《荀子》比喻繁富、浑厚缜密，《韩非子》严峻峭拔、切中要害。在表现手法上，《论语》言简意赅、句法整练、辞约义丰，《孟子》善设技巧、欲擒故纵、善于取譬，《庄子》善用比兴、引物连类、想象空灵、描写精工、形神毕肖。

《逍遥游·北冥有鱼》（节选）

庄 子

北冥有鱼，其名为鲲。鲲之大，不知其几千里也；化而为鸟，其名为鹏。鹏之背，不知其几千里也；怒而飞，其翼若垂天之云。是鸟也，海运则将徙于南冥。南冥者，天池也。《齐谐》者，志怪者也。《谐》之言曰：“鹏之徙于南冥也，水击三千里，抟扶摇而上者九万里，去以六月息者也。”野马也，尘埃也，生物之以息相吹也。天之苍苍，其正色邪？其远而无所至极邪？其视下也，亦若是则已矣。且夫水之积也不厚，则其负大舟也无力。覆杯水于坳堂之上，则芥为之舟，置杯焉则胶，水浅而舟大也。风之积也不厚，则其负大翼也无力。故九万里，则风斯在下矣，而后乃今培风；背负青天而莫之夭阏者，而后乃今将图南。蜩与学鸠笑之曰："我决起而飞，抢榆枋而止，时则不至而控于地而已矣，奚以之九万里而南为？"适莽苍者，三飡而反，腹犹果然；适百里者，宿舂粮；适千里者，三月聚粮。之二虫又何知！

（二）唐宋散文

唐宋是中国文学的极致高光时刻，除了诗词双峰并峙之外，散文的辉煌成就同样不可小觑，"唐宋八大家"是典型代表（唐代韩愈、柳宗元，与宋代欧阳修、苏洵、苏轼、苏辙、王安石、曾巩）。

初唐时期，骈文仍居文坛主流，在奏疏、章表、论说等写作中延续齐梁文风，标举法古。到了中唐时期，以韩愈、柳宗元为领袖，猛烈批驳复古束缚为特点的骈俪文，身体力行创作了诸多清新流畅的散文名篇，被称为文体革新的古文运动，至此，唐代文风为之大变。

韩愈（768～824 年）在创作上独到老辣、雄健深厚，擅长赋、论、说、传、记、颂、赞、书、序、哀辞、祭文、碑志、状、表、杂文等各类作品，被认为"如长江大河，浑浩流转，鱼鼋蛟龙，万怪惶惑"（苏洵《上欧阳内翰书》）。其论说文成就突出，《原道》《论佛骨表》《原性》《师说》等思想深刻、文气充沛、逻辑分明。《祭十二郎文》等祭文，擅长于琐碎叙事中见呜咽哽塞之情。他还特别擅长借鉴古文创造发明新词汇，"面目可憎""垂头丧气"（《送穷文》）、"不平则鸣""杂乱无章"（《送孟东野序》）、"俯首帖耳""摇尾乞怜"（《应科目时与人书》）等精辟巧妙，仍为今人所用。

《送孟东野序》

韩　愈

大凡物不得其平则鸣：草木之无声，风挠之鸣。水之无声，风荡之鸣。其跃也，或激之；其趋也，或梗之；其沸也，或炙之。金石之无声，或击之鸣。人之于言也亦然，有不得已者而后言。其歌也有思，其哭也有怀，凡出乎口而为声者，其皆有弗平者乎！

乐也者，郁于中而泄于外者也，择其善鸣者而假之鸣。金、石、丝、竹、匏、土、革、木八者，物之善鸣者也。维天之于时也亦然，择其善鸣者而假之鸣。是故以鸟鸣春，以雷鸣夏，以虫鸣秋，以风鸣冬。四时之相推敚，其必有不得其平者乎？

柳宗元（773～819年）与韩愈文墨相推毂，在散文创作上共为美谈。除了很多短小精悍的驳论文（《非〈国语〉》）抒发政见、笔锋犀利之外，柳宗元的游记散文投迹山水、放浪形骸，著名的“永州八记”作品清新秀美、巧妙自然、情景交融，被誉为一绝，包括《始得西山宴游记》《钴鉧潭记》《钴鉧潭西小丘记》《至小丘西小石潭记》《袁家渴记》《石渠记》《石涧记》《小石城山记》。除此之外，他还擅长写作语言小品文（如《蝜蝂传》）、传记文（如《种树郭橐驼传》）等，通过透彻的哲理给后人以警示。

《始得西山宴游记》（节选）

柳宗元

今年九月二十八日，因坐法华西亭，望西山，始指异之。遂命仆人过湘江，缘染溪，斫榛莽，焚茅茷，穷山之高而止。攀援而登，箕踞而遨，则凡数州之土壤，皆在衽席之下。其高下之势，岈然洼然，若垤若穴，尺寸千里，攒蹙累积，莫得遁隐。萦青缭白，外与天际，四望如一。然后知是山之特立，不与培塿为类。悠悠乎与颢气俱，而莫得其涯；洋洋乎与造物者游，而不知其所穷。引觞满酌，颓然就醉，不知日之入。苍然暮色，自远而至，至无所见，而犹不欲归。心凝形释，与万化冥合。然后知吾向之未始游，游于是乎始。故为之文以志。是岁，元和四年也。

宋代，欧阳修、“三苏”（苏轼、苏辙、苏洵）等四人是古文运动的核心人物，王安石、曾巩是临川文学的代表人物，他们在散文创作上风格各异、卓尔不凡。

欧阳修（1007～1072年），宋代散文文风的开创者，他提倡学习韩愈文从字顺之长、避免奇险晦涩。欧阳修一生写了500余篇散文，有政论文、史论文、记事文、抒情文和笔记文等各种文体，自然流畅、风神绵邈，代表作有《朋党论》《醉翁亭记》《秋声赋》《卖油翁》《六一居士传》等。

《醉翁亭记》（节选）

欧阳修

环滁皆山也。其西南诸峰，林壑尤美，望之蔚然而深秀者，琅琊也。山行六七里，渐闻水声潺潺而泻出于两峰之间者，酿泉也。峰回路转，有亭翼然临于泉上者，醉翁亭也。作亭者谁？山之僧智仙也。名之者谁？太守自谓也。太守与客来饮于此，饮少辄醉，而年又最高，故自号曰醉翁也。醉翁之意不在酒，在乎山水之间也。山水之乐，得之心而寓之酒也。

若夫日出而林霏开，云归而岩穴暝，晦明变化者，山间之朝暮也。野芳发而幽香，佳木秀而繁阴，风霜高洁，水落而石出者，山间之四时也。朝而往，暮而归，四时之景不同，而乐亦无穷也。

苏轼（1037～1101年），宋代诗词大家、散文名家，还擅长书画，在文学创作上登峰造极、是中国文学史上的绝佳奇才，他的创作代表了宋代散文的最高成就。苏轼擅长各类游记、杂记、随笔、文赋，代表作如《石钟山记》《超然台记》《放鹤亭记》《喜雨亭记》《记承天寺夜游》《赤壁赋》等，抒情、状物、写景、说理、叙事娴熟，言语恣肆、豁达豪放、行云流水；他的议论文，雄辩透彻、气势纵横，体现出极高的论说辩证技巧，代表作如《贾谊论》。

《赤壁赋》（节选）

苏　轼

壬戌之秋，七月既望，苏子与客泛舟游于赤壁之下。清风徐来，水波不兴。举酒属客，诵明月之诗，歌窈窕之章。少焉，月出于东山之上，徘徊于斗牛之间。白露横江，水光接天。纵一苇之所如，凌万顷之茫然。浩浩乎如冯虚御风，而不知其所止；飘飘乎如遗世独立，羽化而登仙。于是饮酒乐甚，扣舷而歌之。歌曰：“桂棹兮兰桨，击空明兮溯流光。渺渺兮予怀，望美人兮天一方。”客有吹洞箫者，倚歌而和之。其声呜呜然，如怨如慕，如泣如诉，余音袅袅，不绝如缕。舞幽壑之潜蛟，泣孤舟之嫠妇。

除欧阳修、苏轼外，苏洵的散文博辩宏伟、言语锋利、擅长论辩；曾巩的散文温厚典雅、章法严谨、长于说理；王安石的散文劲峭挺拔、识见高超、雄健简练；苏辙的散文擅长政论史论，风格秀杰深醇。苏洵的《六国论》、曾巩的《墨池记》、王安石的《游褒禅山记》、苏辙的《黄州快哉亭记》等，是广为流传的代表作。

三、古代小说

小说有着深厚的发展渊源，魏晋南北朝的志怪故事是小说的雏形期，唐代传奇小说将短篇小说推向成熟。宋代话本小说、元代章回小说，推动了白话文小说的大发展。而到了明代，市民经济和印刷业发达，为小说脱离民间口头创作进入文人书面创作，提供了土壤；明代中叶，白话小说作为成熟的文学样式正式登上舞台。明清小说，在中国文学史中有着独特地位，它上承宋词元曲之文学辉煌，下启近现代小说之先河，它们反映出广阔的社会生活场景、塑造出许多经典艺术形象、对民众语言的生动运用，铸就了中国古代文学最后的辉煌。时至今日，诸多明清小说改编而来的影视剧，成为国人的文化饕餮盛宴。本节，我们重点学习古代小说的代表：明清小说。

（一）明代小说

明代小说，大致包括短篇小说（又分为文言短篇和白话短篇）和长篇小说。

明代短篇小说中，文言短篇小说以模仿唐宋传奇为主，缺乏创作新意，不及白话短篇文学的价值高。白话短篇小说，是学习宋元话本的产物，称作“拟话本”。明末冯梦龙的“三言”（《喻世明言》《警世通言》《醒世恒言》），以及凌濛初模仿“三言”创作的“二拍”（《初刻拍案惊奇》《二刻拍案惊奇》），文学成就最高。除“三言”“二拍”之外，明代“拟话本”小说集还有《石点头》《醉醒石》《西湖二集》等。明代还有其他优秀的白话短篇小说《杜十娘怒沉百宝箱》《玉堂春落难逢夫》等，以爱情婚姻题材为主，主题多是批判封建礼教、强调婚姻自主，也充分反映出小商人和市民阶层的生活途径，故事性强、情节曲折、心理描写细腻、感情色彩分明。

明代长篇小说包括几个类别：历史演义小说、神魔小说、世情小说、英雄传奇小说、公案小说等。

（1）历史演义小说。“七分事实，三分虚构”，以朝代历史作为创作蓝本，吸取野史杂说和民间传说，进行改编扩大。元末明初，罗贯中的《三国演义》是成就最高的历史演义小说。在它的辐射带动下，出现了创作高峰，包括《列国志传》《全汉志传》

《唐书志传通俗演义》等。

（2）神魔小说。以妖魔鬼怪为特色，充满奇异的宗教色彩。吴承恩的《西游记》是最知名的顶级作品，时至今日仍然闪耀巨大的光芒。其他的包括许仲琳的《封神演义》、罗懋登的《三宝太监西洋记通俗演义》，在当时也有一定影响。

（3）世情小说。主题是描绘世间百态、生活人情，以《金瓶梅》最有影响。它聚焦现实生活，改变了此前过度透支历史题材的状态，对小说的发展有着积极作用。《金瓶梅》之后，世情小说形成两种分野：其一，标举因果报应，如明末西周生的《醒世姻缘传》等；其二，转化为才子佳人小说，如明末清初的《玉娇梨》《好逑传》等。

（4）英雄传奇小说。相较于历史演义小说对朝代历史的强烈描述，英雄传奇小说转向个体化英雄人物的突出，充满理想主义色彩。明初施耐庵的《水浒传》是集大成之作，标志着中国古代现实主义小说的定型。

（5）公案小说。顾名思义，就是以冤案诉讼为题材，揭露明末清初的朝野腐败和阶级矛盾，故事情节离奇曲折，思想内容上夹杂迷信和说教。典型作品有李春芳的《海刚峰先生居官公案传》和无名氏的《包孝肃公百家公案演义》等。

其中，《三国演义》《西游记》《水浒传》与清代小说《红楼梦》，并称为中国古典四大名著，是中国文学史上四大屹立不倒的高山，是世界级的精神文化遗产。

（二）清代小说

清代小说与明代小说有着显著不同。明代小说经历了民间传说、戏剧、话本到文人专创的演化过程。清代小说，脱离了朝代历史、虚拟英雄人物的框架，转向社会现实生活，已经发展为高度的个人化创作，萌发出惊人的文学审美价值。在中国小说史上耸立的六座高峰中，有四座就是清代小说，以《聊斋志异》为代表的拟古志怪小说，以《红楼梦》为代表的人情派小说，以《儒林外史》为代表的讽刺小说，以《三侠五义》为代表的武侠小说。

（1）清初至乾隆末年（1644～1795年）。小说在选材、构体、风格、场景、主旨等方方面面迸发出巨大的能量，许多经典作品凭借精彩故事、人物原型、曲折情节，走进千家万户，铸就了这一时期小说的黄金时代。名列榜首的极致巅峰之作，就是《红楼梦》。蒲松龄的文言短篇小说集《聊斋志异》凭借花妖狐魅的志怪故事表达人世真情，是中国文言小说的高峰；吴敬梓的长篇小说《儒林外史》讽刺丑陋故事、反八股科举，被鲁迅先生誉为“秉持公心，指摘时弊”，是中国古代讽刺文学的经典。其他还有《水浒后传》《隋唐演义》《说岳全传》《女仙外史》等。

优秀的长篇小说《红楼梦》是国人心中的永恒经典，曹雪芹为核心人物贾宝玉及围绕其身旁的林黛玉、薛宝钗、史湘云、秦可卿、贾探春等诸闺阁女子以及众多人物，构建宽阔无垠的生活图景、精神世界、人性至味。《红楼梦》凭借大波澜、大事件、大悲剧，诸多人物、诸多感情、诸多思想，极致文字、极致笔力、极致手法，经得起各种流派、各种思潮、各种标准的审美检验，可谓独步天下、冠绝古今、超越时空，具备极高的精神水准和世界级的文化影响力！

林黛玉之《葬花吟》（《红楼梦》节选）

花谢花飞花满天，红消香断有谁怜？
游丝软系飘春榭，落絮轻沾扑绣帘。
闺中女儿惜春暮，愁绪满怀无释处。
手把花锄出绣闺，忍踏落花来复去。
柳丝榆荚自芳菲，不管桃飘与李飞。
桃李明年能再发，明年闺中知有谁？
三月香巢已垒成，梁间燕子太无情！
明年花发虽可啄，却不道人去梁空巢也倾。
一年三百六十日，风刀霜剑严相逼，
明媚鲜妍能几时，一朝漂泊难寻觅。
花开易见落难寻，阶前闷杀葬花人。
独倚花锄泪暗洒，洒上空枝见血痕。
杜鹃无语正黄昏，荷锄归去掩重门。
青灯照壁人初睡，冷雨敲窗被未温。
怪奴底事倍伤神？半为怜春半恼春。
怜春忽至恼忽去，至又无言去不闻。
昨宵庭外悲歌发，知是花魂与鸟魂？
花魂鸟魂总难留，鸟自无言花自羞。
愿奴胁下生双翼，随花飞到天尽头。

天尽头，何处有香丘？

未若锦囊收艳骨，一抔净土掩风流。

质本洁来还洁去，强于污淖陷渠沟。

尔今死去侬收葬，未卜侬身何日丧？

侬今葬花人笑痴，他年葬侬知是谁？

试看春残花渐落，便是红颜老死时。

一朝春尽红颜老，花落人亡两不知！

时至今日，乃至未来很长一段时间，研究《红楼梦》也是一门显学（“红学”）。王国维曾评价道：“《红楼梦》，哲学也，宇宙也，文学也。此《红楼梦》之所以大背于吾国人之精神，而其价值亦即存乎此。”新中国红学研究第一人、文史大家周汝昌指出：“曹雪芹是中国第一流现实主义的小说家之一，《红楼梦》是世界伟大文学作品行列中的一部非凡作品。正如意大利人民一提到但丁，英国人民一提到莎士比亚，苏联人民一提到托尔斯泰而感到骄傲一样，我们中国人民也就以同样的骄傲感而念颂曹雪芹的名字。”

（2）嘉庆、道光、咸丰、同治时期（1796~1874年）。随着清代国运日衰，脱离现实、宣扬名教、因果报应的小说大量出现，文学影响和传播价值都走向沉闷萎靡，撼动人心的伟大作品大为减少。其中，最有影响力的是石玉坤的《三侠五义》，他大手笔描绘行侠仗义、忠君爱国，被认为是古典长篇侠义公案小说的经典之作，堪称中国武侠小说的开山鼻祖，对中国近代评书曲艺，以及金庸、古龙、温瑞安的武侠小说都产生过巨大影响。这一时期，续写此前经典小说包括《红楼梦》《水浒传》等变为一时风尚，但模仿终究难成气候、终显粗糙平庸。其他相对有新意的作品，包括《绿牡丹》《雷峰塔传奇》《双凤奇缘》《镜花缘》等。

（3）光绪、宣统时期（1875~1911年）。这一时期是中国古代小说的收尾阶段，相对有亮色的是官场谴责小说，代表作有《官场现形记》《二十年目睹之怪现状》《老残游记》《孽海花》等，造就了古代小说的末代繁荣。

四、古代戏曲

古代戏曲源远流长、蔚为大观。古代戏曲雏形，包括古代傩戏、汉代百戏、唐代歌舞戏与参军戏等。我们探究古代戏曲，主要聚焦元曲。元曲，是继唐诗、宋词之后，中国文学史上诞生的又一束奇葩，标志着中国戏曲的成熟，具有极高的文化艺术价值。元曲包括元杂剧和散曲，散曲包括小令、套数两种基本形式，它没有动作、对白，只供清唱吟咏之用，风格通俗活泼，类似于词；而杂剧，是专为舞台表演的剧本，内含各种角色的唱词、道白、动作等，名篇如《窦娥冤》《西厢记》等就是此类。文学意义上的元曲，一般是指杂剧（类同于今日各类影视剧、舞台剧的剧本），因为元杂剧的成就和影响超过散曲。

（一）元曲的流变

元曲得益于元代草原游牧文化与中原农耕文明冲突与融合，是元代社会文化的活化石，其发展大致有三个阶段：

第一阶段：初期。元朝立国到灭南宋，元曲由民间俚语发展而来。曲作家多是北方人，比如元好问所撰散曲，用俗为雅、变故作新，具有开创性。后来著名人物包括关汉卿、马致远、王实甫、白朴等人。

第二阶段：中期。从元世祖至元年间到元顺帝后至元年间，元曲越来越专业化。文人作家郑光祖、张可久等人专事创作，促进了元曲在文学文本和戏剧表演上的进步。

第三阶段：末期。元成宗至正年间到元末，元曲走向成熟、追求技巧。张养浩、徐再思等人刻意求工，格律辞藻、典雅秀丽。

元曲总体有几个特点：

（1）创作者：元代废除科举制，使得文人社会地位下降，“书会才人”与市井的“勾栏艺人”联手创作，宏大的剧场、活跃的书会、络绎不绝的市民大联欢，使得元曲成为没有阶级的文化，展现出大繁荣。

（2）题材题旨：元杂剧四分之一是爱情婚姻（才子佳人剧、士子妓女剧、人神之恋剧、负心婚变剧），既用来抨击封建礼教、追求爱情婚姻的纯粹，又是文人寻找身份地位的自证，具备思想的进步性；有些是历史剧，借离合之情、写兴亡之感，透析社会现实；还有些是神仙道化剧，追求远离尘世、好山乐水，受道教文化影响、意欲人生如梦。

（3）艺术特点：繁荣时期的元杂剧，有着四折一楔子的结构形式、“一人主唱”的显著特点，因而元曲的宫调各具声情，特别讲究曲韵、平仄、对仗、衬字。特别是杂剧的文本，尤其注重舞台角色的对白特点，颇多类型化、象征化的手法。

（二）元曲四大家

元曲作家及作品繁多，徐征主编的《全元曲》收录了元代287位存名曲作家和诸佚名曲作者现存的所有作品，包括完整杂剧162种、残剧46种，着录佚目429种，共637种；包括散曲4609支（套），是元代杂剧和散曲作品的总汇。

在诸多作家中，关汉卿、白朴、马致远、郑光祖代表了元代不同时期、不同流派杂剧创作的成就，并称为“元曲四大家”，关汉卿公认为“元曲四大家”之首。王国维在《宋元戏曲史》中说：“元代曲家，自明以来，称关、马、郑、白，然以其年代及造诣论之，宁称关、白、马、郑为妥也。关汉卿一空倚傍，字铸伟词，而其言曲尽人情，字字本色，故当为元人第一”。当然，元曲四大家也曾有过分歧，比如明代王世祯、王骥德等人为王实甫未被列入“四大家”而提出非难，王骥德还提出“王、马、关、郑”说，清代李调元《雨村曲话》则有“马、王、关、乔（吉）、郑、白”之说。

关汉卿（约1220～1300年），号已斋，解州人（今山西省运城），中国古代戏曲创作的标杆人物，编有杂剧67部，现存18部。贾仲明在《录鬼簿》悼词中称他为“驱梨园领袖，总编修师首，捻杂剧班头”。关汉卿的杂剧写态摹世，曲尽其妙、风格多样，而小令晶莹婉丽、活泼深切，套数豪辣灏烂、痛快淋漓，其代表作包括《窦娥冤》《救风尘》《望江亭》《拜月亭》《鲁斋郎》《单刀会》《调风月》等，诸多作品被今人改编为京剧、豫剧。

《窦娥冤》选段

关汉卿

有日月朝暮悬，有鬼神掌着生死权。天地也！只合把清浊分辨，可怎生糊突了盗跖、颜渊？为善的受贫穷更命短，造恶的享富贵又寿延。天地也！做得个怕硬欺软，却原来也这般顺水推船！地也，你不分好歹何为地？天也，你错勘贤愚枉做天！哎，只落得两泪涟涟。

马致远（约1250～1321年），字千里，晚年号东篱，效仿陶渊明。他擅长多种题材（咏史、叹世、归隐、闺情、叙事等），往往意境高远、虚实相生、曲中有画，又形象鲜明、语言通俗、音韵和谐，被誉为“曲状元”和“秋思之祖”。代表作《汉宫秋》《青衫泪》《天净沙·秋思》等。

《天净沙·秋思》

马致远

枯藤老树昏鸦，小桥流水人家，古道西风瘦马。
夕阳西下，断肠人在天涯。

拓展阅读

陶渊明的逸闻趣事

晋末田园诗人陶渊明隐居后，有一个青年人请他饮酒。酒后他们走在田埂上，青年人觉得自己写诗赋词进步不快，请陶公指教。陶渊明指着他种的禾苗问："你能看见它在长吗?"青年人说："看不出来。"接着又指着村头一人正在磨刀的马鞍形磨刀石问："这磨刀石正在减损吗?"青年人看了又看后说："看不出来。"陶渊明说："其实，禾苗每时每刻都在长，磨刀石每磨一次都有减损。学习也是这样。"于是赋一联赠青年：勤学如春之禾苗，不见其增，日有所长；辍学似磨刀之石，不见其减，时有所亏。

青年听后深感有理，于是努力学习，最后成了名人。

思考与探究

1. 近年来，《中国诗词大会》《经典咏流传》《典籍里的中国》《国家宝藏》等文化节目屡上热搜，诗词歌赋、曲艺文存的魅力尽显舞台，你认为它们成功的原因有哪些?

2. 现在是视频时代，抖音、哔哩哔哩（B 站）等平台推出了很多年轻人青睐的传统文化视听片段，结合本章所学中国古代文学的相关知识，请你举例 1 ~ 2 个从文学经典文本改编的、具备现代审美创意的网络视频案例。

第六单元　中国古代艺术

一、古代书法艺术

在世界书写史上，唯有中国传统书法能够超越实用的局限而成为一门独特的艺术。中华民族的远古先民们为我们创造了规整正方并以一字一意为特征的汉民族文字，既简单明白又无拖泥带水之嫌，在汉文化的意思表达中起到了准确无误之奇效。

（一）书法种类

中国传统书法大体可分为篆书（大篆、小篆）、隶书、草书、楷书（章草、今草）、行书五种。

1. 篆书

（1）大篆。在三千年前的殷商时代，先民们预测凶吉祸福，记载占卜、祭祀等活动，刻画在龟甲兽骨上的文字，称为“甲骨文”。它是最早的文字，书法细劲挺直，笔画无顿挫轻重。商周时代铸刻在钟、鼎、货币、兵器等青铜器上的铭文称为“金文”或“钟鼎文”，书法渐趋整齐，风格圆转浑厚。春秋战国时代，刻在石簋（guǐ）、石鼓上的文字叫作“石鼓文”。它是战国时代秦国刻石。石鼓共十个，形似鼓状，今藏在北京故宫博物院。笔画雄强而凝重，结体略呈方形。而上述的甲骨文、金文、石鼓文，后人称之为大篆。

（2）小篆。秦统一中国后的文字称为小篆，它是在战国时秦国大篆的基础上删繁就简、规范统一字型部首的字体。小篆行笔圆转，线条匀净修长，笔画粗细划一，上密下疏，呈现出纯净简约的美感。秦相李斯是小篆的鼻祖，流传至今的小篆作品《琅邪台刻石》《泰山刻石》等相传即为李斯所书。

2. 隶书

隶书字形变圆为方，笔画改曲为直，更便于书写。隶书盛行于汉朝。汉隶在笔画上具有波、磔（zhé）之美。所谓“波”，指笔画左行如曲波，后楷书中变为撇；所谓“磔”，指右行笔画的笔锋开张，形如“雁尾”的捺笔。写长横时，起笔逆锋切入如“蚕头”，中间行笔有波势俯仰，收尾有磔尾。在结构上，由小篆的纵势长方，初变为正方，再变为横势扁方。汉隶具有雄阔严整而又舒展灵动的气度，代表作品有《居延汉简》《张迁碑》《乙瑛碑》《曹全碑》《礼器碑》《史晨前后碑》《石门颂》等，著名书法家有蔡邕等。

3. 草书

草书，是为书写便捷而产生的一种书体。草书始于汉初，其特点是存字之梗概，损隶之规矩，赴速急就。草书发展可分为章草和今草两大阶段，“章草”保留了隶书的书写意味，虽笔画出现牵带钩连现象，但字与字之间仍相对独立。东汉书法家张芝，擅作章草，被称为“草圣”。汉末，章草进一步草化，脱去隶书笔画行迹，上下字之间笔势牵连相通，偏旁部首也做了简化和互借，称为“今草”。今草自魏晋后盛行不衰，到了唐代张旭、怀素，写得更加放纵，笔势连绵环绕，字形奇变百出，称为“狂草”，亦名大草。

毛泽东晚年草书臻于炉火纯青，直笔劲书，汪洋恣肆，任意挥洒，线条奔放呈左斜势，动感强烈。

4. 楷书

楷书也叫正楷、真书、正书，《辞海》解释为“形体方正，笔画平直，可作楷模”，故名“楷书”。楷书是汉末从隶书逐渐演变而来，字形由扁改方，笔画逐渐变波、磔为撇、捺，且有了“侧”（点）、“掠”（长撇）、“啄”（短撇）、“提”（直钩）等，横平竖直，形体方正，结构严整。

5．行书

行书是楷书的快写，它不及楷书工整，也没有草书草率，最大特点是用连笔和省笔，却不用或少用草化符号，较多地保留正体字的可识性结构，从而达到快速书写又通俗易懂的目的，便于传达文字信息。王羲之的行书《兰亭序》被誉为“天下第一行书”，其笔势“飘若浮云，矫若惊龙”。唐朝中期颜真卿行书开一代新风，其行书刚劲挺拔，笔势奔放，其书迹《祭侄季明文稿》被誉为“天下第二行书”。

（二）历代书法名家

1．王羲之

善于博采众长，自成一家，人称“书圣”。他楷、行、草诸体皆佳，他的楷书《乐毅论》《曹娥碑》等，继承了钟繇的笔法，又有所发展，笔画较之钟书更加圆润清秀，结构更加谨严。书法刚柔相济，虚实相生，动静结合。其字奇而正，雄而逸，健而美，为书法创立了至高的准则。传世的王羲之的字，现存的楷书有《乐毅论》《黄庭经》《东方朔画赞》等；行书有《兰亭序》摹本、刻本。《兰亭序》是王羲之行书代表作，是其一生中的顶峰之作，被誉为“天下第一行书”。

2．欧阳询

欧阳询最大的贡献，是他对楷书结构的整理。相传欧阳询总结了有关楷书字体的结构方法共三十六条，名为“欧阳询三十六法”，此法虽然掺入了后人所作的若干解释或思考，但其中肯定有很大成分依然是欧阳询的：他的研究已经完全摆脱了不稳定字形的无规律性的变化，而进入了造型分析的层次，书法结构的成熟观念至此才算是真正的成立。他所书写的《九成宫醴泉铭》是唐代楷书精品。

3．张旭

张旭的草书看起来很癫狂，但章法却是相当规范的，他是在张芝、王羲之行草的基础上升华的一种狂草。细观察其书体绝无不规则的涂抹，很多细微的笔画、字间过渡，都交代得清清楚楚，绝无矫揉造作之感。张旭的草书是在激越情感牵动下促使节奏加快，似金蛇狂舞，又如虎踞龙盘，表现一泻千里之势。由于在线条的动荡和质感上加入了盛唐的艺术气息，从而形成了自己独特狂放的草书风格。张老先生也想不到，某天感冒随手写的一张便笺，居然被后人刊刻流传下来，而《肚痛贴》成了我们尊奉的草书经典，用笔顿挫使转，刚柔相济，内擫外拓，千变万化，神采飘逸，极有情趣。

4. 怀素

怀素自幼出家为僧，经禅之暇，爱好书法，与张旭齐名，合称“颠张狂素”。怀素草书，笔法瘦劲，飞动自然，如骤雨旋风，随手万变。书法率意颠逸，千变万化，法度具备。北京大学教授、引碑入草开创者李志敏评价：“怀素的草书奔逸中有清秀之神，狂放中有淳穆之气”。怀素好饮酒，每当饮酒兴起，不分墙壁、衣物、器皿，任意挥写，时人谓之“醉僧”。怀素一生的书法线条，质地上都倾向于瘦细，和禅修苦寒的美学有很大关系。

5. 颜真卿

颜真卿的书体被称为“颜体”，与柳公权并称“颜柳”，有“颜筋柳骨”之誉。颜真卿的真书雄秀端庄，由初唐的瘦长变为方形，方中见圆，具有向心力。用笔浑厚强劲，善用中锋笔法，饶有筋骨，亦有锋芒，一般横画略细，竖画、点、撇与捺略粗。这一书风，大气磅礴，多力筋骨，具有盛唐的气象。他的行草书，遒劲有力、真情流露，结构沉着，点画飞扬，在王派之后为行草书开一生面。颜真卿的行书遒劲郁勃，这种风格也体现了大唐帝国繁盛的风度，并与他高尚的人格契合，是书法美与人格美完美结合的典例。他的楷书结体方正茂密，笔画横轻竖重，笔力雄强圆厚，气势庄严雄壮，人称“颜体”。颜真卿书迹很多，著名碑帖有《多宝塔碑》《颜氏家庙碑》等。

6. 柳公权

柳公权是楷书书体的总结者和创新家，他在研究和继承钟繇、王羲之等人楷书风格的基础上，遍阅近代书法，学习颜真卿，融会自己新意，自创独树一帜的“柳体”楷书，为后世百代楷模，成为“唐书尚法”的突出代表之一。今人学书入门，依然首选唐代颜、柳、欧、褚（遂良）、虞（世南）等书法家，特别是柳公权所建立的一整套楷书的规范，仍然是人们学习的榜样。柳公权在书法艺术的改革和发展中做出了突出的贡献，为唐代书法发展进行总结，也为整个楷书的发展奠定了基础。

7. 郑板桥

郑板桥，清代扬州八怪之一，不仅把竹子和兰草画得出神入化，而且在书法上大胆创新，是前无古人后启来者的划时代的一代艺术宗师，更兼擅长诗与画，其时乃谓之“三绝”。他的书法风韵特异，大胆独创“六分半书”，人称板桥体。何谓“六分半书”？据说隶书字体又称“八分”，而板桥先生认为自己的字体非楷非隶大概只有“六分半”于是就戏称“六分半书”，对此燮翁做如下解释：“板桥既无涪翁（黄庭坚）之劲拔，又鄙松雪（赵孟頫）之熟滑，徒矜奇异，创为真隶相参之法，而杂之以行草。”简言之，燮翁就是运用行楷的笔调，以楷、隶为主，写出似楷非楷、似隶非隶，而是融楷、草、篆、隶为一炉，而隶意较重的一种艺术风格。

二、古代绘画艺术

（一）从萌芽到成熟

中国绘画起源于史前时代，存世的彩绘陶器上的纹饰，以及岩画、壁画、地画等绘画遗迹，那或浑厚，或纤细的线条，古朴生动地再现了先民的生产方式、生活状况和原始信仰。

战国时期的帛画是中国绘画艺术从萌芽走向成熟的标志。出土于长沙楚墓的传神国画《人物龙凤图》和《人物御龙图》是极其珍贵的战国帛画。帛画是用毛笔在绢帛上绘制而成，战国帛画开启了中国绘画材料运用的先河。它以线条为主要造型手段，在墨线勾勒的轮廓中加以色彩渲染，开始讲究气韵生动，这都标志着中国绘画民族风格的形成。

秦汉帛画在战国的基础上又有长足的进步，所画物象繁密复杂，线条纤细精巧，新涂的色彩也更为富丽。马王堆出土的西汉T形帛画，以线描为主骨，加以设色烘染，反映了传承战国帛画但技法更为成熟的特点。

魏晋南北朝时期，文人士大夫积极参与到绘画创作中，一种便于展玩的卷轴画开始流行，绘画逐渐成为独立的艺术门类。文人士大夫具有较高的文化艺术修养，加之这一时期学术思想活跃，儒、道、佛交汇融合，玄学勃兴、雅好山水、谈玄论道、品评人物、鉴赏诗画蔚成风气，这都有助于绘画艺术取得开创性的成就。

（二）人物画

人物画是以人物形象和人物活动为主体的绘画形式，简称“人物”：是中国画中出现较早的一大门类。

魏晋南北朝时期，顾恺之提出了“四体妍媸，本无阙少于妙处，传神写照，正在阿堵（眼睛）中”，标志着中国古代人物画从魏晋开始，已从表现外在美进入表现内在精神美的阶段。顾恺之流传至今的作品有《洛神赋图》《女史箴图》《列女仁智图》。《洛神赋图》，全画用笔细劲古朴，人物清瘦俊秀，被称为“秀骨清像”。

唐代是人物画创作的繁荣期，初唐阎立本尤以人物画和肖像画成就最高，代表作有《步辇图》和《历代帝王图》。他的绘画，写实性强，擅长用刚劲有力的线条，细致刻画人物的神态；盛唐吴道子的人物画，主要以寺观壁画、佛道人物、帝王功臣为主。其线条的运用转折顿挫、飞扬流动中见功力，所描绘的人物服饰，有“天衣飞扬，满壁风动”的效果，画史上有“吴带当风”之说。张萱和周昉都以仕女图著称，张萱流传至今的重要作品是《虢国夫人游春图》和《捣练图》，周昉的传世名作有《挥扇仕女图》《簪花仕女图》等，他们笔下的唐代妇女体态丰腴、面容姣好、风姿绰约，展现出盛唐妇女雍容华贵、生活闲定舒适的景象。

宋代的人物画在题材内容、风格手法和科目门类上呈现多样化趋势。代表画家有李公麟、张择端、梁楷、苏汉臣、李嵩等。北宋中后期的大画家李公麟，擅长用白描手法来表现人物的精神风貌和个性特征，如《维摩演教图》和《免胄图》就很好地诠释了这种手法。南宋画院的水墨写意人物画盛行，以梁楷为主要代表。两宋时期，人物画家们也创作出大量描绘民间风物和世俗人情的风俗作品。例如张择端的《清明上河图》，长 528.7 厘米、宽 24.8 厘米，是一幅表现北宋都城汴梁和汴河两岸繁华热闹景象的风俗长卷，是风俗画中最优秀的代表。

（三）山水画

中国山水画简称“山水”，是以山川、河流、湖泊等自然景观为主要描写对象的中国画。山水画起源于六朝，发展到隋唐已成为独立的画科，展子虔的《游春图》开创了中国青绿山水画一系。唐代主要有两种画法，一种以李思训和李昭道父子为代表的青绿设色山水画，被称为“丹青”，代表作有《江帆楼阁图》和《明皇幸蜀图》；另一种是以王维为代表的水墨山水画，技法上创立了“泼墨山水”的画法，即墨经加水形成深浅浓淡的层次，用以渲染山石的凹凸、高下和阴阳。

宋代山水画名家辈出。北宋前期李成独步画坛。李成长于“平远法”，用如烟的淡墨创造空漾缥缈的意境，咫尺之间有千里之势；北宋中期名家是郭熙，其代表作《早春图》，提出“三元”理论，即“自山下而仰山巅”的“高远”、“自山前而窥山后”的“深远”、“自近山而望元山”的“平远”；北宋中后期米芾、米友仁父子创立“米点山水”画派，即以墨点形成墨韵迷离的效果，最适合表现江南烟雨迷蒙的景致，传世的有米友仁的《潇湘奇观图》；南宋的李唐的《清溪渔隐图》采用局部特写的手法，删繁就简、笔墨刚劲，这种截景式构图和大斧劈皴的画法，代表了南宋山水画的新画风。

元代是中国古代山水画发展中的重要转折点，赵孟頫是元代山水画大家，他主张师法自然，提出“云山到处是吾师”的著名观点，并倡导“书画同源”，以书入画，诗、书、画、印结合，奠定了中国古代后期山水画注重笔墨情韵和文人意趣的基础，代表作有《鹊华秋色图》《水村图》等；元代后期，黄公望的《富春山居图》，其画构图简练，笔法丰富，墨与色融合，具有古雅高洁的艺术魅力。

明代山水画繁荣兴盛，戴进是浙派的主要开拓者，其后期画风由工整细腻变而为粗放简逸，笔法犀利顿挫，苍劲淋漓，开浙派山水画风之先声，代表作有《溪堂诗思图》《春山积翠图》。明代后期董其昌提出复古，将皴、擦、点、染等技法融为一体，刻画山水、树石、烟云等形象，柔中带刚，变幻多端，提出“南北宗论”，认为水墨文人画是“南宗”，青绿画工画是“北宗”，对后世画坛产生了巨大影响。

清初富于创新精神的山水画家是“清初四僧”，包括曾出家为僧的原济（石涛）朱耷（八大山人）、髡残（石溪）、渐江（弘仁）。他们在明亡后遁迹空门，艺术上不为旧法所囿，主张师法古人，重视写生，所画多为实景，利用改造的传统艺术抒写胸臆。

（四）花鸟画

在中国画中，以描绘花卉、飞鸟、虫鱼的画为花鸟画。

初唐、盛唐时期，人们利用花鸟画来装点宫殿、楼阁、床、榻、屏风等，使花鸟画成为社会的需求。唐代中晚期花鸟画题材广泛、风格多样、勾画精工，产生了一批以画花鸟出名的画家，如薛稷、边鸾、萧悦、刁光胤等。

五代，花鸟画迅速发展，趋向成熟，主要代表有黄筌、黄居寀、黄居宝父子，多画珍禽瑞鸟、奇花异石，使用工细的勾勒填彩画，赋色浓艳，呈现出富丽堂皇、华美绝妙的视觉效果，其画法对花鸟画坛产生了深远影响；徐熙专门画江南的野花、野竹、小鸟、鱼虫。其画法称为“落墨”，擅用粗笔墨，淡施颜色，当时徐铉称其画“落墨为格，杂彩副之，迹与色不相隐映”。

北宋院体画盛行，画史上称宫廷专职画家的作品为“院体画”，在造型上讲究工细规整，鲜艳富丽，形神兼备，主要代表有宋徽宗赵佶，他的画取景构图慧眼独具，风格多样，其《芙蓉锦鸡图》《柳鸦芦图》《竹禽图》都有很高的艺术价值。

元代，花鸟画多以梅兰竹菊为主要题材。这些独特意象，体现了文人崇尚淡泊高远、超拔不俗的个性特征，强化了绘画艺术的抒写宣泄特质。这时出现了许多名家，如李行、柯思、王冕等。同时，秉承宋代院体花鸟画法的钱选和王渊，创造了以墨代色的画风。

三、古代音乐艺术

“凡音之起，由人心生也。人心之动，物使之然也。感于物而动，故形于声，声相应，故生变。变成方，谓之音。比音而乐之，及干戚羽旄，谓之乐。”

《礼记·乐记》是我国古代一部具有比较完整体系的音乐著作，它的开头论述了音乐的产生。大家读一读，思考一下，在原始社会，我们的祖先还没有文字，音乐是如何产生的呢?

（一）中国音乐的起源

1. 感情说

《礼记·乐记》开头这段话的意思是音的产生是出于人类有能够产生思想感情的心。人的思想感情的变动，是受外界事物影响的结果。人受外界事物的影响，思想感情产生了变动后，就会用“声音”这一种形式表现出来。不同的声音彼此应和，产生了有规律的高低变化，就称作“乐音”。把这些乐音排列起来，配上乐器演奏，手持盾牌等兵器或者动物羽毛、牛尾跳舞，就形成了“音乐”。所以声音的产生是源于人内心的情感，人的喜怒哀乐会在音乐中表现出欢快、粗犷、急促、爽朗的感情。

2. 模仿说

《吕氏春秋》记载了一则传说："帝尧立，乃命质为乐。质乃效山林溪谷之音以作歌，乃以麋辂置缶而鼓之，乃拊击石，以象上帝玉磬之音，以致舞百兽。"这则传说故事说，尧帝即世，就命令大臣创作音乐。质就仿效山林溪谷的声音来作歌，就用麋鹿的皮革造鼓来敲击，就敲击石片，就模仿天帝玉石的声音，用来招引百兽舞蹈。这就告诉我们，起初的音乐还源于对自然音响的模仿。

3. 劳动说

对于音乐的起源，《吕氏春秋》另有一说："今举大木者，前呼舆謣，后亦应之。此其于举大木者善矣。"西汉时刘安等撰写的《淮南子》亦重复了这一说法："今举大本者，前呼'邪许'，亦应之。此举重动力之歌也。"《吕氏春秋》和《淮南子》所说的"舆謣"和"邪许"就是当时抬木头的人，前呼后应，发出的"嘿哟，嘿哟"的吆喝声，这不仅在古代有，在现代社会里也是很常见的现象，称作劳动号子。毫无疑问，音乐既可以统一劳动的节奏，又可以减轻人们劳动时的疲劳。

在原始社会里，人与动物的区别在于人类会使用生产工具进行劳动。我们的祖先在劳动中发出的呼喊，以及对劳动动作的不断重复，为音乐音调和节奏的产生创造了先决条件。从现在出土的我国新石器时代的乐器来看，比如石磬等乐器，本来就是由劳动工具演变而成的。因此，劳动作为音乐起源的一种因素，是决不可以忽视的。

对于中国音乐的起源，不论古人还是今人，都存在很多种说法，但无论哪种说法，由于距今太为久远，无法做出定论，都还仅仅是一种推测。在音乐的起源这一问题上，我们要从多元的角度多方面地去了解分析。

（二）中国古代音乐发展脉络

中国古代音乐伴随着中国古代历史不断发展，大致分为宫廷音乐、民间音乐、乐器三大部分。

宫廷音乐是指古代各中央王朝和各地方政权在朝廷仪式或宫廷内部演奏的音乐，有外朝乐，又称"雅乐"，为典礼性音乐；以及内庭乐，又称"燕乐"，是娱乐性音乐。据史书记载，周王朝建立以后，周公"制礼作乐"，"乐"是与"礼"互为表里的音乐歌舞和乐队编制，从而形成了礼乐制度。汉代，汉承秦制，设有官方音乐机构“太乐”“乐府”二署，汉乐府专门收集、创作、演出民间音乐。唐代，国力强盛，经济繁荣，各民族之间文化交流密切，宫廷音乐达到极盛局面，设有大乐署、鼓吹署、教坊、梨园等专门的音乐机构。皇帝还亲自挑选坐部伎子弟习演“丝竹之戏”，称为“梨园弟子”。唐朝以后，宫廷音乐逐渐没落。

民间音乐在古代称“俗乐”，是和宫廷音乐相对的概念，指流行在宫廷以外的，由包括知识分子在内的民众创作的音乐，其主要是民众集体创作，主要依靠口头传播，也有民众中某些个人创作，也有个别的类别辅以书面记录。民间音乐在宋元时期达到第一次高峰，在明清时期达到最高峰，主要表现在说唱音乐和戏曲音乐上。

中国传统乐器在古文献中多有记载。西周时期出现我国历史上最早的乐器科学分类法——八音分类法，依照乐器的不同制作材料，将它们分成了金、石、土、革、丝、木、匏、竹八大类。1978 年在湖北随县曾侯乙墓出土了的曾侯乙编钟改写了世界音乐史，是中国迄今发现数量最多、保存最好、音律最全、气势最宏伟的一套编钟，代表了中国先秦礼乐文明与青铜器铸造技术的最高成就。

（三）古代戏曲艺术

戏曲艺术是中国文学的重要组成部分。戏曲部分包含的精神、审美情趣、人格魅力、悲剧艺术等，作为文化的观念层面，构成某一种文化特色的价值体系。戏曲对于中国文化意义尤其重大，形成了中国文化的价值体系，最终铸成中国文化的诗性特征和人格魅力。

1. 传统戏曲的发展

中国传统戏曲是一门融合了多种艺术门类的综合性艺术。它的起源、形成和发展与歌舞和对白这两门艺术的融合发展息息相关。

中国戏曲的形成，从秦汉的俳优作为中国戏曲早期渊源起，中间经历汉代百戏，唐代参军戏，直至宋代南戏、元代杂剧，是这一门艺术由简单到复杂、由低级向高级的发展过程。其形成过程相当漫长，到了宋元时期正式形成，经历明清的不断发展成熟，历经 800 多年繁盛不败。

（1）明代四大声腔

明代，传统戏曲出现了海盐、余姚、弋阳、昆山四大声腔。海盐腔无曲谱传世，逐渐衰落。余姚腔盛行于浙江小部分地区，留存资料亦少。江西弋阳产生的弋阳腔，唱腔高亢激昂，故而到清代直接称为高腔。虽无曲谱，但表演时有锣鼓伴奏，三人唱而众人和，音调与方言结合紧密，生活气息浓郁。昆山腔，又名昆腔、昆曲，因源于江苏昆山而得名，最初只是当地的地方小戏。明嘉靖年间，魏良辅等人对昆山腔进行了较大的改革，使它一跃成为全国影响力最大的声腔剧种，“出乎三腔之上，雄踞剧坛之首”。改革后，在慢板中加入赠板，节奏慢了一倍，形成了婉转细腻、转音若丝的风格，因而又称“水磨调”。新昆山腔上演的第一个剧本是剧作家梁辰鱼的《浣纱记》，剧本上演后，受到了士大夫和市民阶层的热烈欢迎，该剧的上演也标志着昆曲的正式成熟。此后近两百年间，大量优秀作品产生，如明代汤显祖的“临川四梦”（又名“玉茗堂四梦”，分别是《牡丹亭》《紫钗记》《南柯记》《邯郸记》）、高濂的《玉簪记》、清代洪昇的《长生殿》、孔尚任的《桃花扇》等。

（2）京剧

皮黄腔是西皮腔与二黄腔相结合的产物。西皮腔与二黄腔的起源众说不一，它们原来都是各自独立的声腔，产生于不同地区，各有自己发展的过程，至乾隆年间方开始合流。皮黄腔的音乐，各有特点。西皮眼起板落、喜用切分节奏、la、mi 定弦，情绪常高亢跳跃；二黄板起板落、sol、re 定弦，情绪低回沉稳。

清代乾隆以后，安徽徽调和湖北汉调传入北京，以它们为基础，又融合京腔、昆曲等多种音乐，唱腔和表演技巧，逐渐形成具有独特民族风格的京剧。京剧唱腔以二黄调和西皮调为主，伴奏乐器有京胡、二胡、月琴、三弦、鼓、笛、锣、钹等。角色分生、旦、净、丑四行。京剧唱、做、念、打结合，动作虚拟化，表演程式化，融声乐、器乐、舞蹈、文学于一体，是多种艺术形式综合的结晶。京剧是皮黄系统中影响力最大、流传最广的剧种。

2. 戏曲名家

（1）京剧表演艺术家——四大名旦

京剧发展成熟后，分成了不同的流派。著名的分法，是根据 1927 年北京《顺天时根》举办的一次票选活动，选出梅兰芳、程砚秋、尚小云、荀慧生四人为“四大名旦”，京剧也就有了四大流派之说。

四大名旦中，梅兰芳擅长青衣，唱腔优美大方，代表作有《宇宙锋》《穆柱英挂帅》《贵妃醉酒》《霸王别姬 》《断桥》；程砚秋擅演青衣，唱腔幽咽、婉转多变，代表作有《青霜剑》《鸳鸯冢》《文姬归汉》《荒山泪》等；尚小云唱腔刚劲、嗓音宽亮，代表作有《昭君出塞》《二进宫》《祭塔》等。荀慧生多演天真、温柔的女子形象，代表作有《钗头凤》《红娘》《红楼二尤》《金玉奴》等。

“四大名旦”争奇斗艳的局面，不仅使旦角艺术焕发出空前的光彩，而且带动了其他行当，流派纷呈，京剧便成为了具有全国影响力的大剧种。

（2）昆曲表演艺术家——侯少奎

侯少奎，北方昆曲剧院国家一级演员。梨园世家，祖父侯益才，是著名昆曲演员。父亲侯永奎，京、昆剧表演艺术家，曾多次为毛泽东、李宗仁演出。侯少奎师承侯永奎、候炳武、傅德威、赵松想、王瑞芝等人，继承的剧目有《林冲夜奔》《单刀会》《千里送京娘》《麒麟阁》《倒铜旗》《闹昆场》《夜出》《武松打虎》《五人义》《钟馗嫁妹》《铁龙山》《四平山》《艳阳楼》等，在全国各地演出均受到内外行的好评。因其擅长勾脸戏，尤其关公戏扮相威风八面，动作表情肃穆凝重，极具儒将风度，故而享有“活关公”美誉。

四、古代舞蹈艺术

在2021年河南卫视春晚舞蹈节目《唐宫夜宴》中有这样一幅画面，“鬓云欲度香腮雪，衣香袂影是盛唐。”这段舞蹈以夜宴的乐师们为主角，展示了唐朝少女们从准备、整理妆容到夜宴演奏的过程。14名女舞蹈演员，用婀娜多姿、秀逸韵致的舞姿将大唐盛世的传统文化形象完美地呈现在舞台上。

（一）传统舞蹈的发展

最初的舞蹈与村民的狩猎生活以及宗教信仰密切相关。许多活动都是通过舞蹈进行的，其仪式性特征十分明显，并且与音乐、诗歌三位一体，密不可分。

《尚书·虞书·舜典》中有描述“击石拊石，百兽率舞”，指的就是远古先民装扮成各种野兽，在敲击石磬的乐手的率领下翩翩起舞，以此来欢庆狩猎的胜利。在内蒙古阴山脉狼山地区的岩画（图）中，舞者都有尾饰，这是“百兽率舞”的真实写照。

周代是中国乐舞文化的第一个高峰。周公将传说中的黄帝、尧、舜和夏、商、周三代的乐舞合为六部，并称成为“六代乐舞”（又称“六乐”或“六舞”），包括黄帝时期祭天的《云门》、尧帝时期祭地的《咸池》、舜帝时期祭四望的《大韶》、夏朝祭山川的《大夏》，商朝祭先祖的《大濩》和周朝祭先妣的《大武》。六代乐舞被后世儒家奉为雅乐最高典范。

秦汉是一个集大成的时代，着力对前代的乐舞加以整理、继承和发展，形成了以汉民族乐舞为主体，包括其他少数民族乐舞的中国乐舞传统，并制定了较系统的乐舞制度，宫廷设立了相应的乐舞机构，专门掌管乐舞礼仪事宜。魏晋南北朝时期最具代表性的乐舞《清商乐》是这个时期俗乐舞的总称。

到了唐代，由于经济繁荣，社会稳定，舞蹈艺术也发展到了鼎盛时期，出现了官府设置的乐舞机构，集中了大量技艺高超的乐舞伎人。唐代既继承前代乐舞，又接受了西域各民族乐舞的影响，旧乐新声，汉胡交融，促进了唐代乐舞的发展，最为著名的是《霓裳羽衣舞》，被誉为唐代舞蹈之冠。

宋代，民间舞蹈十分兴盛。每逢节日便有民间舞队在街头或是瓦舍、勾栏中演出。元代盛行蒙古舞，明清时期，戏曲舞蹈是戏曲重要的组成部分，除此之外，少数民族舞蹈也日渐丰富，流传至今的各民族舞蹈绝大部分在明清时期已定型成熟。

（二）传统舞蹈的种类

中国舞蹈种类繁多，多民族乐舞交汇融合是中国乐舞艺术的发展特点。其中最主要的类型是雅乐舞蹈、伎乐舞蹈、宗教舞蹈和民间舞蹈。

雅乐舞蹈的主要内容是六代乐舞，其音乐中正平和，歌词纯雅典正，舞蹈动作缓慢端庄。作为国家礼制，用于祭祀、庆典等活动，并对他们的演出仪制、祭祀对象、服饰道具等都有明确严格的规定。

伎乐舞蹈是一个很宽泛的概念，在古代社会中初雅乐舞蹈之外，种种由专业艺人表演的观赏性舞蹈都可以纳入伎乐舞蹈的范畴。如隋唐的八九十部乐、坐立部伎等。

宗教舞蹈源于原始社会的巫舞。《说文解字》中的“巫”字的原型。就是一个人两袖起舞的样子，取义为舞蹈沟通人与神。在唐代燕乐舞蹈中，还有一些带有佛教色彩或是直接来源于佛教的舞蹈。

民间舞蹈可分为汉族民间舞蹈和少数民族舞蹈两类。汉族民间舞蹈通常采用载歌载舞的形式，如秧歌、二人转等；少数民族的舞蹈更是各具本民族特色，呈现出鲜明的风格。

拓展阅读

湖南花鼓戏

湖南花鼓戏是湖南省各地花鼓戏流派的总称，由于流行地区不同而有长沙花鼓戏、岳阳花鼓戏、衡州花鼓戏、邵阳花鼓戏、常德花鼓戏、永州花鼓戏等六大流派之分，虽然由于各地语言、风俗的差异形成了各自不同的艺术风格。但六大花鼓戏流派采用的主奏乐器都是“花鼓大筒”，这也是各路花鼓流派均同属“湖南花鼓戏”的重要体现。

最著名的湖南花鼓戏当属常德花鼓戏《刘海砍樵》，1984 年春晚，湘籍歌唱家李谷一和相声演员姜昆的小品演出让它闻名全国。在常德武陵区的一些老人当中流传着刘海砍樵传说的“正宗版本”：古时候，常德城武陵区丝瓜井旁，住着刘海母子俩。刘母因思念亡夫，哭瞎了眼睛。刘海非常勤劳孝顺，天天上山砍柴，奉养老母。在刘海砍柴的大高山、小高山一带，住着一只多年修炼的狐狸精，她炼成宝珠一颗，含在口中可幻化人形。此时她已成半仙，若再修炼几百年，便可成仙上天。她非常敬佩刘海的为人，就起了思凡之心，取名胡秀英，执意要嫁给刘海。但是憨厚朴实的刘海，怕连累胡秀英受苦，几番推辞，后见胡秀英一片真心，才答应与胡秀英成亲。回到家后，刘海告诉母亲，母亲也很喜欢，同意了他们的婚事。刘海于是去位于城中心的鸡鹅巷置办东西结婚。鸡鹅巷旁边有个小庙，庙里有十八个罗汉。其中十罗汉带着一群弟子（金蟾）也在暗中修炼。他炼得一串金钱，也已成半仙，如能得到胡秀英的宝珠，就能即刻成仙升天。十罗汉见胡秀英和刘海成婚，遂起了歹心，他带领弟子抢走了胡秀英的宝珠。胡秀英失去宝珠就会现出原形，无奈之下只好把实情告诉了刘海。刘海知道后，没有怪胡秀英，他拿起家中砍柴的石斧去斗十罗汉，最终在斧头神和胡秀英众姐妹的帮助下，刘海打败了他们，拿到了宝珠。从此，他们过着男耕女织的幸福生活。

常德刘海砍樵的传说在北宋时已经成型，至清代中叶已形成了今天流传的刘海砍樵传说的主要版本。今天在常德还能找到传说中的丝瓜井，但是现井口石板风化剥落，井壁石砖残缺破损，井口四周杂草丛生。传说中刘海大战十罗汉的“刘海庙”也早已损毁。刘海砍樵传说在今天仍有深刻的现实意义，刘海和狐仙身上所体现出来的勤劳、正直、孝顺等美德和追求忠贞爱情、追求幸福生活的美好愿望，真实地表现了劳动人民向美向善的愿望。传说中的人物形象丰满、个性鲜明，堪称湖南民间口头文学的精品。刘海砍樵传说保存了一定历史阶段常德人民的生活状态和民俗民情，而它所表现的价值理念也将随着故事的流传而传承下去。

思考与探究

1. 在西方，音乐也是有很多种起源学说的，课后请同学们查询资料，分析比对中西方音乐起源学说，并说出你的看法。

2. 论述你印象最深刻的乐舞。

第七单元　中国传统节日

人们常用“像过节一样”形容美好日子。谁心中没有儿时过节的愉快情景呢？尤其是老人，许多往事已经如烟，而过节的温馨仍藏在心底，历久不灭。节日是生活长链中闪闪发光的珠宝，是记忆长空中远远闪烁的星光，它未必给人强烈的震撼，却深深嵌入生活、浸入情感，对人的精神和心理产生潜移默化却难以磨灭的影响。

中国传统节日是传承民族文化、寄托民族感情、体现民族认同感的舞台，是根植于民间的文化瑰宝，发挥涵养中华民族之根、弘扬民族之魂的作用。不同季节、不同特色的传统节日，对于焕发民族精神，增强民族向心力和凝聚力，建设文明社会具有十分重要的意义。

一、节日文化内涵

传统节日的起源和发展是一个逐渐形成、慢慢完善、默默渗入社会生活的过程，是一个民族或国家的历史文化长期积淀凝聚的过程。中国传统节日体系萌芽于先秦时期，成长于秦汉魏晋南北朝时期，定型于隋、唐、两宋时期。在这一漫长的历史演进过程中，节日体系一直是中国社会上下一体遵循的基本时间框架，协调着人与自然、人与神（鬼、祖先）、人与人的关系，它既为社会提供时间容器，也是塑造社会的时间模具。它依据的历法主要是阴历，也有阳历。中国人重视阴阳平衡、天人合一、顺其自然的哲学思想，欣赏柔美重团圆，美学和伦理观念都蕴含在中国独特的节日体系之中。节日作为将特殊名称、特殊时间、特殊空间、特殊活动、特殊体验与情感有机集合起来的社会安排，是人们生活的重要组成部分。节日文化内涵，是指节日所反映出来的精神和思想方面的内容，是节日的灵魂，而自然文化、社会历史文化和个人生命文化是我国传统节日文化的三个重要属性。

（一）自然文化

每个社会群体都会形成其时间轴，以作为个人生活作息和社会秩序确立的依据。有学者将中国传统社会的时间轴分为三种，分别是“日常时间”“节日时间”和“神诞时间”。在中国传统社会中，这三种时间轴平行发展，形成一套大致稳定的民间社会生活节奏。当然，这三种时间轴也不能绝对地区分开来，其中也有重复交织在一起的时间，例如中元节和浴佛节兼具“节日时间”和“神诞时间”，而清明节则兼具“日常时间”和“节日时间”。

“日常时间”主要是民众工作、生产活动的时间。宇宙自然是我国绝大多数传统节日的最初来源。早在殷商时代，我们的祖先就有了冬至和夏至的观念。成书于战国前的《尚书·尧典》，根据日影照射的长短变化，已经用日中、日永、宵中、日短四个节气，即后来的春分、夏至、秋分、冬至，将一年平均分割成了四个部分。后来不断丰富，农业社会时代的传统中国最终形成二十四个节气，这是一种依据北半球太阳运行而做出的时间制定，用以规范中国农业活动的有效运作。二十四节气是我们祖先对宇宙和自然运行规律的观察、掌握，并用来指导人们的生产生活。“节日时间”主要是以月亮运行的阴历时间为主，其主要用于指导民众休养生息、消费、狂欢等活动，如春节、端午、中秋等。“神诞时间”是传统民间社会因对神明的信仰与祭祀所需，发明出的重要的神明诞辰日，如民间善书、农历等都制定出一整年的“神诞表”，以供民众运用。

自然文化是我国传统节日文化更具有本质意义的维度，这个本质意义就是源于自然、回归自然、天人合一。在古代农耕社会，受外界干扰相对较小，人们更容易体会到节日的自然气息，更愿意去接受节日的自然文化。如我国二十四节气之一的清明，《岁时百问》云：“万物生长此时，皆清洁而明净，故谓之清明。”清明时节，我国大部分地区都呈现草木茂盛、天朗气清、生机勃发的景象，此时，气温升高，雨量增多，正是春耕春种的大好时节，故有“清明前后，种瓜点豆”“清明下种，谷雨栽秧”“清明谷雨紧相连，浸种春耕莫迟延”等农谚，足见清明节与农业生产的密切关系。

清明节也融合了上巳节的一些习俗。上巳节俗称“三月三”，它形成于春秋末期，开始日期是在农历三月上旬的巳日，魏晋以后固定在三月初三。上巳节的主要活动就是春嬉，即青年男女到野外踏青嬉戏。自汉代以后，上巳节逐渐变为了春游活动，文人墨客常在次日登游名山胜迹或临水饮宴，最有名的王羲之的《兰亭集序》就是为上巳节时文友诗侣欢聚兰亭、曲水流觞而写。此后，上巳节的踏青宴饮与清明扫墓后的春游娱乐逐渐合在一起，周密在《武林旧事》中惟妙惟肖地描绘出了一幅宋人清明踏青图，生动地反映了宋代踏青活动的盛况："清明前后十日，城中士女艳妆浓饰，金翠琛缡，接踵联肩，翩翩游赏，画船箫鼓，终日不绝。"在祭奠哀悼祖先之余，顺便在明媚的春光里饱览春色、愉悦身心。

发掘传统节日的内涵，首要的是从本源上追溯其自然文化维度，理解它如何配合着宇宙运行的节拍，追求与自然和谐一致，汲取天地自然之精华，于生命愉悦中得到精神升华。因此，我们研究中国传统节日的文化内涵，不能离开先民建构节日文化的自然和物质基础。即使是在高度现代化的今天，从自然文化的角度去探求节日的文化内涵依然十分重要。

（二）社会历史文化

仅仅从自然文化层面来解读中国传统节日的文化内涵是不够的，与节日有关的各种历史典故、传说、民间信仰、宗教仪式等都蕴含了中华民族的文化精神。大致说来，传统节日的社会历史文化属性包含两方面的内容：一是人们在自然节日的基础上，附加社会人文的特色，增添与节日有关的人物传说等；二是几乎所有传统节日的起源都与民间信仰有关，本身即具有神圣意味。在国外的人类学与社会学研究中，由于充分考虑到宗教信仰对社会生活的影响，将人们生存的时间空间划分成神圣与世俗的两重性质。正是神圣时间和世俗时间有规律的交替，才构成了一系列的节日生活，这也同样适用于中国的传统节日。传统节日的社会历史文化属性，反映了我国传统节日强烈的社会教化功能，而且随着社会的发展，节日原初的自然文化属性越来越被淡化，而被人们附加的社会历史文化属性却越来越受到重视和强调。

以端午节为例，它首先是一个神圣时间。端午节俗活动之一的"龙舟竞渡"，按《荆楚岁时记》的解释是"俗为屈原投汨罗日，伤其死所，故并命舟楫以拯之"。而按其古老渊源，乃是由于重五是恶日，于是人们以各种方式来驱疫逐晦，较有特色的节俗是湖北省黄石市于端午节举行的"西塞神舟会"，用纸扎彩船顺江而下送瘟神，这一习俗一直沿袭至今。其次，同其他中国传统节日一样，端午节有着浓厚的社会文化属性，是人们广泛参与欢度的重要节日。不仅因为它有着悠久的传承历史，更在于它在民众化、生活化的历史进程中，不断汲取、吸纳着中华民族不同时代、不同地区的文化元素，使其文化内涵不断地丰富、拓展，从而具有穿越历史时空的强大生命力。有学者指出端午节的最早渊源有三个：五月信仰及其相关习俗；夏至习俗；龙图腾民族的祭祀习俗和新年习俗。乌丙安在《中国民俗学》一书中指出：端午节本是围绕着“禳毒祛瘟进行的”，是一个典型的“祭祀节日”，但是在后来的发展过程中“扩大了它纪念屈原”的内容，使端午节增强了“纪念性”，同时它还兼具“游艺性质”，从而成为“综合性大节”。爱国爱民的忧患意识、团结协力的共进精神和应对灾害的生活智慧，形成了端午节在传统节日体系中最突出的文化特色。

中国古老的节日是按照天地时令的节律确定的，是农业文明的产物。古代人们把自己的行为和感情，注入这些具有不同于平日意义的日子，从而逐渐形成与人们的物质和精神生活息息相关的节日。中国传统节日形成阶段所遵循的自然节律，在后来的历史演化中，逐渐由其社会历史文化意义占据主导地位。传统节日的社会文化属性，尤其是在节日中纪念历史人物，功能意义非常重大，它承载着一个民族一个国家鲜活的历史与文化记忆，是价值观与信仰体系的具体体现，也是增强国家凝聚力的精神纽带。过节，是一个人参与公共空间的必由之路。传统节日历经民众的千百年实践，其社会文化内涵经历了逐渐丰富的过程，社会功能意义也不断被优化。作为时空关系中的人，在节日生活中得到了历时与共时关系的调适。这种调适是人与人的、人与自然的、人与社会的，也是人与自我的。因此，从社会属性上来看传统节日的内涵，节日不仅是时间的，更是社会与文化的。

（三）个人生命文化

个人生命文化，是传统节日文化里最令人心动的部分，也是最容易被淹没和忽视的部分。节日，其实质是个体生命的文化体验，这种体验首先是个体生命参与，领悟节日的自然文化和社会历史文化。传统节日是古代人们在社会生产活动中形成的，源于对自然秩序的遵循和崇拜，并在以后长期的发展过程中不断将自身生命意义寄托于其中，通过一系列的仪式、活动等表达出来，赋予特定时空内的生命以特定意义。传统节日在社会变迁中，不断被赋予新的生命意义和表达形式，对生命体间的秩序发挥着不同程度的影响。比如清明节的春游踏青、放风筝，在大自然中体验生命的畅快与快乐；端午节的龙舟竞渡，让人体悟到生命的奔放与豪迈；清明祭祖、端午祭屈原，则使个体生命在节日的社会历史文化中寻找到集体、民族、国家的价值认同和归宿。一方面，同一节日在不同地域或民族间具有多元性，人们根据自身生命体验赋予节日独有的寓意和形式；另一方面，不同地域或民族拥有自己独有的民族节日，并赋予其独特的生命寓意。因此，度过这些传统节日，或者体验这些不同的节日，实际上是个体体验生命多元性的过程。需要注意的是，这种多元并非混乱无序的多元，其内部统一存在于对生命的敬畏、尊重和人文关怀，体现了对生命之善的追求，体现了生命的勃勃生机。当我们在过某些传统节日时，身心虔诚地投入一系列的仪式活动中，以真诚的态度面对其中所涉及的生命要素，才能真切体会到传统节日中所蕴含的生命真谛，发现自身生命的终极价值和意义。但是，中国传统节日多是在农耕渔猎社会中形成的，在现代社会方式面前，不可避免地会遇到生活方式变迁所带来的挑战。高丙中在《圣诞节与中国的节日框架》中认为：在中国的节日框架中，传统节日大都是以先赋性的社会关系为基础，它们首先以血缘群体，其次以地域群体为依……另一方面，现代的官方节日基本上都是政治节日。这个框架缺乏为个人后天建立的社会关系提供社交机会的节日。在现代社会，随着个人后天的关系（如同学、同事、朋友、师生以及其他对个人生活和工作具有重要性的熟人）在整个社会关系中的重要性逐渐提高，对补充这种功能的节日需求就会越来越强……正是在这种背景下，才会有情人节、圣诞节的流行……传统节日和现代节日的因素经常或者是并存的，或者是交融的，传统类型的节日设置有现代性因素，现代类型的节日设置有传统性因素。因此，节日框架的重构不是一个用现代因素完全彻底地取代传统因素的单纯问题，而是一个复杂的问题，它既有确立现代因素的一面，也包括保留传统因素并使用现代因素和传统因素各居其位、各得其所的一面。

基于此，传统节日在现代社会所面临的挑战，充分体现了文化的时代冲突，除开民俗学界，一部分教育学者也开始关注传统节日的个人生命体验的意义，并从学生群体展开传统节日的生命教育价值。李保强提出了传统节日的生命教育路径：第一，充分运用各种教育渠道彰显传统节日的生命内涵。如通过传统节日的礼仪活动、物质表现、文艺作品等充分感受人与自然、他人、社会之间的生命关系；通过制作特定的节日纪念物品，来感受来自生命深处的人性呼唤；通过各种与特定节日相关的诗词歌赋、音乐等文艺作品，来体验生命中的各种要素及其时代张力等。第二，注重对传统节日生命特质的日常性生活体验。第三，努力使个体与传统节日的生命特质进行全方位深度沟通。第四，对传统节日的生命特质加以时代性的阐释和运用。

综上所述，长期以来，学者们比较关注对中国传统节日社会历史文化意义的研究，而自然文化尤其是个体生命文化属性较少被学者们论及。同时，中国的文化传统和民族性格也决定了其个体生命体验方式，不会像西方社会那样注重外在的狂欢，而是追求内在的心灵愉悦的体验。当然，随着时代的发展，这两种情况都会有所改变，但无论如何，只有重视传统节日的文化品格，发掘其多层次的文化属性与文化表达，从自然文化、社会历史文化和个人生命文化全方位将传统节日发扬光大，才能真正使之成为我们的精神文化遗产。

二、主要传统节日

司马迁在《史记·太史公自序》中说："夫春生、夏长、秋收、冬藏，此天道之大经也。"程颐把"元亨利贞"相对于春夏秋冬，他说："元者万物之始，亨者万物之长，利者万物之遂，贞者万物之成。"参合以上，我们把天人合一在一年四季的特征概括为：春生、夏长、秋收、冬成。这也恰可比拟为个体生命一生的途程。

四时各有当令节庆、合令节俗。例如：新年迎春，元宵节是过年的压轴大戏，狂欢热闹后就投入新的劳作。清明时节生机勃发春意盎然，在春播春种之时感恩先人和大自然母亲、生身母亲赐予生命和生机。端午迎夏，生命加速成长繁茂，百虫也滋生，及时辟灾驱疫、卫生健身。夏末七夕节银汉秋光，瓜果成熟在望，爱情和婚姻也充满期望。中秋节秋收有成，祈愿人月两圆共享成就。九九重阳，阳极将转阴，惜秋敬老，感恩父祖辈和师长。入冬冬闲，以过年为中心安享一年劳动成果，并积储能量迎接新年新春。

（一）清明节

清明是二十四节气之一，是在春分后的15天。二十四节气是考察太阳视运动而定的，与阳历的关系相对稳定，所以每年清明总在阳历4月4日或5日。这个时候冬去春来，气温变暖，大地复苏，正是春耕春种的时节。我国传统的清明节大约始于周代，由于清明的前两天要禁火，只能冷食，故谓之寒食。古代先民因季节不同而用不同的树木取火，"春取榆柳之火，夏取枣杏之火"，换季改火时要禁火寒食。扫墓和寒食，两者日子接近，渐渐地两节合二为一。到了唐代又吸收了上巳节，上巳节是农历三月三，至今三月三仍是西南许多少数民族的隆重节日，与水相关，杜甫的《丽人行》一开头就写“三月三日天气新，长安水边多丽人。”当时的曲江池畔仕女云集热闹非常。三月三临近清明，也就是在唐代，完成了与清明、寒食的融合，从而作为节日形态确定下来，一直沿袭至今。在二十四节气中，只有清明被民间演变为传统节日。从节气演变为节日，将自然与人生结合，体现了中国传统的天人合一观念。春天本是万物复苏、生机勃发的季节，这种生生不息的精神融入传统文化，并通过这种形式确定下来，成为中国传统文化的有机组成部分。

清明节的习俗丰富有趣，主要有以下一系列活动：

1. 扫墓祭祖

清明节是我国传统节日，也是最重要的祭祀节日，是祭祖和扫墓的日子。中国祭祀祖先的历史由来已久，早在上古时期就有帝王、诸侯祭祀宗庙的仪式，到春秋时期孔子的墓祭，这些都属于贵族所特有的。到了秦汉以后，贵族制度没落，才有一般民众到祖先坟墓去祭祀的习俗。届时，家无贫贱富贵，都以祭祖、上坟、扫墓为要事，有的甚至跨洋渡海返回故里祭祖，借此表达对先人的敬意和怀念。《晋书·礼志》中有“古无墓祭之礼。汉承秦，皆有园寝”的记载，这个风俗历经两千年而不衰，体现了中国传统文化的“饮水思源，慎终追远”。

扫墓大致有如下内容：一是为死者烧香三炷，摆放水果等供品，烧纸钱，鸣鞭炮。纸钱是一种特制的钱币，叫冥币，意思是送给死者在阴间使用的钱，又称光明钱、往生钱。除了烧纸钱外，还流行一种压钱的习俗，就是把纸钱压在坟墓的四角和坟顶。然后扫墓者在香火袅袅中向死者祭奠，晚辈一般要行跪拜大礼。二是在祭奠完毕后要整修坟墓，给坟墓培土、除草。民间信仰认为，坟地是死者的世界，他们在那里进行生产劳动，衣食住行，无一不有，而墓穴就是死者的房屋，房屋长年日晒雨淋，会有破旧开裂的地方，所以生者要为死者把房屋修好。更为重要的是，祖先如果在坟墓里住得安稳，其子孙后代才会繁荣兴旺。祖先的墓地联结着今天的生命和情感，正因为这样，古代十分重视祭祖扫墓。

过去，清明主要是为亲友扫墓。进入现代社会以来，清明扫墓被赋予了新的内容，比如缅怀先烈和为国捐躯的英雄人物。有些学校在清明节前后就组织学生们到革命烈士的墓地扫墓，同时进行一次英雄主义和爱国主义教育。而有一些人就对清明节的新风俗提出了具体建议，他们认为，长期以来，清明节祭奠的主要对象是离世的亲人和祖宗。随着革命传统教育的开展，祭奠的对象应扩展到革命先烈，借清明节祭扫烈士陵园。对祖宗的家族性私祭应发展到对中华民族共同祖先黄帝、炎帝的群体性公祭。祖国的大小城乡遍布英杰的足迹，清明节时组织青少年到陵园或墓地扫墓，到英杰人物的纪念碑、纪念馆、故居、遗迹瞻仰献花，举行入队、入团、成年礼等仪式，这是非常生动具体的爱国主义和民族精神教育，也是凝聚全世界中华儿女的文化举措。

2. 荡秋千

“秋千”这两个字的意思是揪着皮绳而迁移。荡秋千的历史同样很古老，最早叫千秋，后为了避忌讳，改为秋千。据说荡秋千最早是一种北方少数民族的游戏，目的是培养人们的灵巧性。春秋时期的齐桓公就把这种游戏带到了中原大地。云南的拉祜族则流传着一个更为神奇的秋千传说。说是从前每逢过年，人们就要把猪吊在木架上宰杀。猪为此愤愤不平，就跑到天神那里去告状，说不能光把猪吊在木架上，应该把人也吊在木架上，让人也尝尝吊在木架上的滋味。天神觉得猪的申诉合情合理，就下令每年人类也必须有一次把自己吊在木架上。人类不敢违抗天神的旨意，可是又不想把自己像猪一样吊在木架上。一个聪明人就想出了一个好办法，他在广场上竖起一个木架，用两根绳索吊起一块木板，让人站在木板上面。天神派员来检查，觉得人已经执行了命令，就回去禀告天神了。这样一来，人既没有违抗天神的旨意，又没有失去人的尊严，于是高兴地站在木板上荡了起来。从此，人类就有了荡秋千的习俗。

古时的秋千多用树丫枝为架，再拴上彩带做成。后来逐步发展为用两根绳索加上踏板的秋千。唐代的时候，荡秋千十分盛行，特别是在清明节期间，以荡秋千取乐。荡秋千也是唐代年轻女性喜爱玩的一项活动。唐代诗人韦庄就描写了姑娘们在清明节时荡秋千的情景：“满街杨柳绿丝烟，画出清明二月天。好似隔帘红杏里，女郎缭乱送秋千。”唐朝皇帝唐玄宗是一个沉溺于玩乐的皇帝，自然也爱荡秋千，每到清明节，他就要在皇宫里竖起许多秋千架，当他看到宫女们在秋千架上凌空起舞，宛如仙女从天而降时，就把荡秋千称之为“半仙之战”，意思是说，荡秋千荡到半空中，有如神仙似的飘荡快活。到了北宋，还出现了水上秋千，即从秋千上翻身跳水。荡秋千不仅可以增进健康，而且可以培养勇敢的精神，至今为人们特别是儿童所喜爱。清明节这天，男女老幼，身着新衣在杨树下，或在街前广场，立木为架，上架横木，下悬二绳，绳下横系一板，人在板上可坐可立，手握两绳可前后上下飘荡，极富乐趣。

荡秋千之所以深受人们喜爱，因为它不仅是一种情趣盎然的游戏，而且是一项强身健体的体育活动。现代科学认为，常荡秋千对增进人体五脏六腑以及肌肉、骨骼等器官的生理机能，提高免疫功能都具有显著作用，可收到健脑益智、灵活四肢、畅通气血之功。况且荡秋千大都在郊野或公园里进行，人们沐浴着和煦的阳光，呼吸着清新的空气，更为心旷神怡，难怪民间有“打一回秋千，平安三百六十天”之说。

3．插柳

清明前后，春阳照临，春雨飞洒，种植树苗成活率高，成长快。因此，自古以来，我国就有清明植树的习惯。有人还把清明节叫作“植树节”，植树风俗一直流传至今。清明对农业生产来说是一个很重要的节气，清明正是春天来到的时候，气温逐渐升高，大地复苏，万物生长，它提醒人们，现在是春耕春种的大好时光。古人非常喜爱这个节气，也非常重视这个节气，在这样一个“清洁而明净”的时刻，人们的心情也会明快起来，大家争先恐后地忙碌起各种农业生产。

清明节植树也与清明节期间插柳的习俗有关系。清明节插柳是为了纪念“教民稼穑”的农事祖师神农氏的。因为柳树极易成活，只要截取一段枝条栽在任何土壤里，浇点水就能生根发芽。所以自古以来，人们常在门前、庭院路边和荒地栽植柳树。俗话说：“有心栽花花不发，无心插柳柳成荫。”柳条插土就活，插到哪里，活到哪里，年年插柳，处处成荫。清代光绪年间，左宗棠以钦差大臣的身份督办新疆军务，车辆载着军火、物资，从潼关西进，这时是大漠孤烟，一片荒凉的景象，左宗棠就率领他的部下一边修路一边向西推进。他不仅修一条宽宽的道路，还在道路两旁栽植柳树，少的栽一到两行，多的栽四到五行，形成一条柳树林带，这条林带长达600里。这就是被后人称道的“左公柳”。当时还有人写诗赞颂道：“大将筹边尚未还，湖湘子弟满天山。新栽杨柳三千里，引得春风度玉关。”

柳树是清明节的一种节日象征。无论是清明扫墓还是清明踏青，我们都会走到野外。三月的大自然刚刚吐出新绿，而那一株株柳树最是引人注目，婀娜的柳枝在风中摇曳，满树嫩绿的柳芽就像一笼绿色的轻雾，因此，人们也就乐于把心情寄托在生机勃勃的柳树上面。

古人踏青的时候，人们坐的轿子和马车都会插着柳枝，妇女的头上和儿童的衣服上也会插着柳枝。清明节不仅是踏青时要插柳，人们到了这一天还有折柳的习俗，或是把柳条编成圈戴在头上，或是把柳枝插在房前屋后，或是将柳枝插在先人的坟头。另外，有的地方还把柳芽掺入面食里，做成柳芽饼吃。唐朝末年黄巢揭竿起义，议定以清明这一天为起义日期，起义军以戴柳条为标志。当时就流行两句谚语："清明不戴柳，死后变黄狗""清明不带柳，死在黄巢手"。总之，柳枝从此就与清明有着千丝万缕的联系。柳条依依，绵绵之中有无尽的思念，也有生生不息的象征。柳虽属平常之树，却有极强的生命力，落地便可生根，春风一吹，便绿上枝头。清明折柳，大抵是有些积极意味的。所以古人说："清明不戴柳，红颜成皓首"。意思是说，若在清明的时候不戴柳的话，年轻人就会一下子变成白发老人。

在长久的历史演变中，清明柳承载了越来越多的文化意义，人们常常借柳表达自己的情感。所以，柳枝常常被古代诗人们写进作品中。古人特别还有"折柳赠别"的风俗：汉代的京城长安，出城有一座灞桥，桥两岸堤长十里，一步一柳，由长安东去的人多到此地惜别，折柳枝赠别亲人，因"柳"与"留"谐音，以表示挽留之意。杨柳是春天的标志，在春天中摇曳的杨柳，总是给人以欣欣向荣之感。"折柳赠别"就蕴含着"春常在"的祝愿。古人送行折柳相送，也寓意亲人离别去乡正如离枝的柳条，希望他到新的地方，能很快地生根发芽，好像柳枝之随处可活，是一种对友人的美好祝愿。

4. 踏青郊游

清明节，又叫踏青节。踏青是古代文人对野外郊游的一种典雅的表达方式。春天来了，野外的土地都长出了青青的小草，人们来到郊外，踏着青青的小草，欣赏美好的春光。你看，"踏青"二字是多么形象。清明在阳历每年的4月4日至6日之间，这个时节，寒冷逐渐远去，春光明媚，草木吐绿，人们整个冬季窝在屋子里躲避寒冷，已经憋屈得很了，早就想出来呼吸呼吸清新的空气，而清明时节正是出去的好时候，所以古人有清明踏青的习俗。现在，我们不说踏青了，用了一个新词——春游。春季郊野，万木吐翠，芳草茵茵，百鸟争鸣，阳光和煦，空气清新，置身于这如诗如画的环境中，能使人心胸开阔，疲劳消除，精神振奋，还能促进细胞的新陈代谢，改善血液循环，增加腰腿肌肉的活动，加强心肺功能，可降低血脂、血压，防治心血管病，因而，春游具有特殊的保健作用。

人类最早就是与大自然融为一体的，与野外的绿色有一种天然的亲近感。后来人类创造了文明，能够自己造屋子，屋子能够抵御冬天的寒冷，但只要春暖花开，人们就到野外去活动，因为人们的生产和生活都与野外有密切的关系。中国人的祖先最早形成的踏青的习俗并不是在清明节，而是在清明前的三月三，古人称之为上巳节。上巳节主要是祈求人类繁衍。到了上巳节，人们纷纷从家中走出，集体祭祀主管婚姻和生育的神灵，这时候也是男女相会求偶的时刻，往往两个氏族之间就是在上巳节这一天在野外相聚，互相对歌跳舞，彼此沟通感情。于是去郊外踏青，又称踏春、游春、寻春。清明节这一天，男女老幼携手到郊外散步，领略风和日丽、鸟语花香的好光景。他们或采摘花草，或洗浴春水，或吟诗放歌，或饮酒猜拳，或开展踢球、荡秋千、放风筝、拔河等体育活动。女人们尤其是年轻女性，在清明节这一天应该是最为高兴的，因为女子平时被束缚在家，得按照三从四德的要求言行小心谨慎，但到了清明节，她们可以穿上艳丽的服装出来踏青，观赏大自然的美丽，尽情地玩耍。

5. 放风筝

春天来了，春风习习，这是放风筝的最佳季节。因此，人们在清明节时愿意外出放风筝。风筝，是中华民族向西方国家传播的科学发明之一，它同我国古代“四大发明”一样，曾为人类的科学事业做出重要贡献，已被英国学者李约瑟编入《中国科学技术史》。追寻风筝的起源，可上溯到两千多年前的春秋战国时期，由于战争的需要，古人以鸟为形，以木为料，制成可在空中飞行的“木鸢”。《韩非子》记载，大约在公元前400年，思想家墨子就做过“木鸢”。墨子是木匠出身，传说鲁班就是他的学生。《墨子·鲁问》中有这样的记载：“公输子（即鲁班）削竹木以为鹊，成而飞之，三日不下”，《淮南子·齐俗训》也记载：“鲁班、墨子，以木为鸢而飞之”，可见其做的“木鸢”是最早的风筝。放风筝是清明节的习俗，在我国，“放风筝”游戏据史书记载始于五代。

“木鸢”产生于战争之中，用于战争之需，它随着我国丝织业和造纸术的发明，不断演变、发展。相传，公元前203～公元前202年，在楚汉相争对峙的最后阶段，汉兵先包围楚营，汉将张良借大雾迷蒙之机，从南山之隐放起丝制的大风鸢，并让吹箫童子卧伏其上，吹奏楚歌，同时命汉军在四面唱起楚歌，使楚营官兵思乡心切，不战而散。楚王项羽也自刎于乌江边，至今留下张良“吹散楚王八千子弟兵”的传说。据

《诚斋杂记》载：韩信准备谋反时“约陈稀从中起，乃作纸鸢放之，以量未央宫远近，欲穿地入宫中”。《独异志》载：“梁武帝太清三年（公元549年），侯景围台城，简文缚纸鸢，飞空告急，搬取救兵解围。”西汉时期，木鸢改用竹子和丝绸来制作，后又改用纸张。因此，“木鸢”也改名叫“纸鸢”。在我国古代，风鸢一直是战争时通讯和侦探的重要工具，并能带上“火药”用作战争进攻的武器。唐朝建立后，社会很快走向安定和繁荣，也是我国古代文化经济全面发展的时期。社会的安定、文化经济的发展，带来了中国传统节日的盛行，而节日的盛行又促进了各种文化娱乐活动的发展。作为一直被用于军事上的纸鸢，随着传统节日清明的兴起，用途上有了新的转折，开始向民间娱乐型转化。在这时期，儿童放纸鸢开始在民间流行，唐代诗人唐采在《纸鸢赋》中记载：“代有游童，乐事末工。饰素纸以成鸟，像飞鸢之戾空；翻兮将度振沙之鹭，杳兮空光渐陆之鸿，抑之则有限，纵之则无穷，动息乎丝纶之际，行藏乎掌挥中。”此时纸鸢的制作技艺、放飞效果已有较高的水平，人们“以纸为风鸢”，可放到“高百余丈”的天空中去（见《唐书》）。谈到唐时期的风筝，有必要提一下有关唐代诗人所写的关于风筝的诗，如唐代诗人高骈的《风筝》：“夜静弦声响碧空，宫商信任往来风。依稀似曲才堪听，又被移将别调中。”风筝因此真正被命名，据《询刍录》记载：“风筝，即‘纸鸢’，又名‘风鸢’。”

风筝作为一种民间工艺品，形成了各种流派，主要有天津的“风筝魏”、北京的“风筝哈”、江南的“蝴蝶风筝”和潍坊的龙头蜈蚣风筝四大流派。“风筝魏”的创始人叫魏元泰。1914年，他制作的14只风筝参加巴拿马博览会，获得了金奖。“风筝魏”的特点是采用中国古建筑重彩“退晕”绘法，创出了独家技艺——折叠式。“风筝哈”的创始人是哈国梁。这个流派的特点是以花草虫鱼为主，摹绘图案。江南的“蝴蝶风筝”奇巧百出，最有代表性的是一种叫“荡鹞灯”的风筝，风筝上挂着许多鹞灯，多的数十只，少的也有五六只，夜晚的时候，将风筝上的鹞灯点亮，再放飞到天上，“鹞灯”在夜空中飘曳，如明星闪烁，分外好看。潍坊的龙头蜈蚣风筝则是以龙头风筝和蜈蚣风筝为代表。

人从哪里来又到哪去？这是人类永恒的悬疑，这是潜藏心底的人性本能的疑问。清明时节站在已逝亲人墓前的时候这问题就油然浮现：原先那么亲近的活泼的生命到哪儿去了？抚摸亲人墓碑，犹如抚摸亲人的躯体、灵魂，感受“生死两茫茫”的悲怆，感念生我育我的恩泽，在生死的感悟中，灵魂震颤，受到洗礼和净化，同时让人们停下行色匆匆的人生脚步，伫立面对死亡，思考人生的价值和生命的意义。清明节没有元宵节的喧闹，没有端午节的红火，清明节需要沉下心来，从中倾心领悟生命的意蕴和真谛。自己纪念先人，也希望后人纪念自己。当自己的生命画上句号，将留下什么值得后人纪念?

清明节集中体现了中华民族的生命精神，是最富有生命意识的中华传统节日。清明节也是缅怀革命先烈、民族英雄和杰出历史人物的节日，他们彰显了生命的崇高价值。清明节还可以组织青少年到英杰陵园、墓地、纪念碑、纪念馆、故居、遗迹瞻仰，进行人生观教育和中华文化精神熏陶。

(二) 端午节

农历五月初五，是我国民间传统节日——端午节。此节又称端阳、重五、端五、重午、天中、天长、女儿节等。《太平御览(卷31)》引《风土记》:“仲夏端午。端，初也。”故端五即初五。又因农历以地支纪月，正月建寅，五月为午，故称端午。端午节的来历说法颇多，主要有四种:

一是起源于纪念屈原。其中又包括南朝梁人吴均《续齐谐记》所载粽子起源说和梁人宗懔《荆楚岁时记》载龙舟竞渡说两种。

二是被认为是龙的节日。其说见于闻一多《端午考》，学术界多沿用此说。

三是起源于恶日。依据是《风俗通义》《后汉书》等“不举五月子”的记载。

四是源于夏至。依据是《后汉书·礼仪志》载汉代此日用“朱索、五色印为门户饰”，乃兼用夏商周有关夏至的一些习俗，直至唐代韩鄂《岁华纪丽》，对端午节的解释仍是“日叶正阳，时当中夏”，而唯在夏至太阳才会完全合于正阳之位。

端午节的民俗活动主要有以下几种:

1. 吃粽子

粽子古称“角黍”，以有尖角和黍米煮成而得名。《本草纲目》中描述说:“古人以菰芦叶裹黍米煮成，尖角，如棕榈叶心之形，故曰粽，曰角黍。近世多用糯米矣。”关于此节食粽，影响最大的说法是纪念屈原。吴均《续齐谐记》中记载:“屈原五月五日投汨罗江而死，楚人哀之，每至此日，以竹筒贮米投水祭之。”同时该书还记载了一个故事，说汉建武年间，长沙有个叫区曲者，一日见到一个自称三闾大夫屈原的人对他说："君当见祭，甚善。但常所遗，苦为蛟龙所窃。今若所惠，可以楝树叶塞其上，以五彩丝缚之，此二物蛟龙所惮也。"（又云屈原妻为之，见《汉唐方志辑佚》）区曲要求大家照办。后来"世人作粽并带五色丝及楝叶，皆汨罗之遗风也"。对此，不少人著文怀疑。如近人黄石在《端午礼俗考》中说：此种说法只能作为"茶余酒后谈资，据作考证则大谬"。在东汉时，粽子只是普通食品。应劭在《风俗通义》中说："俗以菰叶裹黍米，以淳浓灰汁煮之令烂熟，于五月五日及夏至尝之"，只字未提屈原之事。宗懔在《荆楚岁时记》中说："夏至节日食粽，周处谓为角黍，人并以新竹为筒粽"，其中也未提到屈原。可见此说并不可靠。只因对屈原的爱戴与怀念，为广大人民所乐意接受。

2. 系五彩丝

吴均的《续齐谐记》中有"以五彩丝缚之"。五彩丝又名"花花绳"，是用红、黄、蓝、白、黑五色丝镯套在儿童手腕、腿腕和脖子上（也缚粽子）。据称这样可驱邪免疾、命长如缕，故又称"长命缕""续命缕""辟兵缯"等。五彩丝从汉代朱索而来。《续汉书·礼仪志》中说："朱索五色桃印为门户饰，以止恶气。"此即后来的五色彩缯。汉代盛行五行说，五色中黄色代表中央，余四色代表四方，五色、五方都具有神秘色彩。此不管是"为蛟龙所惮"，抑或"以止恶气"，都具厌禳、驱邪、避瘟之意。

3. 悬艾叶、菖蒲

在此日日出前，人们往往成群结队到野外采艾，带回悬在门上，称为"插艾"。较早记述此俗者为《荆楚岁时记》，云"荆楚人以五月五日并蹋百草，采艾以为人（形），悬门户上以禳毒气。"另外有一民间传说，说唐僖宗时期黄巢造反，官府一面派人镇压，一面造谣惑众。一日义军打到河南邓州，黄巢到城边察看地形，见外逃妇孺中有一妇女，手拉个两三岁的男孩，怀里却抱个五六岁的男孩。问之则曰："县衙今换门传令说，黄巢要来血洗邓州，大家快逃吧！"再问为何手拉小的而怀抱大的，妇女答曰："抱的这个小孩，父母皆死，只留下这根独苗，手拉的是我亲生儿子，万一黄巢追来，我宁肯丢掉亲生的孩子，也要留下邻居的根苗。"黄巢听了很是感动，对她说："我黄巢专和官家作对。你爱邻居的孩子，我爱天下的百姓。"说着顺手拨了棵艾苗，对她说："有艾不杀。大嫂，你快快回城，暗中传话，让穷人门上都插上艾，有这个记号，保管不会伤害。"妇人回城照办。次天正是端午，义军攻下邓州，杀了县官，开仓分粮，万民欢呼。从此端午节插艾的风俗便流传了下来。客观地说，悬艾的缘起还是《荆楚岁时记》较合实际，而后者是后人附会的，说明在此习俗上注入了人们自己的爱憎。艾又叫白艾、家艾、艾蒿、五月艾，是一种菊科多年生草本药用植物，中医以艾入药，有暖子宫、祛寒湿的功能。将艾拧绳晒干，点燃后可驱蚊蝇，艾叶则为针灸材料。故悬艾与实际功用有关，具有一定科学道理。五月初值初夏，多雨潮湿，菌繁殖快，人易染病，悬挂艾叶与菖蒲于门前，可借其气味驱除邪气，消去病毒。

4.“驱五毒”与“饮雄黄酒”

民谚云“端午节，天气热，五毒醒，不安宁”，故把蛇、蝎、蜈蚣、壁虎、蛙或蜘蛛叫作“五毒”（其实有益虫可做良药）。到端午节人们便用彩纸剪成“五毒”图像，贴在门窗、炕上，或系在儿童臂上，以避诸毒；有的还剪成装着五毒的葫芦图像，以示镇住“五毒”；有的地区则把五毒串成长串，在上端系上白艾、菖蒲之类，在下端穿上三瓣大蒜组成藕形，前者表示刀、剑将其斩除，大蒜则表示锁，将其锁住杀死。同时还把它们挂在门前显眼的地方，称作“悬端午景”。此即“驱五毒”。

另外，我国大部分地区还有端午饮雄黄酒的习俗。雄黄又名鸡冠，是一种矿物质，也是一种常用的中药，其成分有硫化砷，剧毒，对各种皮肤真菌和金色葡萄球菌、变形杆菌等有抑制作用。雄黄酒，用菖蒲根和雄黄泡成，自五月初一便放在太阳下晒起来，至端午佳节家人团聚喝此酒，既表祝贺，又可健身。此外，大人还用来给小孩擦鼻子、耳朵，或在面额画个“五”字，也具健身作用和驱邪的意思。明代刘侗、于奕正之《帝京景物略》：“五月一日至五日，……涂耳鼻以雄黄，曰：‘避虫毒’。”有的人把雄黄酒洒在地上，也认为有消毒的作用，故俗谚称：“饮了雄黄酒，百病都远走。”

5. 赛龙舟

赛龙舟是端午节的一项重要活动。它最早是古越族人祭水神或龙神的一种祭祀活动，现已成为中国民间传统水上体育娱乐项目之一，龙舟是端午节竞渡用的龙形船。赛龙舟是发源于中国，盛行于东亚、东南亚地区的民间活动。龙舟是船上面着龙的形状或做成龙的形状的船。赛龙舟是中国民间传统水上体育娱乐项目，以多人集体划桨竞赛，最早兴起于汉代，多是在喜庆节日举行。赛龙舟不仅是一项体育娱乐活动，更体现出我国悠久历史文化的继承性和人们的集体主义精神。

提起龙舟的起源，人们自然会想起纪念屈原，其实，龙舟作为一种文化，它的出现比屈原所处的年代要早得多。据专家考证，进行龙舟竞渡的先决条件必须是在产稻米和多河港的地区，这正是我国南方地区的特色。古代典籍中有关龙舟起源的记载最早出现在东汉。据此可以推测，端午的习俗最初可能只在长江下游吴越民族中流行，后来吴越文化逐渐和中原文化交流融合，这种习俗才传到长江上游和北方地区。赛龙舟是一项民间传统体育竞技活动，除了能够增强人们的体质、强身健体，还丰富了群众的文体生活。赛龙舟活动具有很强的社会凝聚力，能够增进群众团结友爱。互帮互助、共同拼搏奋进的团队精神，营造安定祥和的氛围，对构建和谐社会和保护优秀民族民间传统文化都起着至关重要的作用。

中国传统节日是在天人合一的主导观念中氤氲化育成的。端午临近夏至，夏至是一年中白天最长之日，这日阳气最旺，其时生命万物的生长成长最快，但阳极会伤人，需要避毒。《齐记·月令》说："仲夏，阴阳争，死生分，君子斋戒。"这是自然节律的节点，也应是人生节律的节点。仲夏天气日益湿热，又值汛期，害虫和细菌繁殖快，疫病易生，所以人们需要一个全民的迎夏"卫生防疫节"，也就是端午节。

（三）中秋节

农历八月十五日为中秋节，是我国的传统节日。我国古代把农历每季的 3 个月分别称为孟、仲、季，农历八月恰逢中间，故称为"中秋"或"仲秋"。中秋夜，月亮又圆又亮，故民间以合家团聚赏月为主要内容，寓以圆满之意。此俗最早可追溯到魏晋时期。《晋书》记载："谕尚书镇牛渚，中秋夕与左右微服泛江。"至唐代，中秋赏月、玩月之俗已很盛行。

1. 拜月

拜月也叫祭月，相传古代齐国丑女无盐，幼年时曾虔诚拜月，长大后，以超群品德入宫，但未被宠幸。某年八月十五赏月，齐王在月光下见到她，觉得她美丽出众，后立她为王后，中秋拜月由此而来。月中嫦娥，以美貌著称，故少女拜月，愿"貌似嫦娥，面如皓月"。

关于祭月，《礼记》早有记载“秋暮夕月”，意为拜祭月神，逢此时则要举行迎寒和祭月，设香案。到了周代，每逢中秋夜都要举行迎寒和祭月，设大香案，摆上月饼、苹果、红枣、李子等祭品。在月下，将月亮神像放在月亮的那个方向，红烛高燃，全家人依次拜祭月亮，然后由当家主妇切开团圆月饼。切的人预先算好全家共有多少人，在家的，在外地的，都要算在一起，不能切多也不能切少，大小要一样。在少数民族中，同样盛行祭月的风习。

2. 赏月

中秋赏月的风俗在唐代十分流行，许多诗人的名篇中都有咏月的诗句。到宋代，中秋赏月之风更盛，每逢这一日，“贵家结饰台榭，民间争占酒楼玩月”。明清宫廷和民间的拜月赏月活动更具规模，中国各地至今遗存着许多“拜月坛”“拜月亭”“望月楼”等古迹。文人士大夫对赏月更是情有独钟，他们或登楼揽月或泛舟邀月，饮酒赋诗，留下不少脍炙人口的千古绝唱。到今天，一家人围坐在一起，欣赏皓月当空的美景仍是中秋佳节必不可少的活动之一。

3. 吃月饼

中秋节的必备之物，首推月饼，以示“团圆”之意。月饼，又叫胡饼、宫饼、月团、丰收饼、团圆饼等，是古代中秋祭拜月神的供品。月饼作为一种形如圆月，内含佳馅的食品，在北宋时期就已出现。而作为一种食品，称为“月饼”，则始见于南宋《武林旧事·蒸作饮食》。当时，杭州民间就有“又月饼相馈，取中秋团圆之意”。到了元朝末年，月饼已成为中秋节日美食。

中秋吃月饼是有来历的。一说与唐明皇游月宫的神话有关。据说在月宫吃了嫦娥送给的一种酥甜的月饼，回到人间后，唐明皇命宫廷御厨仿造仙饼。这种源自月宫的饼，形状又好似满月的月亮，所以人们称它为月饼。另一说与八月十五杀“鞑子”有关。元朝时，为了防止汉人反抗，统治者在各家都住了一个鞑子，他们要各家供应好吃的好用的，还要不时欺压这个住户，人们实在受不了，便商量如何除掉他们。后来，大家约定在八月十五晚上，一起动手杀掉鞑子。可是这个通知怎样传达下去呢，有人想出个办法，把这个约定写在纸条上，夹在月饼里面，互相赠送，这个办法果然奏效，大家按约定时间，齐心协力杀掉了鞑子，于是八月十五吃月饼的习俗就流传下来。

4. 吃螃蟹

秋天也是盛产螃蟹的季节，是很多喜爱海鲜的饕客尝鲜的好时机。早在明代的中秋宴上，螃蟹便成为了充场的主角，《酌中志》一书中写道："蒸熟五六成，群攒坐共食，嬉嬉笑笑自揭脐盖，将指甲挑剔，蘸醋蒜以佐酒。"当时用蒲包蒸熟后，众人围坐吃蟹，佐以酒醋，很是流行。螃蟹性冷，吃螃蟹最好趁热吃，并多蘸些姜酒类食品，以祛其寒。

中秋节不仅是一个欢乐的节日，也饱含一种深沉的感念。月饼如环，寄托团圆之思；月朗风清，写照人生境界。中秋佳节，深刻体现着人与自我、人与他人、人与家庭、人与社会、人与自然之间的和谐。中秋之月具有多重性的意象，但是，怀想、思念、祝福的意象应该排在第一位。思念、祝福的最好结果就是团聚。中秋之月又亮又圆，民间则阖家团聚赏月，寓团圆、圆满之意，故而中秋节又称"团圆节"。这一天，外出办事或远离家乡者要赶回家中与亲人团聚，晚上共同赏月，一起享用诸如西瓜、月饼等圆形食品，讲述关于月亮的故事等。

中秋团圆，历史悠久，遍及整个汉文化圈，但是出于种种原因，或是工作繁忙，或是为了学业，还是有很多人在中秋之夜不能与家人团聚，只好远隔千里，同仰明月，共怀乡愁，寄托思念。而更多的天南地北的人汇集起来，穿过车水马龙的大都市，回到自己的家乡，回到父母的身旁。思念的人终于可以慰心，多年不见的旧友也可以再次相聚，这就是中秋节日的意义，团圆的意义。

团圆的象征、心灵的港湾，情感的寄托、文化的纽带，这是中秋于现代中国的意义所在；传承培育优良家风，打造共同的精神家园，倡导崇德向善、文明节俭的社会风尚，这是中秋在当今时代的价值所系。正如习近平总书记在组织十八届中央政治局第十三次集体学习时说："中华文化源远流长，积淀着中华民族最深层的精神追求，代表着中华民族独特的精神标识，为中华民族生生不息、发展壮大提供了丰厚滋养。"传统节日，是时光积淀的珍宝，是文化基因的表征。中秋佳节中，蕴藏家国天下的社会秩序、天人合一的精神追求，仍有着强大的生命力。古树新枝的生长，不仅保留着传统文化的典雅韵味，更塑造着现代中国的精神世界。孤月明如镜，照见昨天，也照见今天、明天。

（四）春节

春节是中国人最重要的节日，也是中国传统文化的高度浓缩与集中体现。关于春节的来历，有些美妙的传说，其中流传最广的故事说：在远古的时候，有一个叫作"年"的怪兽，既厉害又凶残，什么动物都不是其对手。平时，它在森林里以动物为食。每当严寒将近、新春将临时，动物减少，"年"就跑下山进村吃人和畜，一口就可将人吞下去。人们十分害怕，为了活命就躲到屋中，但这样仍然免不了人畜遭殃。于是，人们在村口燃起火堆，大火啪啪地烧，吓得"年"再也不敢进村了。赶走了"年"，人们就在火堆旁尽情地唱歌跳舞，饮酒吃肉。年复一年，人们继续着同样的活动，以后就将之称为"过年"。

春节是一年的开始，因为是一年的第一天，故古人称为"元旦"，又称为元辰、元日、元朔等。古代的春节，是指农历二十四个节气中的立春时节，南北朝以后才将春节改在一年岁末。到了民国初年，改农历为公历（阳历）后，为了与每年阳历1月1日的元旦相区别，便将正月初一定为春节，但是至今人们仍习惯将过春节叫作过年。在民间，传统意义上的春节是指从腊月二十三或二十四日的祭灶开始，直到正月十五，其中最为重要的是除夕和正月初一。春节是中华民族最富有特色的节日，也是中华民族几千年来最受重视、影响最大的节日。春节主要的习俗有以下几种活动：

1. 祭祖先神灵

中国人崇拜祖先的观念相当浓厚，过春节时对祭拜祖先和尊卑年序更为讲究。据《四民月令》载："正月之朔，是谓正旦，躬率妻孥，洁祀祖迩。及祀日，进酒降神毕，乃室家尊卑，无大无小，以次列于先祖之前。子妇、曾孙各上椒柏酒于家长，称觞举寿，欣欣如也。"古人尊祖、祭祖的形式虽与今天有所不同，但其精神内容却有相当多的成分保留至今。如上海人过春节时，初一拂晓便在堂前点起红烛，摆上供品，全家人先拜天地，再拜祖先，然后互拜。杭州人在初一将先代及祖、父辈遗像悬于一室，名为"神子"，又叫"容子"，整天燃香烛、供蔬果和酒食，至天黑"落灯"才将遗像收藏。亲戚朋友拜年时，必须先拜"神子"，再贺主人。萧山人在初一燃鞭炮开门，拜天地神祇和祖先，再拜贺家中尊长。然后去叩拜先人墓所，焚烧纸钱，谓之"拜坟年"。江苏吴县（现苏州的吴中区和相城区）人过春节时，堂中悬神轴，室内陈列祖先像，初一清晨合家长幼正衣冠，拜诸神祇及祖先。无锡人在春节设天帝位于堂，北向，摆上果酒等贡品，家长在初一率家人南向四拜，再拜祖先像和家祠。初四晚或初五晨祭财神，更是长江下游地区流行的节庆内容。安庆人在农历十二月二十四日开始张挂祖先遗像，每日用茶饭祭祀。初一鸡鸣时，合家燃香烛拜天地神祇及祖先遗像。直到正月初七的“人日”，才将祖先像祭而收之，不再日祭，以免祭拜的次数太多导致祖先厌烦。在九江，初一鸡鸣后，全家起床梳洗冠衣。家长向天神拜祝，谓之“祝圣”。黎明时，家长率全家老幼拜天神，各十二拜，逢闰年则加一拜。绅士们在家中向神龛稽首而拜。在春节中首先不忘天地诸神和祖先神灵，体现了中国人不忘根本的民族精神，剔除其中包含着的某些迷信的色彩，这种精神传统仍有继承的必要。

2. 祭灶

古时人们认为灶王爷上天在玉皇大帝面前美言几句便会给家里带来幸福，可保来年一家平安。因此，每年腊月二十三（有些地方是腊月二十四），家家户户祭祀灶神，请求他上天后多说好话、吉利话。这种送灶神的仪式称作“送灶”或“静灶”。除夕夜，还要把“灶神”再接回来。因为，年三十的晚上，灶王爷还要与诸神来人间过年，那天还有“接灶”“接神”的仪式。

3. 扫尘

据典籍记载，上古就有年终大扫除的习惯。据《吕氏春秋》记载，中国在尧舜时代就有春节扫尘的风俗。按民间的说法：因“尘”与“陈”谐音，新春扫尘有“除旧布新”的含义，其用意是要把一切“穷运”“晦气”统统扫出门。民谚称“腊月二十四，掸尘扫房子”。扫尘就是年终大扫除，北方称“扫房”，南方叫“掸尘”。扫尘之日，全家上下齐动手，用心打扫房屋、庭院，擦洗锅碗、拆洗被褥，干干净净迎接新年。

4. 张贴春联

春联是由最早的贴门神、挂桃符等演变而来的，原意是驱灾压邪保佑平安。汉晋时期，主要张贴神荼、郁垒两个神仙的形象。魏晋南北朝时期，人们在桃木上刻上神荼、郁垒的名字挂在门上。称为“仙木”或“桃符”。唐末五代时，门神形象变为钟馗。宋代时又演变为初唐的秦琼和尉迟恭。传说二人曾替唐太宗守门，后渐入民间。

由桃符演变成春联，据说始自五代。后蜀国主孟昶题写的“新年纳余庆，嘉节号长春”是中国最早的春联。此后，文人学士把题春联视为雅事，风尚逐渐流传开来。每到年关，人们或自提笔书写，或购之集市，于年三十张贴于大门两侧，把春节点缀得喜气洋洋。民间写春联的用纸都是大红色的，取吉祥之意，因为在中国民俗中，红色代表火热奔放、喜庆吉祥，一副副红色的春联便增加了节日的喜庆气氛。而春联的字数一般在三字以上，多则不限，但上下联的字数必须相等，且字义必须相似、相关或相反，对仗工整，而且要讲声韵的平仄相协。写春联、贴春联是过年时必不可少的内容。腊月的最后几天，集市上有人专门替人写春联，收取一点润笔费。通过春联，人们可以表达自己的意愿，或歌颂美好的生活，或寄托对未来的追求，或针砭时政等。

5. 除夕守岁

除夕之夜，亲人团聚一起，通宵不睡，以待天明，这就是守岁，俗名“熬年”，是最重要的年俗活动之一。守岁之俗由来已久，最早记载见于西晋周处的《风土志》：除夕之夜，各相与赠送，称为“馈岁”；酒食相邀、称为“别岁”；长幼聚饮，祝颂完备，称为“分岁”；大家终夜不眠，以待天明，称曰“守岁”。古时守岁有两种含义：年长者守岁为“辞旧岁”，有珍爱光阴的意思；年轻人守，是为延长父母寿命。自汉代以来，新旧年交替的时刻一般为夜半时分。

6. 拜年

大年初一，人们都早早起来，穿上新衣服，打扮得整整齐齐，出门去走亲访友，相互拜年，恭祝来年大吉大利。拜年的方式多种多样，有的是同族长带领若干人挨家挨户地拜年；有的是同时相邀几个人去拜年；也有大家聚在一起相互祝贺，称为“团拜”。由于登门拜年费时费力，后来一些上层人物和士大夫便使用名帖相互祝贺，由此发展出后来的“贺年卡”。春节拜年时，晚辈要先给长辈拜年，祝长辈长寿安康，长辈可将事先准备好的压岁钱分给晚辈，据说压岁钱可以压住邪祟，“岁”与“祟”谐音，晚辈得到压岁钱就可以平平安安度过一岁。现在这个习俗仍然盛行。

年节体系是民族生活的时间表。一年三百六十多天周而复始，这是生活的一个自然段落。年是大的自然段落，一年中分若干小段落叫节，年是统率节的。如果没有年，各个节就群龙无首了。岁末年初是辞旧迎新、“天增岁月人增寿”之时，所以辞旧迎新始终是过年的主题、是年俗的核心。

过年是庆享过去一年的成果、规划新年生活、燃起新的期望，设置了一些仪式、载体和活动。年复一年的仪式、载体、活动，积累成“过年”习俗，不断积累文化内涵，形成年俗文化，反映出人们的生活愿景。其中充盈着对生活的愿望、理想和心理祈求，积淀着民族文化、民族心理、民族精神、民族情感。这就蕴含着中华文化的价值取向、价值观。如果失去“年”的概念，一切年俗就失去了中心和灵魂。

春节承载着中华文化的血脉和精华，已经成为民族生活、民族灵魂、民族根基的有机组成部分，这是培育民族精神和价值观、弘扬中华文化不可或缺的。这种培育，不是通过说教灌输，而是让人在亲身经历中感受、养成。从孩提知事开始，就年复一年、周而复始地不断受濡染熏陶，而且是寓教于乐，在欢欢喜喜高高兴兴中接受浸润，在弥漫于全社会的过年氛围中，在生活气息浓郁的群体性活动中，自然而然地受到陶冶。它未必强烈震撼人，却深深嵌入生活，浸入情感，沁入心田，对人的精神和心理产生潜移默化却是刻骨铭心、难以磨灭的影响。所以，过年绝不是过吃喝，而应重在过文化、过精神、过情感。

拓展阅读

二十四节气

太阳从黄经0度起，沿黄经每运行15度所经历的时日称为“一个节气”。每年运行360度，共经历24个节气，每月2个。其中，每月第一个节气为“节气”，即：立春、惊蛰、清明、立夏、芒种、小暑、立秋、白露、寒露、立冬、大雪和小寒12个节气；每月的第二个节气为“中气”，即：雨水、春分、谷雨、小满、夏至、大暑、处暑、秋分、霜降、小雪、冬至和大寒12个节气。“节气”和“中气”交替出现，各历时15天，现在人们已经把“节气”和“中气”统称为“节气”。为了便于记忆，群众中流行着一首歌诀：

春雨惊春清谷天，夏满芒夏暑相连，
秋处露秋寒霜降，冬雪雪冬小大寒。

思考与探究

1. 利用假期，到农村体验假期氛围，参与当地的各类民俗活动，并在此基础上撰写一篇实践调查报告。

2. 你最喜欢哪个节日？说说你的理由，分享你的感受。

第八单元　中国古代礼仪

我们常常用“文明古国”“礼仪之邦”来形容中国；而中国人，也往往会给人留下“彬彬有礼”“和睦谦逊”等印象。究其原因，就是因为中国有着五千年的文明史，而这样悠久漫长的历史很大程度上就是一部“礼”的历史。中国自古就讲究以“礼”治国，《礼记》集序中说：“前圣继天立极之道，莫大于礼；后圣垂世立教之书，亦莫先于礼。”“人有礼则安，无礼则危，故礼者是不可不学。”由此可见，“礼”在中国作为指导人们的道德标准与行为规范，其地位是至关重要的。

礼仪是人们在社会交往中受历史传统、风俗习惯、宗教信仰、时代潮流等因素影响而形成的。既为人们所认同，又为人们所遵守，是以建立和谐关系为目的的各种符合交往要求的行为准则和规范的总和。简而言之，礼仪就是人们在社会交往活动中应共同遵守的行为规范和准则。礼仪作为人们在社会生活中应按各自身份所遵循的行为规范，和古代社会的政治体制及其文化融为一体，已积淀成为中国传统文化的重要组成部分。在过去漫长的历史年代里，礼仪作为一种制度规范、思想规范，全面制约着世人的思想言论和行动。“非礼勿视，非礼勿听，非礼勿言，非礼勿动”，在某种意义上，可以看作是“礼”制的历史。要了解中国文化，首先就得了解中国礼仪文化。

一、古代礼仪的起源与演变

（一）礼仪的起源

中华文明，在古代即已声播海外，这种传播不是靠武力，而是靠文明本身的力量。

当海外的遣唐使、留学生到达长安时，最令他们惊讶赞叹且钦羡的，便是先进的礼乐制度、衣冠文物。他们将其引入本国，加以仿效。可以说，中国的礼乐文明对改变一些陋俗，加速他国文明化的进程曾经起到过重要的作用。那么，中国的“礼”是从何处走来的呢？它的起源在哪里呢？

《荀子·礼论》提道：“礼起于何也？曰：人生而有欲，欲而不得，则不能无求；求而无度量分界，则不能不争；争则乱，乱则穷。先王恶其乱也，故制礼义以分之，以养人之欲，给人之求，使欲必不穷于物，物必不屈于欲，两者相持而长，是礼之所起也。”荀子认为，人生来就有获得食物、求得生存的欲望。因此，在人类早期群居生活中，人与人之间的关系，尤其是在利益分配的时候，需要规则来进行规范，而这规则就是礼的起源。从这一方面来说，礼产生于物质文明的发展。

当然，从另一个方面来说，在原始社会中，远古人类在群居生活中为了适应环境如地理、气候等的需要，会逐渐形成一定的生活习惯。比如，原始社会早期，人们穴居野处，往往是赤身裸体的。后来，为了遮挡烈日、防止虫蛇之咬、暴雨侵袭，就将树叶或动物皮毛披在身上。久而久之，就会发现动物皮毛可以防寒保暖，再加上人类有了一定的羞耻心、道德感，穿衣就成了一种习俗。随着人类审美观念的产生，人们开始修饰自己的仪容仪表，开始了穿着打扮的历史。随着文明的进一步发展，人们在不同的场合有了不同的穿着，这就已经踏上礼仪之路了。其他领域的礼仪，如饮食，如丧葬等也都是这样发展而来的，因此，也可以说，礼仪产生于生活，产生于习俗。

关于“礼”的起源，学界还有很多说法，如“礼”起源于原始社会的礼物交换，起源于饮食等。这些说法虽然争议较大，但有一点却是得到大家公认的，即在中华民族的发轫期，便有了礼的萌芽，“礼”的产生与人们的生活息息相关。

（二）西周周公制礼

夏商时代之前，我国已经有了一些“礼”的萌芽，根据文献记载，真正让它们成为一种制度确定下来的，还是周公。

周公，名姬旦，一称叔旦，西周初期的政治家，因周王分封的采邑在周，所以史书上称他为周公，或周公旦。他是周文王姬昌之子，曾辅佐其兄武王姬发伐商。由于武王在克商之后不久就去世了，继位的成王，年龄幼小，不能亲政，周公不得不摄政。为巩固王室的统治，他采取了一系列安定大局的措施，制礼作乐即是其中之一。

周公依照周朝制度，参考殷商之礼，首先确立周王为天下共主，称天子。又以天子为大宗，而与周天子同姓的诸侯，因与天子为叔伯、兄弟，所以是小宗，从而形成以血缘关系为联系的“宗法制”。天子之下有诸侯，诸侯内部又有爵位、等级之分，形成阶梯式的等级制度。由宗法制和等级制结合，就产生出一套完整的、严格的礼仪制度。

周公所制定的礼，是维护统治者等级制度的政治准则、道德规范和各项典章制度的总称，后来发展为区分贵贱尊卑的等级教条。而西周的礼乐制度，体现了当时的时代文明。

（三）春秋孔子提出“克己复礼”

西周时期是礼的完备时期，到了春秋战国时期，社会已经处于“礼崩乐坏”的状态中，各种不同的思想和主张在互相批评与不断融合中，形成了“百家争鸣”的兴盛局面。孔子作为儒家的创始人，提出了“克己复礼”的观点。

孔子认为，要治理好国家，应该实行德治，而德的表现就是礼乐制度。礼乐制度在周朝时已经很完善了，目前要做的就是“复礼”。孔子终其一生，都在为“恢复”先朝的礼乐制度而奋斗，孔子将“礼”的意义落实在以“仁”为核心的人的内在的道德情感上，即仁先礼后，仁内礼外。也就是说，只有以道德去教化人，去引导人，并把“礼”作为行为规范，才能使人既有廉耻之心，又能安分守己，心悦诚服地做统治者的“顺民”。不仅普通百姓，统治者也要以身作则，将“礼”作为自身的行为规范。

儒家“礼”的学说对中国社会产生了巨大影响。“礼”后来被国家的统治者加以改造，成为全社会必须遵守的行为准则，同时也是中国古代社会生活的强大精神支柱。国家的统治者之所以将“礼”引入到国家政治生活中来，也是看中了“礼”这种与生俱来的强大约束力。

（四）汉代确立“三纲”“五常”

在对汉代“礼”的思想的发展方面，陆贾、贾谊、董仲舒等人做出了重要的贡献。

陆贾是汉初重要的政治家和思想家。刘邦一统天下后，命令陆贾总结秦亡汉兴的原因和自古以来国家成败的经验教训。陆贾认为，人都有礼仪之性，但由于受到情欲的干扰而不能自觉遵守礼仪。因此统治者必须对人们的“情欲”加以约束和规范，同时通过道德教化去启发和强化人们固有的“礼仪之性”。至于如何做，陆贾说，应该尚德而不尚刑，尚俭而不尚奢。他提出的这些主张符合汉初社会和统治集团的普遍心理，所以得到了刘邦的称赏。

贾谊是汉文帝时的人，著有《新书》。贾谊在思想上受荀子的影响很大，他提倡德教，主张“以礼为治”。贾谊提出，礼仪和法令都有禁邪恶的作用，但礼仪不仅优于法令，而且还有劝善扶正的作用。即人们在礼仪所提供的外在行为规范和内在价值取向的约束和引导之下，定会“日迁善远罪而不自知”，这是法令永远不可能达到的境界。

董仲舒在确立儒家的正统地位上功不可没。他是汉景帝、武帝时期最重要的儒家学者。同贾谊一样，董仲舒也主张“以德化民”，认为应该先用“先王礼乐”对百姓进行深入教化。董仲舒提出“天人感应论”，在此基础上，君权神授就埋所当然。于是，就有了“君为臣纲，父为子纲，夫为妻纲”的“三纲”，这是对封建等级关系和伦常秩序的概括。在此基础上，董仲舒还把仁、义、礼、智、信定为“五常”，作为调整这种关系的基本原则。“三纲五常”的确立，不仅使统治者有了精神支柱，也为以后封建礼教的形成提供了理论依据。

（五）宋代礼教思想

魏晋南北朝至隋唐时期，儒道、玄学、道教、佛教各种宗派纷呈，儒学地位削弱；唐代后期，儒家开始有所复兴，到了北宋后期，出现了儒学发展的高潮——理学。

理学，是中国封建社会后期的统治思想。它产生于北宋，盛行于南宋与元、明时代，清中期以后逐渐衰落，但其影响一直延续到近代。之所以称为“理学”，是因为宋代儒士解经，大都不顾旧有的传与注，往往抛弃传统的训诂义疏，直接从经书原文中阐释性命义理（即人的本性及其根源），因此被称为“性命义理之学”，简称为“理学”。

理学大家朱熹把“三纲五常”夸张成充斥于天地之间的最高法则，“宇宙之间，一理而已……其张之为三纲，其纪之为五常。盖皆此理之流行，无所适而不在”，他还说：“三纲五常，礼之大体，三代相继，皆因之而不能变。”这样一来，“三纲五常”既约束着人们的思想，同时规范着人们的行为，成了封建礼教的教条，这样自然也维护了封建统治者的利益，于是被统治者尽可能地利用着。

不仅如此，经过程朱理学的发展，从商周时期就有的男尊女卑思想变成“三从四德”，给女性套上了更加沉重的精神枷锁。“三从”指“在家从父，既嫁从夫，夫死从子”；“四德”指妇女要谨守“妇德、妇容、妇言、妇工”。在这种要求下，妇女没有社会地位，男女之间极度地不平等，这种不平等在婚姻上表现得尤其明显，以至于到了宋朝末期，妇女“节守贞操”成为一种普遍的风尚。在此基础上，统治者还对那些付出很大代价“节守贞操”的妇女给予立“贞节牌坊”的“表彰”，女性从思想到身体受到进一步的禁锢与约束。

也就是从这个时期开始，“三纲五常”“三从四德”等伦理道德思想被制度化后形成的封建礼教开始了它的深远影响。

二、四大人生仪礼

人生礼仪是指人一生中不同年龄阶段所举行的与之相适应的仪式和礼节，主要包括诞生礼仪、成年礼仪、结婚礼仪和丧葬礼仪。

（一）诞生礼仪

诞生礼仪是人一生的开端礼。它受到人们的普遍重视，尤其是在我国这样一个重视子嗣的国家。可以说，从婴儿未出生之前一直到成年，人们都会举行一系列的仪式。因此，诞生礼仪大体上包括求子仪式、孕期习俗、庆贺生子三个阶段的内容，其中又以庆贺生子为中心部分。

1. 求子仪式

古代婚姻本身就蕴含着繁衍生殖的自然思想，随着社会的进展，儒家更将婚姻后传宗接代上升到伦理道德的阶段，因此，古人有婚后求子的礼俗便也顺理成章。就母亲而言，早在婚礼中就已经洋溢着人们对新娘早生贵子的祈求和祝福，这是美好的期待。从另一个角度看，儒家非常看重子女之“孝”，认为“不孝有三，无后为大”，这就把已婚女子无子的问题提升到伦理道德的高度，没有人愿意承担“不孝”的罪名。而且，在《仪礼》中就有了关于女子“七出”的说法，也就是说，如果婚后无子，夫家便可以此为由休掉妻子。在男权社会中，没有女性能够承受这种精神压力。所以，无论主观还是客观，无论新婚妻子还是夫家、娘家，都对已婚女子的怀孕怀着急切的期待心理，并由此产生了很多求子的礼俗。

（1）向神灵祈子。这是最普遍的一种求子方式。在民间建有许多寺庙，供奉送子观音、碧霞元君、金花夫人、子孙娘娘等虚造主管生育的神灵、偶像。未孕妇女或未生儿子的妇女带香烛、纸钱等到神像前默祷以求怀孕生子。有的干脆在家中供奉送子观音，平时烧香祷念以求生子。

（2）由旁人送子。最突出的礼仪性质是麒麟送子仪式。所谓麒麟送子，是指亲戚朋友给尚无子嗣的人家送特定的子嗣象征物，如偷瓜送子风俗。在湖南衡阳一带，送的是冬瓜，时间在中秋晚上。冬瓜是在几天前就偷来了，并且彩绘成面具，用衣服裹成人形，由年长命好的老人抱着，爆竹噼啪地送去。送到家时，把冬瓜放在床上，用被子盖住，老人念祝吉词："种瓜得瓜，种豆得豆。"与这种送子风俗相似的还有"拍喜""棒打求子"等习俗。

2. 孕期习俗

当新妇终于如愿以偿地怀孕后，她在心理和生理上都会发生一些变化，为了保证胎儿安全降生，人们为妊娠期间的孕妇规定了很多礼俗，显示了对生育之事的重视。

（1）礼敬胎神。古人不知道胎儿是如何孕育而成的，也不知道为什么有些胎儿能顺利产出，有些胎儿却可能中途流产或死胎等，就把这些想象成是超人神灵作用的结果。经过历史的演变，这种超人的神灵就被想象成为一个具体有形的"胎神"了。"胎神"是专管胎儿的神灵，通常活动于孕妇的周围，具有保佑胎儿和伤损胎儿的双重作用，如果触犯胎神，胎神就会通过伤害胎儿来报复人类，所以胎神又被称之为胎煞。古人还认为，胎神能与胎儿的魂魄交感，它按一定时刻有规律地出现在孕妇周围的固定方位，或者附着于某些物体上，如四月和十月，胎神的位置就在厨房，这期间，孕妇就不能在厨房淋水，以免触犯胎神。

（2）饮食滋养与禁忌。孕妇怀孕时，会吃鲫鱼汤、鸡蛋、白煮蹄髈、小米粥等滋补的食物，同时也有许多饮食禁忌。如不吃兔肉，因为东汉王充《论衡·命义》中说"妊妇食兔，子生缺唇"，认为兔唇与吃兔肉有关系；再比如说忌吃狗肉，否则孩子爱咬人；忌吃驴肉，否则孩子有"驴性"，脾气倔不听话；忌吃螃蟹，否则会难产；忌吃葡萄，否则会生葡萄胎；等等。

（3）日常起居礼俗。古人把胎神看得很神圣，所以对孕妇的日常起居做了很多礼俗的规定。如孕妇不能在野外守夜，因为夜晚野外多鬼祟，恐鬼煞的邪气伤害胎儿；孕妇也不能采摘瓜果，因为会预示胎儿早产；孕妇不能参加丧葬，因为丧葬是凶事，"凶冲喜"会对胎儿不利，有的甚至还认为死人的阴魂可能会扑到孕妇身上，致使母婴受害；

孕妇不能参与婚娶，因为古人认为孕妇是不洁净的，而且还有“喜冲喜”的忌讳；孕妇不能接触神事，因为人们认为妇人的不洁会亵渎神明，孕妇更是如此，因此不能靠近神龛巫祝，不能参与祭祀，否则会污染神地，冒犯神祇……类似的礼俗还有很多。

3．庆贺生子

（1）出生礼。生育是古人非常关心的一件大事，家中添丁进口后，要遵照礼俗进行庆贺。

婴儿出生的第一项礼仪活动便是报喜，向亲戚朋友邻居以及宗祠报喜。由于重男轻女的宗法观念的影响，早在先秦时就有了弄璋、弄瓦之说。璋是古代贵族所用的玉器，代表男孩，预示所生的男孩长大后能执玉器为王侯，所以生男孩就叫弄璋之喜；瓦是古代女子纺织用的纺砖，代表女孩，所以生女孩又叫弄瓦之喜。

在报喜的同时，还要在门口张挂婴儿诞生的标志，以在一定范围内起到报喜的作用，同时防止不知情者贸然闯入，提醒一些特殊人物如孕妇、服孝者等自行回避。这个标志还是一个能说明性别的象征物，《礼记·内则》说：“子生，男子设弧于门左，女子设帨于门右。”弧是弓，弓是武士的象征，代表男性；帨是佩巾，代表女性。

（2）贺三朝。新生儿诞生之初，虽有报喜等礼俗，但都不能触及婴儿。一般要到第三天才举行一个正式的礼仪来对新生命的诞生表示庆贺。届时亲朋好友带着贺礼来道喜，主人则设宴款待。这一天还要对新生儿举行几项仪式：

一是对脐带和囟门做礼仪性的处理，俗称落脐炙囟。

二是象征性地开奶和开荤。先是抹几滴黄连汤在婴儿的嘴上，边抹边说：“三朝吃得黄连苦，来日天天吃蜜糖。”然后蘸一些用肥肉、状元糕和酒、鱼、糖等食品制成的汤水在婴儿的唇上，也是边蘸边唱：“吃了肉，长得胖；吃了糕，长得高；吃了酒，福禄寿；吃了糖和鱼，日日有富余。”最后让婴儿尝一口从别人那里要来的乳汁。

三是三朝礼中最典型的洗三，也叫洗三朝，即用槐枝和中草药煮成的汤水给婴儿沐浴，并边沐浴边唱祝词：“洗洗头，做王侯；洗洗腰，一辈倒比一辈高；洗脸蛋，做知县；洗旋沟，做知州。”洗完后用姜片、艾蒿擦脑门和身体的重要关节，以使孩子健壮；还要用新布蘸清茶水擦婴儿的牙床，让他放声大哭，以此为吉兆，俗称“响盆”；最后还要用大葱打三下，以使他聪明伶俐。

（3）满月礼。满月礼是一项重要仪式，在婴儿满月的时候进行。在这一个月内，产妇须“坐月子”，不能出门。在满月这一天就可以为婴儿举行有亲朋好友参加的庆贺仪式。满月礼主要有：满月酒、剃胎发等。

满月礼很隆重热闹。生子满月值得庆贺，产妇出月子也该纪念。婴儿满月后许多禁忌也就随之解除了，所以主人要请亲朋好友来喝满月酒。据《东京梦华录》记载，宋朝小儿满月时，主家在盆中烧了香汤，亲友就撒钱在汤中，称“添盆”。这是一种独具特色的馈赠仪式。

满月时还有剃胎发、出门游走等仪俗。剃胎发是满月礼中的一项重要仪俗，多由舅舅主持，这是母系社会人际关系的某种遗留。剃头时额顶要留“聪明发”，脑后要蓄“撑根发”，眉毛则要全部剃光。剃下的头发还要收藏好。这种习俗一直延续到现在。

满月游走也叫满月逛街，是一种为婴儿祈求吉祥的活动。据《东京梦华录》记载，宋代在满月礼落胎发之后，便“抱牙儿入他人房”，一般是由外婆或舅舅抱去礼节性地小住，谓之移窠或挪窝，目的是让婴儿能象征性地见见世面，以便将来能有出息、有胆识，成为一个精明能干的人。

（4）百日礼。百日礼，是介于满月礼与周岁礼之间的一个礼仪，是孩子出生一百天时举行的庆贺仪式。百日礼也叫“百碎”，宋代孟元老的《东京梦华录》就说：“生子百日置会，谓之百碎”，又称“百岁”，明代沈榜的《宛署杂记》说：“一百日，曰婴儿百岁”。此外，百日礼还叫“百禄”。之所以举行“百日礼”，是因为“百”是一个重要的数目，含有“圆满”“完全”的象征意义。

（4）周岁礼。三朝、满月、百日礼可以被视为纯粹的诞生礼仪，而周岁礼则具有独特性，因为它是诞生礼仪的总结，也是寿礼系列的开始。

百日礼过后，新生儿在牙牙学语中很快长到了一周岁，这时，家人便又为他举行周岁礼。这一天，亲戚朋友们纷纷前来道贺并给孩子以真诚的祝福。此外，古代举行周岁礼时的主要礼俗有“抓周”。

“抓周”是预卜小孩前程的仪式。小孩周岁生日，可看作是小孩诞生礼的最后一个高潮。届时在桌子上摆着文房四宝、糕点果品、玩具等物，让小孩坐在桌子中央，任他伸手去抓，人们相信，小孩抓到的第一件东西就预示了他日后的志趣。不管他抓到什么，在场的亲朋好友都会给予真诚的祝福。

以上所说就是人生的第一大礼——诞生礼，反映了我国对婴儿精心呵护的态度，也反映了我国对履行家庭生育和教养职责的重视。

（二）成年礼仪

成年礼仪是为承认年轻人具有进入社会的能力和资格而举行的礼仪。它在人的一生中具有重要意义。历史上，汉族有男子二十岁行冠礼，女子十五岁行笄礼的规定。它意味着冠者从此有了治人的权利、服兵役的义务和参加祭祀活动的资格。而女子意味着从此结束了少女时代，可以嫁人了。

1. 冠礼

这是为男子进入成年所举行的加冠仪式。古代男子在20岁举行冠礼。之所以是20岁，是因为古代的孩子满6岁开始接受基础教育，10岁开始离家拜师学习。到20岁的时候，他的知识结构大体完备，身体也已经发育成熟，可以独立面对社会了，就要适时举行冠礼。

古代的冠礼，是在自家宗庙中完成的。首先，通过占卜选择举行冠礼的最佳日子。由德高望重的长者担任冠礼的正宾，还要邀请一些同僚、朋友来观礼。举行冠礼当日清晨，家里要准备加冠礼用的三个帽子——缁布冠、皮弁、爵弁。

冠礼开始后，正宾请冠者过来坐下，然后由助手把他的儿童发型弄散，按照成人的发型重新梳理，挽成发髻，用帛包好，再插上簪子。正宾从有司手中接过缁布冠为他戴上。缁布冠实际上只是一块黑布。这是远古时代使用的冠。正宾要发表祝词并把冠仔细扶正。冠者转身回到东房，换上与缁布冠配套的衣裳，然后回到堂上，向来宾展示自己的成年衣冠。第一次加冠礼到此完成。

接着进行第二次加冠，程序与第一次基本相同，只是正宾为冠者加的冠是皮弁。皮弁用白色的鹿皮缝制而成，与朝服配套穿戴，地位比缁布冠尊。

第三次加冠的仪式与前两次基本相同，这次为冠者加的冠变成了爵弁。爵弁的颜色与雀头（赤而微红）相似，故名爵弁。在古代，爵弁是在重大祭祀场合戴的，地位尊贵。

三加之礼完成后，冠者要以成年人的身份去拜见母亲并行礼。接着，还要与自己的兄弟姊妹、亲戚行礼。

行礼完毕，冠者上堂，由正宾为他取“字”。在古代中国，只有长辈、天子、国君才能直呼他人之名。为了社交的方便，就在姓名之外再取一个“字”（或称“表字”），供彼此称呼时使用。

2. 笄礼

笄，《说文解字》中解释为“笄，簪也。”《篇海》说：“妇人之笄，则今之簪也。”笄作为一种饰品，用来固定发髻，形似一根细长钎子，一头锐一头钝，钝的一头有突出的装饰，称为首部。笄是发簪家族的鼻祖，后来的簪、钗都是在笄的基础上发展而来的。女孩在童年的时候并不用笄，所以笄就成了女子成年许嫁的象征。成年礼叫加笄礼也就理所当然了。

女子行笄礼的时间是十五岁至二十岁之间，只要许嫁便可加笄，如果一直待嫁未许人，最迟也要在二十岁时行笄礼。

女子在行笄礼之前，也需要经过一段时间的学习，但学习的内容与男子却大不相同，主要是为婚后相夫教子、敬顺舅姑、操持家务、严守妇道做准备。

女子行笄礼是要在许嫁之后，即在男方纳征之后加笄并取表字。笄礼完成，标志着女子有结婚生子、奉养舅姑、谨行妇道的责任了。

成年礼是为了让青年获取生活的义务和责任、明确社会责任，以更好地融入社会。我们现在学习、创新和实践新的冠礼，就是为了继承这一份珍贵的历史文化遗产，让民族传统礼仪对振奋民族精神、弘扬民族文明、激励青年人的成长发挥应有的作用。

（三）婚姻礼仪

1. 婚礼的产生及实质

人类经历了聚生群处、血族婚、对偶婚后，出现了以婚礼来规范异性结合的一夫一妻制的婚姻形式，这是人类从蒙昧走向文明的标志。

婚姻，最初写作“昏因”。《说文·女部》曰：“礼，娶妇以昏时，妇人阴也，故曰婚。”“女之所因，故曰姻。”从此可以看出，古代婚姻指男女嫁娶之事，于黄昏之时男方行迎娶之礼，女方因男方而来，而成为妇人，所以称“昏因”。

人类最初没有婚姻之礼，人们群居相处，两性的结合非常随便，不论辈分，不论血缘。后面古人认识到，男女乱婚，致使族群个体智力、体质低下，生命力衰弱，种族衰败。因此，古人制定婚礼，来规范异性的结合，即《礼记·曲礼》曰：“夫唯禽兽无礼，故父子聚麀。是故圣人作，为礼以教人，使人以有礼，知自别于禽兽。”

婚礼实质上是把两性相交的私事用礼法加以约束，不仅如此，儒家还赋予了婚礼极其重要的社会意义。《史记·外戚世家》中认为，自古帝王的为政得失，往往与配偶的贤德与否密切相关，因此，在古代中国，天子与皇后的婚姻具有垂范天下的意义。同样的，对于一个大的家族而言，家长的婚姻关系对家族中的其他人也具有模仿意义。所以说：“昏礼者，礼之本也。”

2. 古代婚礼的程序

中国古代的六道结婚程序：纳采即男方家请媒人去女方家提亲，女方家答应议婚后，男方家备礼前六礼去求婚；问名，即男方家请媒人问女方的名字和出生年月日；纳吉，即男方将女子的名字、八字取回后，在祖庙进行占卜；纳征，亦称纳币，即男方家以聘礼送给女方家；请期，男家择定婚期，备礼告知女方家，求其同意；亲迎，婚前一两天女方送嫁妆；铺床，隔日新郎亲至女家迎娶。其目的是人类的繁衍，家族的发展。

3. 其他婚姻习俗

（1）抢婚习俗。抢婚，又叫掠夺婚，是指通过抢劫妇女来缔结婚姻关系，这是一种比较古老的婚姻习俗，如在云南德宏一带的傈僳族中就有这种习俗。青年男女背着父母互许终身，缔结婚约。男方将女子偷偷领到山中密林处藏起来。女方父母得知后，到处搜寻，三天之内找到，则认为男方愚蠢无能，男方不但得不到媳妇，还要赔一大笔钱财；如在三天内找不到，则抢婚者可领着女子回寨，并可前往女家求婚定聘，履行婚姻手续。另外，在云南红河一带的苗族，也有类似的婚俗。

（2）入赘习俗。入赘，又叫“从妻居”，是一种古老的婚姻习俗。在我国，许多少数民族都有这种婚姻习俗，比如鄂温克族。鄂温克族的入赘有两种情况：一是女方父母只有一个女儿，不愿女儿离开父母，便招一女婿到家，长期居住，女婿可继承财产；另一种是短期入赘，即女婿到女家，过一段时间后，离开女方家，另立门户。当然，采取这种方式的女婿没有财产继承权，婚后所生子女从父姓。

（3）表亲婚。表亲婚分为姑表（舅表）婚、姨表婚。这是指那些姑表或姨表关系的兄妹（或姐弟）之间结为夫妻的婚姻。如在土家族中有这样的谚语：“姑妈女，顺手牵”“舅舅要，隔河叫”，就是这种婚姻习俗的反映。如今，由于《婚姻法》的深入贯彻和人们科学认识水平的提高，渐渐懂得了这种婚姻习俗带来的危害，这种落后的婚俗正逐步消失。

(4) 转房婚。所谓“转房”，是指兄亡后嫂嫂可转嫁给弟弟，或弟亡弟媳转嫁给兄；姐亡后，妹妹续嫁给姐夫的一种婚俗。在我国。许多少数民族都存在着转房制，如壮族、苗族、傈僳族、佤族、布依族、蒙古族等。形成转房习俗的原因有很多，其中一个很重要的原因是使家族内的财产和劳力不致外流。

除了如上介绍几种主要的婚俗之外，还有典妻、冥婚、童养婚、指腹婚等。如今，随着经济的发展和社会的进步，青年男女自由恋爱，自愿结合，已经是一种不可逆转的趋势，而封建社会中落后的婚姻制度已经消亡。

(四) 丧葬礼仪

死亡，是人生旅程的最后一站，标志着此人将从此脱离社会。丧葬礼仪就是对死者遗体进行处理的文明形式，是社会发展的产物，也是文化传统的组成部分。

1. 丧葬礼程序

丧葬礼仪是人最后的“脱离仪式”。其仪式主要有初终、设床、沐浴更衣、报丧、大殓和送葬。

(1) 初终。初终是指弥留之际。此时主要是确定死者是否已死。如死者确已停止呼吸，围坐在四周的亲属一般都会号啕大哭，然后进行招魂。关于招魂仪式，出于民间的信仰和迷信观念认为，人死后灵魂和肉体脱离，要到另外一个处所。因此，一般的做法是拿死者的衣服在房顶或门口呼叫死者的名字，然后将衣服盖在死者身上。

(2) 设床。招魂以后，即设床停尸。一般是不能让死者躺在原先床上。

(3) 沐浴更衣。这是对死者的遗体进行清洗装扮。一般是把死者全身擦洗干净，穿上一年四季的衣服。

(4) 报丧。这是把死讯及时报告给亲朋、邻居和有关部门。分两种形式：一是在人死后的当天就报丧，放炮、鸣枪、吹竹号、敲锣鼓、铜锣，通知邻居和附近亲友。一是在丧事安排已定，由丧家晚辈或请邻居到亲族、好友家中叩头报丧，或送丧帖书面通知，相当于现在的讣告。

(5) 大殓。这是把死者的遗体抬入棺材的仪式，是向死者遗体告别的仪式。土葬一般备有棺材。棺材上施以彩绘。铺棺、装尸、盖棺有一定的程序。入殓时死者的亲属必须在场，有的孝子要抱尸入殓。如果是女的死了，娘家人必须在场。

（6）送葬。葬礼的最后一个程序。人死后，先选择墓地。一是请风水先生，二是用占卜的方法选择墓地。送葬仪式，各民族均不相同。按过去的规矩，出殡前先举行祭灵仪式。棺木停放在院子中央，贡献食品、祭品、念祭文，棺木请青壮年汉子来抬（也有用车拉的），棺木前拴一匹白布，孝子们手握白布，在前“引路”，一路上还鸣放鞭炮。到了墓地，将棺木置于墓穴中，先由孝子填两锹土，然后由专人填埋，垒起坟堆作为标志。之后回家大宴宾客，表示丧家的答谢。到此为止，丧葬礼仪就算完毕。

2. 葬法

葬法就是人们对死者尸体的处理方法，它是丧葬制度中的主体部分。不同的葬法显示出人们对死亡的观念、对躯体的态度，当然也与各个地区的地理条件以及风俗习惯密切相关。

从古至今，我国形成了土葬、火葬、天葬、塔葬等多种埋葬方式。

（1）土葬。这是我国古代通用的埋葬形式，不仅汉族以土葬为主，古代匈奴、突厥等民族也以土葬为主要葬式。方法是用棺木盛尸，挖葬穴，将棺木深埋于土中，并以丘为标记。土葬的墓穴形制多样，最常见的是长方形土坑，也有“亚”字形的，腰坑放殉葬者及陪葬品。地下筑室墓穴多为皇宫、贵族使用，棺木放于室中。早在原始社会旧石器时代中期就已经形成了这种葬法。有人推测土葬的葬法与农业发展有关，与土地相关的农业推动了人们的亲土、恋土、入土为安等意识。此外，中国古代有女娲抟黄土造人的神话传说，这也使得人们认为既然人是由土造成，死后自然还要回到土中去。

（2）火葬。这是一种将尸体装殓后，用火焚化，保存骨灰的埋葬方法。这种葬法也历史悠久，据《后汉书》记载：“羌人死则烧其尸。”这可能与羌族人从事游牧生产而居无定所的特性相关联。此外，火葬这种葬法与佛教也有一定的关系。佛教在魏晋南北朝时期在中国获得了很大程度的发展，人们逐渐接受了佛教的观念。因佛教主张“四大皆空”，佛教追求的是精神或灵魂的永恒，这种永恒超越了形体的制约，不再拘泥于肉体。所以，佛祖死后采取了火葬这一形式。这种形式被人们仿效。汉族在宋代就已有了火葬习俗，元代，火葬更为盛行。由于火葬与儒家礼教不合，因此元、明、清三朝都有禁止汉族火葬的法令。

(3) 天葬。天葬，又叫鸟葬、风葬、野葬等。它实际上具有弃尸的性质，是古老葬式的传承。天葬最早的方式是用苇箔裹尸，悬之树上，也有弃于荒野的。天葬最具特色的是信奉佛教的民族。印度、缅甸、柬埔寨等佛教国家都实行天葬。

(4) 塔葬。塔葬，一般适用于僧侣阶层。有名望的活佛、喇嘛死后，将尸体用药物处理，风干，然后置于灵塔之内。

其他的葬式还有悬棺葬，或曰崖葬。总的来说，人生四礼的意义在于教会我们珍爱生命、肩负责任、恪守承诺、寄托哀思。

三、中国传统文明礼仪的现代价值

(一) 传统礼仪是传统道德的一种载体

传统礼仪蕴含了非常多的文化内涵，具体来说："诚敬"代表了尊敬、敬畏，不怠慢放荡之谓也；"卑己尊人"体现了宽厚仁慈的人本主义精神；"礼让"则是中国传统礼仪的基本规范；而"宽恕"则体现了严于律己，宽以待人；"礼尚往来"表达了往而不来，非礼也，来而不往，亦非礼也；而"中和"当中的中即适度，和即是平顺和谐，喜怒哀乐之未发谓之中，发而皆中节谓之和。

1. 尊重、真诚

人际交往中互相尊重最为重要，尊重是礼仪的情感基础，只有彼此间相互尊重才能保持愉快的人际关系。每个人在人际交往中都处于平等地位，不管种族、国籍、肤色、社会地位如何，只有尊重别人，才能赢得别人的尊重，"敬人者人恒敬之，爱人者人恒爱之"。礼仪上所讲的真诚的原则，就是在人际交往中运用礼仪时，务必待人以诚、诚心诚意、诚实无欺、言行一致、表里如一。只有如此，在运用礼仪时所表达的对交往对象的尊敬与友好，才会更好地被对方理解接受。与此相反，倘若仅把运用礼仪作为一种道具和伪装，在具体操作礼仪规范时口是心非、言行不一、弄虚作假，或当面一个样，背后一个样，有求于人时一个样，被人所求时另外一个样，则有悖于礼仪的基本宗旨。而将礼仪等同于"厚黑学"，肯定是行不通的。

2. 自律

礼仪规范由对待自身的要求和对待他人的做法两部分组成，自律原则就是要求自身树立良好的道德信念和行为准则，自我要求、自我约束、自我控制、自我对照、自我反省，正是所谓“己所不欲，勿施于人”，同时更提倡“严于律己，宽以待人”，提高自律和自觉性。

3. 谦和、宽容

谦和包括谦虚与和善。谦虚是人类的美德，和善更是处理人际关系的基石，正所谓“和气生财”“凡事以和为贵”“退一步海阔天空”都是这个道理。它告诉人们，与人和睦相处是社交成功的重要条件。荀子曾说：“礼恭而后可与言道之方，辞顺而后可与言道之理，色从而后可与言道之致。”只有举止、言谈、神态都谦恭有礼时，才能从别人那里得到教诲。当然，谦和是指不过分的谦虚，而非无原则的妥协，甚至妄自菲薄。社交中有这么一句话：“过分的谦虚就是骄傲”，有时我们更需要在谦和中保持良好的自信心和正常的心理状态。

宽容是一个人良好品德的外现，宽容就是心胸坦荡、豁达大度，既要严于律己，更要宽以待人。会容人、体谅人、有较强的容纳意识和自控能力，不能求全责备、斤斤计较，甚至过分苛求别人、咄咄逼人。对于自己看不惯、听不惯的言行，应以宽容态度给予理解。

4. 适度、从俗

适度原则要求应用礼仪时必须注意技巧、合乎规范、掌握好社交中各种情况下的不同交往准则和彼此间的感情尺度，凡事当止即止、过犹不及。古语说“君子之交淡如水，小人之交甘如醴”，一旦交往尺度有误，很容易引起完全相反的结局。因此，在日常交往中要注意感情适度、谈吐适度、举止适度。

由于国情，民族、文化背景的不同，人际交往中也存在着“十里不同风，百里不同俗”的局面。对这一客观现实要有正确的认识，必要之时，必须坚持入乡随俗，与绝大多数人的习惯做法保持一致，切勿目中无人、自以为是、指手画脚、随意批评、习惯性否定其他人。

（二）传统礼仪与个人修身养性

我国素有“礼仪之邦”的美誉。早在多年前的殷周之际，周公就制礼作乐，后来经孔子等人的提倡和完善，礼乐文明成为儒家文化的核心。西汉以后，《仪礼》《周礼》《礼记》等礼乐文化的经典被先后列入学官，成为古代文人必读之书。礼仪是“礼”的重要组成部分之一。

中国的“礼乐射御书数”传统六艺中，“礼”字第一，充分说明了中国人重视礼仪的传统。《论语》上有一则故事，孔子警告儿子孔鲤“不学礼，无以立”，意思是：如果不学礼的话，是没有办法立足的。家喻户晓的《三字经》中指出：做儿女的，从小时候起，就应熟习不同场合的各种礼节，学习礼节仪文之事。历史上一些著名的“古训”“家训”“学规”中也都有大量关于日常衣食住行、待人接物方面的礼仪规范。

人与人交往，如何称呼对方，彼此如何站立，如何迎送等，都有礼的规定。即使是吃饭，也应该在举手投足之际显示出自己的修养，即食礼。行为合于礼，是有修养的表现，反之则不能登大雅之堂。

现在很多人忽视了对做人应懂得的基本礼仪规范的学习。人们把那些在礼仪上不拘小节的人认为是“潇洒”；把身穿奇装异服、口讲粗话的人认为是“有个性”。坐没有坐相，站没有站相，吃没有吃相，穿着邋遢，见了长辈连个招呼都不打，麻烦了别人连句感谢话也不说，在公共场所目无他人、任意所为，这都是没有修养的表现。

其实，礼貌、仪表、风度，是反映一个人文化素质和修养的重要方面，人与动物的根本区别不是语言的有无，而是礼，礼是文明与野蛮的区别。

拓展阅读

苏轼遭遇“看人待客”

宋神宗熙宁四年（1071 年），苏轼任杭州通判。在杭州为官三年中，他经常微服出游。一天，他到一座寺庙游玩，方丈看到陌生人来访，非常怠慢地说：“坐!”然后跟小和尚说：“茶!”小和尚端上一碗很普通的茶。

方丈和苏轼交谈几句后，觉得此人谈吐不凡，并非等闲之辈，又跟苏轼说：“请坐!”同时叫来小和尚说：“敬茶!”小和尚又重新泡上一碗好一点的茶。

交谈一阵后，方丈终于明白来者就是本州长官、大名鼎鼎的苏轼，便忙起身说："请上座！"并叫小和尚："敬香茶！"

临别，方丈捧上文房四宝希望苏轼留下墨宝。苏轼本对方丈看人待客的行为非常鄙视，转念一想就提笔写下一副对联：坐请坐请上座，茶敬茶敬香茶。

方丈看后，心下了然，脸上只有羞愧、尴尬之色。

客来敬茶本是传统礼仪，表达尊敬、友好和平等，可是这位方丈却如此看人待客，这既是对客人的不尊重，也是对自身的不尊重。

《二十四孝》

"孝"是中华民族传统文化的精髓，也是中华民族的传统美德。为了继承并发扬这种传统美德，元代郭居敬辑录古代24个孝子的故事，编成《二十四孝》。由于后来的印本大都配以图画，故又称《二十四孝图》。

二十四孝具体是指：虞舜孝感动天，汉文帝试疾尝药，曾参心痛感啮指，仲由养亲远负米，闵损痛单感后母，郯子扮鹿求鹿乳，老莱子舞彩娱亲，董永卖身葬父，丁兰思亲刻木像，江革负母孝感盗，陆绩念母怀丹橘，郭巨埋子得黄金，黄香九龄扇枕罩，蔡顺桑椹感强寇，姜诗孝感泉涌鲤，王裒闻雷泣墓，曾氏守节奉瞽姑，王祥卧冰求鲤鱼，吴猛代亲供蚊噬，杨香救父手缚虎，孟宗哭竹冬生笋，庾黔娄尝粪心苦，朱寿昌弃官访母，黄庭坚涤母溺器。

思考与探究

1. 学习完本章内容，你认为古代的礼仪文化有哪些"精华"，又有哪些"糟粕"呢？

2. 现代社会婚姻自由，按理说婚姻的质量应该更高，但是离婚率却越来越高，这会不会与婚礼仪式简单化有关系呢？

第九单元　中国古代科学技术

科学通常是指人们关于自然现象和规律的知识体系，包括数学、物理、化学、天文学、地理学、生物学、农学、医学等学科。技术一般被理解为关于工具、物质产品以及它们被用来达到实用目的的方式的知识，分为纺织、建筑、机械、冶金、车船、兵器、陶瓷、造纸、印刷等部门。中国古代在科学技术的各个领域和部门中，都创造了辉煌的历史和卓越的成就，对整个人类文明做出了不可估量的贡献。

一、中国古代科学的伟大成就

（一）中国古代天文学

中国是天文古国，也是天文大国，天文学是我国最古老的科学。在远古时代，好奇的先民仰观天文，辨识各种星座，探索天体运行规律，并划分星空体系。古代天文学研究的基本内容可以概括为：在给定的时间、地点，推算出日、月、五大行星在天球上的位置。古代天文学家靠勤劳、智慧和耐心对中国古代天文观测和历法的制定做出了重大贡献。

1．我国古代天文历法概况

（1）我国古代天文

我国是世界上古代天象记录最多也最系统的国家，从殷商时代的甲骨文中就可以找到那时出现的天象记录。后来各个朝代都专门设有天文官员系统地观测天象，所以历代的天象记录是不间断的。

我国最早的天象观察，可以追溯到好几千年以前。无论是对太阳、月亮、行星、彗星、新星、恒星，以及日食和月食、太阳黑子、日珥、流星雨等罕见天象，都有着悠久而丰富的记载，观察仔细、记录精确、描述详尽，其水平之高，达到使今人惊讶的程度，这些记载至今仍具有很高的科学价值。在我国河南安阳出土的殷墟甲骨文中，已有丰富的天文现象的记载。这表明远在公元前14世纪时，我们祖先的天文学已很发达了。举世公认，我国有世界上最早最完整的天象记载。我国是欧洲文艺复兴以前天文现象最精确的观测者和记录最好的保存者。

世界天文史学界公认，我国对哈雷彗星观测记录久远、详尽，没有一个国家可比。我国公元前613年的彗星记载，被认为是世界上最早的哈雷彗星记录，从那时起到1986年，哈雷彗星共回归了30次，我国都有记录。1973年，考古工作者在湖南长沙马王堆的一座汉朝古墓内发现了一幅精致的彗星图，图上除彗星之外，还绘有云、气、月掩星和恒星。天文史学家对这幅古图做了考证研究后，称之为《天文气象杂占》，认为这是迄今发现的世界上最古老的彗星图。早在2000多年前的先秦时期，我们的祖先就已经对各种形态的彗星进行了认真的观测，不仅画出了三尾彗、四尾彗，还似乎窥视到今天用大望远镜也很难见到的彗核，这足以说明中国古代的天象观测是何等的精细入微。

新星和超新星的产生是恒星演化过程中的一种现象。1054年有一颗超新星爆发，那时正是我国北宋时期，天文学家做了详细的观测记录，它最亮时在太阳高照的白天都可以见到。这样的光芒四射持续了23天，以后逐渐变暗，22个月以后才完全不见。这颗星爆发以后，将其周围的气壳抛出形成一个螃蟹状星云，中心部分向内收缩，由于巨大的压力形成一个中子星。我国历史上关于新星和超新星的记录约有80多条，全世界这类记录的90%，其中有一些已经在现代天文学的研究中发挥了重要的作用。

（2）我国古代历法

中国是世界上最早发明历法的国家之一，历法的出现对中国经济、文化的发展有着巨大的影响。我国古代历法在殷商时代就出现了，而且在不断地改进，到西汉时基本上定型。后经1000多年的演变，创造出100多种历法，不仅成功地解决了几千年来记日记年的历史年代学问题，也为农业生产和人民生活提供了时令节气的依据。

我国古代历法的内容有：确定年月的长度，计算朔望的时刻，安排二十四节气，预告日夜长短的变化、日月食的发生和行星位置等。

① 干支计时。干支是天干地支的简称。天干：甲、乙、丙、丁、戊、己、庚、辛、壬、癸。地支：子、丑、寅、卯、辰、巳、午、未、申、酉、戌、亥。十天干和十二支依次相配，组成六十个基本单位，古人以此作为年、月、日、时的序号，叫"干支纪法"。

② 五更。我国古代把夜晚分成甲、乙、丙、丁、戊五个时段，用鼓打更报时，所以叫作五更、五鼓或叫五夜。

一更又称黄昏、一鼓、甲夜——19 点 ~ 21 点；

二更又称人定、二鼓、乙夜——21 点 ~ 23 点；

三更又称夜半、三鼓，丙夜——23 点 ~ 次日凌晨 1 点；

四更又称鸡鸣、四鼓、丁夜——1 点 ~ 3 点；

五更又称平旦、五鼓、戊夜——3 点 ~ 5 点。

③ 纪年法。我国古代纪年法主要有四种：一是王公即位年次纪年法，即以王公在位年数来纪年。二是年号纪年法。年号是我国古代帝王用来纪年的名号，自汉武帝起开始有年号，并以年号纪年。三是干支纪年法。如《五人墓碑记》中："予犹记周公之被逮，在丁卯三月之望。"文中的"丁卯"指 1627 年，即是干支纪年法。四是年号干支兼用法。纪年时皇帝年号置前，干支列后。如《扬州慢》中的"淳熙丙申"，"淳熙"是南宋皇帝的年号，而"丙申"是干支纪年。

④ 月相纪日法。月相纪日法是指用"朔、朏、望、既望、晦"等表示月相的特称来纪日。每月第一天叫朔，每月初三叫朏，月中叫望（小月十五日，大月十六日），望后这一天叫既望，每月最后一天叫晦。如《祭妹文》中："此七月望日事也。"《五人墓碑记》中："在丁卯三月之望。"《赤壁赋》中："壬戌之秋，七月既望。"《与妻书》中："初婚三四个月，适冬之望日前后。"

⑤ 二十四节气。二十四节气是根据太阳一年内的位置变化以及所引起的地面气候的演变次序来划分，分列在十二个月中，以反映四季、气候、气温等情况。每个月分为月首即"节气"和月中即"中气"两段，如立春为正月节，雨水为正月中，后人就把节气和中气统称为节气。

二十四节气的名称和顺序是：

正月：立春、雨水；二月：惊蛰、春分；三月：清明、谷雨；四月：立夏、小满；五月：芒种、夏至；六月：小暑、大暑；七月：立秋、处暑；八月：白露、秋分；九月：寒露、霜降；十月：立冬、小雪；十一月：大雪、冬至；十二月：小寒、大寒。

为了便于记忆，人们编出了二十四节气歌："春雨惊春清谷天，夏满芒夏暑相连。秋处露秋寒霜降，冬雪雪冬小大寒。"

⑥ 星宿四象。古时把星座称为星宿。古人为观测日、月、星的运行而划分为二十八个星区，以说明日、月、星运行的位置，又称为二十八星宿。古人把东、南、西、北四方每一方的七宿想象为四种动物形象，叫作"四象"。"四象"在我国古代星相学指的是东方苍龙（青龙）、西方白虎、南方朱雀、北方玄武。

2. 我国古代天文仪器及天文著作

（1）天文仪器

① 圭表。圭表是一种既简单又重要的测天仪器，它由垂直的表（一般高八尺）和水平的圭组成。圭表的主要功能是测定冬至日所在，进而确定回归年长度。此外，还可以通过观测表影的变化确定方向和节气。

很早以前，人们发现房屋、树木等物在太阳光照射下会投出影子，这些影子的变化有一定的规律。于是便在平地上直立一根竿子或石柱来观察影子的变化，这根立竿或立柱就叫作"表"；用一把尺子测量表影的长度和方向，则可知道时辰。后来，发现正午时的表影总是投向正北方向，就把石板制成的尺子平铺在地面上，与立表垂直，尺子的一头连着表基，另一头则伸向正北方向，这把用石板制成的尺子叫"圭"。正午时表影投在石板上，古人就能直接读出表影的长度值。

经过长期观测，古人不仅了解到一天中表影在正午最短，而且得出一年内夏至日的正午，烈日高照，表影最短；冬至日的正午，煦阳斜射，表影则最长。于是，古人就以正午时的表影长度来确定节气和一年的长度。譬如，连续两次测得表影的最长值，这两次最长值相隔的天数，就是一年的时间长度，难怪我国古人早就知道一年等于365天多的数值。

在现存的河南登封观星台上，13.33米的高台和42.67米长的量天尺也是一个巨大的圭表。

② 日晷。日晷又称"日规"，是我国古代利用日影测得时刻的一种计时仪器。通

常由铜制的指针和石制的圆盘组成。铜制的指针叫作“晷针”，垂直地穿过圆盘中心，起着圭表中立竿的作用，因此，晷针又叫“表”，石制的圆盘叫作“晷面”，安放在石台上，南高北低，使晷面平行于天赤道面，这样，晷针的上端正好指向北天极，下端正好指向南天极。在晷面的正反两面刻画出12个大格，每个大格代表两个小时。当太阳光照在日晷上时，晷针的影子就会投向晷面，太阳由东向西移动，投向晷面的晷针影子也慢慢地由西向东移动。于是，移动着的晷针影子好像是现代钟表的指针，晷面则是钟表的表面，以此来显示时刻。

由于从春分到秋分期间，太阳总是在天赤道的北侧运行，因此，晷针的影子投向晷面上方；从秋分到春分期间，太阳在天赤道的南侧运行，因此，晷针的影子投向晷面的下方。所以在观察日晷时，首先要了解两个不同时期晷针的投影位置。

③ 漏刻。漏刻是古代的一种计时工具，不仅古代中国用，而且古埃及、古巴比伦等国都使用过。漏是指计时用的漏壶，刻是指划分一天的时间单位，它通过漏壶的浮箭来计量一昼夜的时刻。最初，人们发现陶器中的水会从裂缝中一滴一滴地漏出来，于是专门制造出一种留有小孔的漏壶，把水注入漏壶内，水便从壶孔中流出来，另外再用一个容器收集漏下来的水，在这个容器内有一根刻有标记的箭杆，相当于现代钟表上显示时刻的钟面，用一个竹片或木块托着箭杆浮在水面上，容器盖的中心开一个小孔，箭杆从盖孔中穿出，这个容器叫作“箭壶”。随着箭壶内收集的水逐渐增多，木块托着箭杆也慢慢地往上浮，古人从盖孔处看箭杆上的标记，就能知道具体的时刻。漏刻的计时方法可分为两类：泄水型和受水型。漏刻是一种独立的计时系统，只借助水的运动。后来古人发现漏壶内的水多时，流水较快，水少时流水就慢，显然会影响计量时间的精度。于是在漏壶上再加一只漏壶，水从下面漏壶流出去的同时，上面漏壶的水即源源不断地补充给下面的漏壶，使下面漏壶内的水均匀地流入箭壶，从而取得比较精确的时间。

④ 浑仪。浑仪是我国古代的一种天文观测仪器。在古代，“浑”字含有圆球的意义。古人认为天是圆的，形状像蛋壳，出现在天上的星星是镶嵌在蛋壳上的弹丸，地球则是蛋黄，人们在这个蛋黄上测量日月星辰的位置。因此，把这种观测天体位置的仪器叫作“浑仪”。

最初，浑仪的结构很简单，只有三个圆环和一根金属轴。最外面的那个圆环固定在正南北方向上，叫作“子午环”；中间固定着的圆环平行于地球赤道面，叫作“赤道环”；最里面的圆环可以绕金属轴旋转，叫作“赤经环”；赤经环与金属轴相交于两点，一点指向北天极，另一点指向南天极。在赤经环面上装着一根望筒，可以绕赤经环中心转动，用望筒对准某颗星星，然后，根据赤道环和赤经环上的刻度来确定该星在天空中的位置。

后来，古人为了便于观测太阳、行星和月球等天体，在浑仪内又添置了几个圆环，也就是说环内再套环，使浑仪成为多种用途的天文观测仪器。

⑤ 天体仪。天体仪古称“浑象”，是我国古代一种用于演示天象的仪器，它可以用来直观、形象地了解日、月、星辰的相互位置和运动规律。我国古人很早就会制造这种仪器，北京古观象台上安置的天体仪，是我国现存最早的天体仪，制于清康熙年间，重3850千克。天体仪的主要组成部分是一个空心铜球，球面上刻有纵横交错的网格，用于量度天体的具体位置；球面上凸出的小圆点代表天上的亮星，它们严格地按照亮星之间的相互位置标刻。整个铜球可以绕一根金属轴转动，转动一周代表一个昼夜，球面与金属轴相交于两点：北天极和南天极。两个极点的指尖，固定在一个南北正立着的大圆环上，大圆环垂直地嵌入水平大圈的两个缺口内，下面四根雕有龙头的立柱支撑着水平大圈，托着整个天体仪。利用浑象，无论是白天还是阴天的夜晚，人们都可以随时了解当时应该出现在天空的星空图案。

⑥ 水运仪象台。水运仪象台是宋代苏颂、韩公廉等人设计制造的一座大型天文仪器，它把观测天象的浑仪、演示天象的浑象和报时装置巧妙地结合在一起，是我国古代一项卓越的创造。水运仪象台高约12米，宽约7米，呈下宽上窄的正方台形，全部为木建筑结构。全台分为三部分，最上层是一个可以开闭屋顶的木屋，里面放置一架铜制浑仪，用来观测天象；中间部分是一间密室，放置浑象，可以随时演示天象；最为有趣的是下面的报时装置，在台的南面可以看到五层木阁，每一层木阁里都有报时的小木人，它们各司其职，根据不同的时刻，轮流出来报时。它的一套动力装置“可能是欧洲中世纪天文钟的直接祖先”。

（2）天文著作

①《周髀算经》：最古老的天文学著作。《周髀算经》约成书于公元前1世纪，原名《周髀》，它是我国最古老的天文学著作，同时也是一部最早的数学著作。主要阐明当时的盖天说和四分历法。唐初规定它为国子监明算科的教材之一，故改名《周髀算经》。

中国古代，按所提出的宇宙模式的不同，天文学共有三家学说，“盖天说”是其中之一，而《周髀算经》是“盖天说”的代表。这派学说主张：天像盖笠，地法覆盆

（天空如斗笠，大地像翻扣的盆）。《周髀算经》上面还记载周公与商高的谈话，其中就有勾股定理的最早文字记录，即“勾三股四弦五”，亦被称作商高定理。

《周髀算经》采用最简便可行的方法确定天文历法，揭示日月星辰的运行规律，囊括四季更替、气候变化，包含南北有极，昼夜相推的道理。《周髀算经》体现中国人民勤劳和智慧，可以称得上是世界古代科学技术的一座不朽丰碑。

②《开元占经》：大型星占与历法著作。《开元占经》是唐代收集整理古代天文文献资料的一大成就，主编为瞿昙悉达，其祖父原是天竺（今印度）婆罗门僧人，于隋代携全家来中国定居。约在开元二年（714 年）奉旨领导编纂《开元占经》，约历时十年完成了这部有一百二十卷之多的巨著。《开元占经》前两卷辑录了古代天文学家的宇宙理论，从第三卷到第九十卷辑录的是对各种天象的占法，第九十一卷到第一百零二卷辑录了气象占，第一百零三卷为《麟德历经》，一百零四卷为《九执历》，一百零五卷为先秦至开元期间二十九种历法的基本数据，一百零六至一百一十卷记星图中的星位，最后十卷是杂占。

《开元占经》所集古代天文星占著作七八十种，明代程明善曾称赞此书的收录“可谓无遗珠矣”。它采用的方法是先编目录纲要，按照对天地的认识、日月五星和二十八宿及与之相关的占语、星占理论基础（分野和星官），偶见天体及相关的占语、历法、杂占等的顺序，将各家有关的论述纳入相应的章节，使这部书成为经过系统编辑的天文星占资料精粹汇编。《开元占经》直接节录原著原文，未经编者改写，因而保存了大量原始资料，得以传世，其中许多珍贵资料是仅见于此书的，这是这部书的一项重要贡献。《开元占经》中所记载的中国古代天象记录，恒星观测记录，甘、石，巫三家星表的星名和星数，前人历法的主要天文数据，《麟德历》全部内容，《九执历》，历代天文学家对宇宙结构和天体运动的论述以及各种纬书等，也都有重要的研究价值。

③《新仪象法要》：天文仪器专著。《新仪象法要》是北宋科学家苏颂撰写的介绍中国传统天文仪器制作的专门性著作，由于图文并茂，也可称是一本古代天文仪器的专门设计书。该书是中国古代最重要的天文仪器专著之一。

该书卷首有苏颂《进仪象状》一篇，报告造水运仪象台的缘起、经过和它与前代类似仪器相比的特点等。正文以图为主，介绍水运仪象台总体和各部结构。各图附有文字说明。卷上介绍浑仪，有图十七种；卷中介绍浑象，除五种结构图外，另有星图二种五幅，四时昏晓中星图九种；卷下则为水运仪象台总体、台内各原动及传动机械、报时机构等，共有图二十三种，附别本作法图四种。其中还有唯一的一段不带图的文字——“仪象运水法”，讲述利用水力带动整个仪象台运转的过程。总计全书共有图六十种。这些结构图是中国现存最古的机械图纸。它采用透视和示意的画法，并标注名称来描绘机件。通过复原研究，证明这些图的一点一线都有根据，与书中所记尺寸数字准确相符。该书是中国现存最早的水力运转天文仪器专著，反映了十一世纪中国天文学和机械制造的技术水平。通过研究，人们得以了解中国古代的水运仪象传统，从此还得知近代机械钟表的关键性部件——锚状擒纵器是中国发明的。

（二）中国古代数学

1. 中国古代数学知识

中国是世界上四大文明古国之一，和古埃及、古巴比伦及古印度一样，数学出现得很早。据记载，早在八千年前，中国已有相当发展的数学，因为确定音律需要数学，而且不是简单的数学。据现有文献记载，中国古典数学的算法化和实用性的倾向十分明显，这一点与古希腊的逻辑化、几何化的倾向相反，但这两种风格各异的数学文化在世界数学发展史上起着互相补充、互相促进的作用，对数学科学文化的发展，都做过伟大的贡献，即使在今天，我们也可以从中国古典数学文化中吸取营养，得到启发。

（1）十进制、算筹与珠算

我国古代数学以计算为主，取得了十分辉煌的成就，其中十进位制计数法、算筹与珠算在数学发展史中起着举足轻重的作用。

十进位制计数法曾被马克思称为人类“最妙的发明之一”，从有文字记载开始，我国的计数法就遵循十进制。

最初算筹中没有“零”的符号，先是用空位表示，后来为了避免运算过程中出错，就借用古书缺字符号“□”，而“□”的书写很自然地演化为“○”，这一记号在宋元算术的演算中被广泛使用。

算筹，是世界上最早使用十进位制的计数法，在我国古代用了两千多年，但由于使用不便、速度和效率不高等不足和社会发展对大量计算的需要，后被其他方法取代。沈括介绍了各种因乘法，最早出现“九归”，并指出算术应遵循“见简即用，见繁即变，不胶一法”的原则。计数的许多歌诀与后来的珠算常用口诀一致。

(2)《九章算术》与勾股定理

《九章算术》约成书于西汉时期，它上承秦汉以前的数学成就，下启唐宋数学的创造之源，对中国及世界的古代数学发展有着极其重要的作用。

《九章算术》包括246个应用问题，对每个问题都分别给出了答案和解题方法，各章的名称和主要内容如下：

第一章“方田”：平面几何图形面积的计算方法及分数问题。

第二章“粟米”：以谷物粮食交换为例的各种比例问题。

第三章“衰分”：比例分配问题。

第四章“少广”：由面积、体积反求其一边长和径长问题；介绍了开平方、开立方的方法。

第五章“商功”：与土石工程有关的体积计算及分配方案问题。

第六章“均输”：合理摊派赋税及用衰分术解决赋役的合理负担问题。

第七章“盈不足”：由两次假设求解复杂算术问题的特殊算法。

第八章“方程”：一次线性方程组问题。

第九章“勾股”：利用勾股定理求解的各种问题。

勾股定理是一个基本的几何定理，指直角三角形的两条直角边的平方和等于斜边的平方。中国古代称直角三角形为勾股形，并且以直角边中直立者为股，另一直角边为勾，斜边为弦，所以称这个定理为“勾股定理”，也有人称“商高定理”。

勾股定理现约有500种证明方法，是数学定理中证明方法最多的定理之一。三国时期的赵爽对《周髀算经》内的勾股定理做出了详细注释，记录于《九章算术》中，“勾股各自乘，并而开方除之，即弦”，赵爽创制了一幅“勾股圆方图”，用形数结合的方法，给出了勾股定理的详细证明。

(3）刘徽，祖冲之与圆周率

3世纪中期，魏晋时期的数学家刘徽首创割圆术，为计算圆周率建立了严密的理论和完善的算法。所谓割圆术，就是不断倍增圆内接正六边形的边数求出圆周率的方法。

南北朝时期的数学家祖冲之在刘徽得到的 $\pi=3.1416$ 的基础上继续使用割圆术，在地上画了一个直径为一丈的大圆，将圆割成六等分，然后再依次内接一个12边形、24边形、48边形……他按勾股定理用算筹摆出乘方、开方等式，一一求出多边形的边长和周长，计算到正24576边形时，得到了圆周率兀值的范围：$3.1415926<\pi<3.1415927$。

祖冲之还给出了圆周率π的分数近似值，他得出的圆周率精确值在当时世界上已遥遥领先，直到1000年后，才有阿拉伯数学家阿尔·卡西的计算超过了他。

（4）九九歌的故事

“一一得一，一二得二，……，八九七十二，九九八十一。”现在每个小学生都能把九九歌背得烂熟，否则就连小学也毕不了业。

但是为什么这个歌诀起名为“九九歌”呢？这是因为在我国古代，这个歌诀不是从“一一得一”开始的，而是倒过来，从“九九八十一”开始的。我们古人有个习惯，就是有时爱取正文开头几个字作为标题或书名，这样就出现了“九九歌”的名字。关于“九九歌”，这里还有一个很有趣的小故事。

春秋时候，齐桓公为了罗致各方面的人才，曾经设了一个招贤馆。大概是当时有许多招贤馆都是有其名无其实的缘故，所以招贤馆开设了一年多，也没有一个人来应招。这一天好容易来了一个人，看外表打扮是一个普普通通的老百姓。齐桓公问他有什么治国经世之才，他说会九九歌。齐桓公一听就忍不住笑了，说：“会九九歌也算是有才学吗？”他回答说：“会九九歌确实算不上有什么才学，但是如果你能对我这个只会九九歌的人都以礼相待，那还愁有真才实学的人不接踵而来吗？”齐桓公觉得他的话很有道理，于是给了他很好的待遇。果然，不到一个月，许多有真才实学的人就从四面八方汇集而来了。

在这个故事中，“九九歌”被放到了一个十分尴尬的位置，被认为是不值得一提的小学问。然而反过来看，却实在是一件大好事。这说明早在齐桓公时期，懂得九九歌已经不是什么稀罕事了，而这反映了当时已具有了较高的四则运算水平。并且，齐桓公时期与数学家陈子活动的时期大致相同，这就说明，早在公元前六七世纪，我国古代代数学和几何学都已达到相当高水平了。

2. 中国古代数学的特点

（1）以算法为中心，属于应用数学。中国数学不脱离社会生活与生产的实际，以解决实际问题为目标，数学研究是围绕建立算法与提高计算技术而展开的。

（2）具有较强的社会性。中国传统数学文化中，数学为儒学家培养人的道德技能的基本知识——六艺（礼、乐、射、御、书、数）之一，它的作用在于“通神明、顺性命、经世务、类万物”，所以中国传统数学总是被打上中国哲学与古代学术思想的烙印，与术数交织在一起。同时，数学教育与研究被封建政府所控制，历代数学家往往是政府的天文官员。

（3）寓理于算，理论高度概括。中国传统数学注重解决实际问题，而且因中国人综合、归纳思维的特点，中国传统数学不关心数学理论的形式化，但这并不意味中国传统数学仅停留在经验层次而无理论建树。其实中国传统数学的算法中蕴含着建立这些算法的理论基础，中国数学家习惯把数学概念与方法建立在少数几个不证自明、形象直观的数学原理之上，如代数中的“率”的理论，平面几何中的“出入相补”原理，立体几何中的“阳马术”、曲面体理论中的“截面原理”（或称刘祖原理，即卡瓦列利原理）等。

3. 中国数学对世界的影响

数学活动有两项基本工作——证明与计算，前者是由于接受了公理化（演绎化）数学文化传统，后者是由于接受了机械化（算法化）数学文化传统。在世界数学文化传统中，以欧几里得《几何原本》为代表的希腊数学，无疑是西方演绎数学传统的基础，而以《九章算术》为代表的中国数学无疑是东方算法化数学传统的基础，它们东西辉映，共同促进了世界数学文化的发展。中国数学通过丝绸之路传播到印度、阿拉伯地区，后来经阿拉伯人传入西方。而且在汉字文化圈内，一直影响着日本、朝鲜、越南等亚洲国家的数学发展。

（1）西周：商高讲过“勾三股四弦五”这一勾股定理特例，载于《周髀算经》。

（2）东汉：《九章算术》是当时世界上最先进的应用数学。

（3）三国：刘徽运用极限理论，提出计算圆周率的正确方法。

（4）南朝：祖冲之精确地算出圆周率是在 3.1415926 ~ 3.1415927 之间，这一成果比欧洲早一千年，又著《缀术》一书。

（三）古代物理学

我国古代物理学的成就是巨大辉煌的，几乎在力、热、声、光、磁、电等物理学的诸多领域，都有举世公认的建树。

1．中国古代物理学主要成就

（1）力学

① 初步认识了力，并阐述了力的概念和力的方向性。《墨经》中提到力，就是使物体能够运动的东西。重量也是力。物体下坠、上举，都是力的缘故。墨家把力与重联系起来，把重看成是一种力，这在当时无疑是一种先进的物理思想。

② 提出了力的量度及其单位。如《论衡》效力篇："引弓之力不能引强弩。弩力：五石，引以三石，筋绝骨折，不能举也。"这里，以"石"计力，石是我国古代重量单位。

③ 研究过杠杆原理，并把杠杆类简单机械用于日常生产和生活中。例如，在长沙左家公山战国楚墓出土的文物中，就发现了当时的天平及砝码。在《天工开物》一书中，就有舂和桔槔等利用杠杆原理制成的舂米和提水工具的插图。

④ 掌握了弹力的性质及其应用。距今五千年前，我国已发明了弓箭，用来杀伤野兽或进行战争。三国时期，诸葛亮发明了"连弩"，一次可射出十支箭。

⑤ 认识了水的浮力，并发明了舟。今天黄河上的羊皮筏子，由来已久。另外，曹冲称象、司马光浮球，都是我国古代利用浮力的脍炙人口的故事。

⑥ 发现了大气压力，制成了互吸管，并用于农业灌溉。宋代曾公亮（998—1078年）的《武经总要》："凡水泉有峻山阻隔者，取大竹去节，雄雌相合。油灰黄蜡固封，勿令泄气，推竹首插入水中五尺，于竹末烧松桦或干草，使火气自竹内潜通水所，则水自竹中逆上。"这是利用大气压力制造虹吸灌溉的极其生动的叙述。在欧洲，直到17世纪，意大利物理学家托里拆利和法国的帕斯卡等人才搞清了这个问题。

（2）声学

我国是最早运用打击发声制出打击乐器的国家。现已发掘的最早乐器是夏代（约公元前21世纪—公元前17世纪）的石磬。在夏、商、周时期，各种各样的乐器次第出现。

我国是最早研究音律的国家。商代的五声音阶（宫、商、角、徵、羽），是我们的祖先留下的宝贵文化遗产。至周初，又出现了十二律和七声音阶，奠定了乐音发展的基础。

发现了声学上的共振现象。西周时，鲁遽曾把两具瑟分置于两个房间，"鼓宫则宫鸣，鼓角则角应"。这是世界上最早的共鸣实验。沈括还做过著名的纸人共振实验。据

《梦溪笔谈》记载，沈括的实验过程是：“欲知其应者，先调其弦令声和。乃剪纸人加弦上，鼓其应弦，则纸人跃，它弦即不动。”这种实验设计，形象直观，有利观察。同类实验在欧洲直至17世纪才出现。

发明和制成了声形兼备的“喷水鱼洗”。喷水鱼洗是一种用铜质合金制成的盆状有耳器皿，器内盛水，当用双手分别摩擦它的双耳时，鱼洗体侧壁振动，使鱼洗内的水形成对称的驻波（一般是4个），向上激起水柱，高达数十厘米，并能听到振动的嗡嗡声。我国的喷水鱼洗大约发明于北宋后期，比西方的克拉尼振动板要早700多年。

1978年，湖北省随州曾侯乙墓出土的战国初期的编钟65件，其演奏时的声学效果和美学效果在世界上是绝无仅有的，被美国学者麦克莱因誉为“世界第八奇迹”。

我国的声学建筑，在世界上也是首屈一指的。例如明永乐十八年（1420年），北京建造了举世闻名的天坛，同时精心设计和配置了回音壁、三音石、圜丘，这是我国声学研究的巨大成就。

（3）热学

我国古代很早就有温度的概念。《吕氏春秋》中有：“见瓶水之冰而知天下之寒，鱼鳖之藏也。”这是由水的结冰情况推知气温下降的程度。西汉《淮南子·说山训》进一步指出“睹瓶中之冰而知天下之寒暑”，可能是古人有意识地在瓶中置冰，由其消长来判断气温的升降。我国至迟在西周时期，就已经利用冰来降温和防腐。《周礼》中有设“凌人”一职的记载，凌人在冬天采冰，藏于冰井、冰窖，以供夏天在宫廷中防暑降温之用。

我国很早就认识了热胀冷缩现象。据东晋常璩的《华阳国志》记载，早在公元前250年左右，李冰开凿都江堰时，曾利用热胀冷缩原理，粉碎拦江巨石。

近代燃气轮机的原始模型——走马灯，最早由我国发明。唐朝段成式的《酉阳杂俎》中就有关于走马灯的记载，说明当时已经认识到热空气可以作为动力推动物体旋转。

（4）磁学

指南针是我国四大发明之一，最早见于《韩非子·有度》中的“先王立司南以端朝夕”，更明确的记载见《论衡》中：“司南之杓，投之于地，其柢指南。”

我国最早发明了人工磁化法。沈括在《梦溪笔谈》里转述了“方家以磁石磨针锋，则能指南。然常微偏东，不全南也”这个重要发现。另外，他还总结了指南针的四种支持方法：水浮法、指甲法、碗唇法和丝悬法，并指出以丝悬法为最好。

南宋时期，罗盘已经用于航海中。在著名的郑和航海图中，分别绘明了航线所经各国的方位、航程远近及航向等，船队在远航中灵活地采用各种针路，而且往返针路各不相同，说明了我国当时高超的航海技术和科学水平。

（5）电学

① 发现了摩擦生电。西汉末年的《春秋纬·考邮异》中有“瑇瑁吸褚”。东汉时的《论衡》中有“顿牟掇芥”。这里，瑇瑁、顿牟都是“玳瑁”的古称。玳瑁是绝缘体，摩擦后带电，能吸引轻小物体。

② 发现了静电放电现象。西晋张华的《博物志》中：“今人梳头、脱着衣时，有随梳、解结有光者，也有咤声。”明《三余赘笔》中：“吴绫为裳，暗室中力持曳；以手摩之，良久，火星直出。”这都说的是静电放电现象。这种现象，在欧洲，直到17世纪才被吉尔伯特、波义耳等人发现并记载下来。

③ 认识了雷、电，解释了雷电的成因。在我国最早的甲骨文和金文中都已有“雷”字。青铜时代的器物上常用雷纹作装饰图案。金文中还出现了“电”字。对雷电成因做出科学解释的是王充。《论衡》中说：“夫盛夏太阳用事，云雨干之。太阳，火也；云雨，水也。水火激搏，则鸣而为雷。”这在当时来说，已属难能可贵。

早在美国富兰克林（1706—1790年）研究天空雷电现象之前二百年，我国已有罕见的联珠状闪电和球形闪电的珍贵记载。如明代张居正（1525—1582年）说：“嘉靖丙寅年四月，天微雨，忽有流火如球，其色绿，后有小火点随之，从雨中冉冉腾过予宅，坠于厨房水缸之中。其光如月。厨中人惊视之，遂不见。”《梦溪笔谈》也有“雷火自窗间出”的记载。

我国是最早发明避雷针的国家，古建筑上的“鸱吻”以及古塔塔顶往往装有金属导体，利用其尖端作用可以避免雷击。

（6）光学

① 认识了光的直线传播，最早对小孔成像做出了正确的描述。如《墨经》中：“光之入，照若射”“景到，在午有端，与景长。说在端”。《梦溪笔谈》中也有对小孔成像的生动描述。

② 论述了平面镜成像原理，并发现了两平面镜相对而立，可以成无数个像的现象。《庄子·天下篇》：“鉴以鉴影，而鉴亦有影。两鉴相鉴，则重影无穷。”

③ 发明了奇特的“透光镜”。这种透光镜是西汉时的工匠用金属制成。一面承光，

而镜背后的文字图案能呈现在墙上，好像光能透过金属一样。现在的上海博物馆还保存有这种西汉时期的透光币。这实在是光学史上的珍器，堪称“国宝”。历史上很多人研究它的原理，国外许多科学家称之为“魔镜”。可见当时古人的光学知识已经相当丰富，而制镜工艺已是炉火纯青了。

④ 最早发现了凹面镜（或凸透镜）可以取火，如《周礼》中的“阳燧取火”。古人称之为“阳燧”的，可能是凹面镜，也可能是凸面镜，可能是用金属做的，也可能是用玻璃做的。而英国，直到13世纪，才由洛·培根铸成凹面镜，对日取火。

⑤ 研究了凹面镜、凸面镜和透镜的成像情况，基本上掌握了成像的规律。《墨经》说凹面镜时，讨论了球心两侧的成像基本情况；《梦溪笔谈》则更进一步认识到聚焦的情况。

2. 中国古代物理故事

(1) 墨子及墨家学派的科学成就

墨子是战国初期的人物，名叫墨翟，滕国（位于今山东滕州市）人，生活在公元前468到前376年间。墨子是木匠出身，但他熟悉古代的典籍，积极参加政治活动，当过小官。他在机械制造上有所创新，技术上与当时的公输般（又名鲁班）齐名。此外，他对数学和物理学的问题也多有研究，取得了许多成就，形成了一个与孔子开创的儒家齐名的学派——墨家。

在物理学上，墨子讨论了时间与空间，运动与静止，时间与路程，提出了类似原子（“端”）的观点和“物质不灭”的科学观点。

对于力学研究，墨子提出了力的定义，详细地论述了杠杆平衡和不平衡的情况，分析了滑轮和斜面的受力情况，并对浮体进行了描述。

《墨经》中对“落体运动”也有研究，即“凡重，上弗挈，下弗收，旁弗劫，则下直”。这就是说，凡是重物，若不从上面提举它，不从下面捧托它，也不从旁边强迫它，则（物体一定）竖直下落。由这句话可见，墨家已认识到，落体运动是有条件的——“上弗挈，下弗收，旁弗劫”。

对于光学，墨子的研究主要是分析几何光学的问题，如物体与影子的关系、重影问题、小孔成像的实验研究，以及平面镜、凹面镜和凸面镜的成像问题。

墨子的研究对他的发明活动具有重要的作用。例如，墨子的木工技术精良，他发明了一种木鸟，这种木鸟虽然并不成功，但作为最早研制的飞行器还是很有历史价值的，并且对后世风筝的发明具有启发意义。

他还发明了利用声音确定声源的技术，由于这一技术在军事上的应用价值，被后世军事技术专家不断发展，成为重要的“地听”技术。

（2）古人对“两小儿辩日”故事的解释

清晨，人们常常可以看到红彤彤的太阳，照在身上暖洋洋的；但到了中午，太阳发出的光就强多了，甚至能灼烧人的皮肤。这种差别所形成的感受在仲夏时节尤为明显。

同一个太阳，在同一天的不同时间看，大小有那么明显的差别，早上的太阳表面积也显得很大，中午时显得较小。这的确是一个很有趣又很难解释的光学问题。这种现象在汉代以前就受到一些人的注意。相传，有两个小孩为这个光学问题而争论，还难倒了来劝解的孔子。“两小儿辩日”涉及光学和热学问题，研究它是很有意义的。

最早对“两小儿辩日”提出解释的是汉代的桓谭，他引用了别人的研究结论，即太阳到达天顶时比处在地平时要远些。东汉的王充认为，日中近于地平之时，可用直角边小于斜边的几何观点加以说明。同时，他还从视觉上加以说明，“日中光明，故小；其出入时光暗，故大。犹昼日察火光小，夜察之火光大也”。看来，王充从背景影响上讲的理由是比较合理的。张衡则认为，昼与夜时日地间距离是不变的。他的理由是“日之落地，暗其明也。由暗视明，明无所屈，是以望之若大。方其中，天地同明，明还自夺，故望之若小。火当夜扬光，在昼则不明也”。张衡把早晨和中午太阳的变化归于视错觉上，也是有道理的。

（3）古老的光艺术——影戏

影戏是中国的一种传统艺术曲类。传说，汉武帝时，皇妃李夫人去世，汉武帝非常思念她，当时一位名叫少翁的方士对汉武帝讲，他可以让汉武帝见到李夫人，但只能远看。到夜里，他在帐子里点上灯烛，让汉武帝在外面张望。这时，见好似是李夫人的女子在帐内行走或坐思。这位方士的方法是让人穿戴着李夫人的衣服模仿李夫人的动作，这种表演是活人动作的光投影。这个传说流传得很久很广。其实，更早的传说是，汉文帝时宫妃曾抱着太子在窗前玩耍，她把桐树叶映在纱窗上表演，以取悦太子。

隋唐时期，流行一种“幻术”，可视为影戏的雏形。隋大业年间，有一位名叫宋子贤的人就擅长“幻术”。这种“幻术”是将像投影在墙壁上，而所悬挂的“镜”可以是反射镜，利用镜子将影像加以反射后投在壁上。这种“幻术”用来表现观者的“来生”状况，非常逼真，因此“惑人数千百人”。从技术的角度看，这种“幻术”的效果是不错的。

真正可以称为影戏的艺术活动是到了宋代才成熟起来的，并且达到了很高的水平。这时的影戏可以表演历史故事，宋代匠人也开始用羊皮雕塑形象。这就是谓之“皮影戏”的原因。此后，皮影戏非常流行，特别受到儿童的喜欢。到了元代，蒙古人的势力范围横跨欧亚大陆，非常有利于中外科技和文化的交流。这时，中国人把皮影戏带到了中亚一带，并受到当地人的欢迎。后来皮影戏还传到了欧洲，欧洲人也非常喜欢。据说，1774 年，德国大诗人歌德将皮影戏从法国介绍到德国，并在 1781 年歌德生日宴会上演出了名叫《宋拉瓦生平》的皮影戏。

影戏是应用光的知识来进行影像创作活动，同今天的电影较为接近。甚至有人认为，可以把影戏看成是有声电影的开山祖。不管这种说法是否恰当，就影戏来说，它肯定是科学应用的产物，是光学应用技术发展的产物。它将光源影像和屏幕组合起来，以构成光影艺术的活动。从技术角度来看，电影与影戏的主要区别在于：电影的画面是投映在银幕上的实像，影戏的画面则是投在屏幕上的阴影；电影的画面是间断的，其连续的视觉影像是靠视觉暂留现象来拼接的，而影戏的画面则是连续的。

（三）中国古代化学

中国是世界最早的文明发达国家之一。中国古代化学也取得了相当辉煌的成就，其发展水平远远超过了当时世界其他国家和地区。

1. 卓越的陶瓷技术

中国早在约一万年前的新石器时代就已经发明了原始的制陶术，成为世界上最早制陶的国家之一。在距今四五千年以前，在今河南地区就出现了具有红、黑图饰的“彩陶”制品，反映了当时已经具有了相当高的制陶技术和社会文化水平，形成了著名的“彩陶文化”。

在约三千年前的商代，中国在不断改进制陶技术的基础上，开始用较纯净和精细的瓷土取代粗糙的陶土为原料，制胎和挂釉，并以较高温度煅烧制出了世界上最早的原始瓷器。到了汉代，由于烧瓷技术不断改进，中国已能造出精细的青瓷。以后，再经晋、唐、两宋到明清，历代名窑已能制出极其精美的瓷器，并远销国外，受到各国人民的盛赞，对世界文化的发展做出了重大贡献。“瓷”几乎已经成了“中国”的代名词。瓷器的发明是中国古代化学取得的一项杰出成就。

2. 超群的冶金技术

（1）青铜冶炼

中国开始冶炼青铜虽然晚于西方千余年，然而后来居上，冶炼水平很快超过了西方。早在公元前14世纪的商代，中国就掌握了高超的青铜冶炼技术，制出了造型复杂、精巧、庄重、雄伟的青铜器，为世界其他地区所不及，特别是在战国至汉代成书的《考工记》中，还提出了以六种不同的铜锡配比冶炼不同性能青铜的“六齐”规则，成为世界上最早总结青铜冶炼规律的国家，反映了当时超群的冶炼水平。

（2）铸铁冶炼

中国冶炼块铁的起始年代虽然迟至公元前6世纪，约比西方晚900年，然而冶炼铸铁的技术却比欧洲早2000年。中国铸铁出现在公元前5世纪，而欧洲则迟至公元后的15世纪。由于铸铁的性能远高于块铁，所以真正的铁器时代是从铸铁诞生后开始的。社会发展的历史表明，铸铁的出现是社会生产力提高和社会进步的主要标志。中国从块铁到铸铁发明的过渡只用了约一个世纪的时间，而西方则走了近三千年的漫长路程。中国古代炼铁技术发展得如此迅速是世界上绝无仅有的。英国著名科学家贝尔纳说，这是世界炼铁史上一个唯一的例外。

（3）球墨铸铁冶炼

过去，以铸铁柔化制造球墨铸铁的技术，国际学术界一直以为是1947年由英国人发明的，但是，在1981年经中国学者关洪野等人对513件出土的汉魏时期铁器研究后表明，中国早在两千多年前的汉代就已经发明了球圈铸铁，远远早于发达的欧洲国家。目前，中国学者所做的结论已经得到了国际学术界的承认。

3. 非凡的造纸术

中国是世界上最早发明造纸的国家。早在公元前2世纪的西汉时期就已经出现了原始造纸术，主要是用化学和机械方法处理麻类植物纤维，使之分散成浆，进而抄制成纸。公元105年，东汉的蔡伦认识到了这种供书写用的廉价材料对社会文化发展的重大意义，为此他周游各地，广泛收集造纸经验，并加以综合、改进和提高，发明了一套完整的造纸方法，使造纸术得以广为应用。公元751年，中国造纸术传到中亚，10世纪传到非洲，11世纪再传到欧洲，17世纪又传到美洲，在全世界得以推广，对人类文明的建设和发展产生了巨大作用。

4. 神秘的炼丹术

我国炼丹术可分内丹和外丹两大类。内丹是研究导引、吐纳（与气功相类似）等养生之道，与化学无关。外丹的目的是寻求“不死之药”和研制药用的人造黄金，即“点金术”。这种想法是荒诞且没有科学依据的。但为了配制“不死药”，获得“点金术”，炼丹家们孜孜不倦地对各种矿物、植物进行无数次的研究配合，从而在化学和药物学方面取得了突出成就，这是他们不可磨灭的功绩。

炼丹家们做了大量的实验，揭示了一些物质的性质，引发了火药的发明，取得了丰硕的成果。炼丹所用药物，种类很多。有人根据炼丹文献做了初步统计，除动植物及溶剂（如醋、酒等）外，仅金石药就有六十多种。这些药物都是供试验用的，在炼丹的化学实践中，人们掌握了很多物质的性质、制法和鉴别方法，同时还认识到氧化还原、金属置换和酸碱相互作用等化学反应。在对物质性质的认识上，人们通过实验，掌握了一些物质的化学性质，可见炼丹术对化学研究的范围是相当广阔的。在明代李时珍的《本草纲目》中，记载二百七十种无机药物的化学性质以及蒸馏、升华、重结晶、沉淀等技术，在化学方面做出了很大的贡献。

5. 独具风格的油漆技术

漆，是原产于我国漆科木本植物漆树的一种生理分泌物，主要成分为漆醇。初采集的漆含水量稍大，称为“生漆”，经过日晒脱水就成为黏状液体的“熟漆”。它与空气接触的表面呈褐色而内部为乳白色，故须密封保存。用时调入颜色即成为有色漆。

桐油也是我国特产，它是从油桐种子中榨取出的黄色干性植物油，主要成分为桐油酸。不能食用，是一种工业用油。

漆和桐油都具有成膜性能，涂刷在器物上，干后就形成一层薄膜，可以保护器物不致腐蚀。漆的产量低而价贵，桐油则产量高而价廉，而且桐油有亮度高的优点，但抗老化则不如漆。因此，古代常把桐油作为稀释剂掺入漆内。最迟在战国时期，就已经油、漆并用。

我国漆器和制漆技术，从汉代起就逐渐传入亚洲各国。漆器制造，先后在朝鲜、日本、缅甸、印度、柬埔寨及中亚、西亚等国家生根发芽，成为亚洲独特的手工艺品。到17世纪后，欧洲才仿制我国漆器获得成就。当时以法国所制的漆器为最佳，但欧洲最初的漆制品，还未能摆脱我国影响，形成了中欧混合的所谓“罗柯柯”艺术风格。

（四）中国古代中医药学

中医药在历经几千年的发展过程中，逐渐形成了独特的中医药理论及文化。它是我国劳动人民长期以来同各种疾病斗争的经验总结和智慧结晶。中医药文化是我国传统文化的组成部分，是中国传统文化所特有的文化符号，具有深厚的人文底蕴和历史积淀。

1. 中医药学的成就

（1）战国到两汉时期的中医药学成就

战国时期，“百家争鸣”的局面为我国医学理论的形成与发展创造了有利的条件。文献记载了这个时期一些著名医生和他们的医学成就，如《史记》中的《扁鹊仓公列传》、《后汉书》和《三国志》中的《华佗传》，《周礼·天官》中有关医官的记载以及《吕氏春秋》《淮南子》中的一些零散记载等，都是比较可靠的资料。

战国时期的秦越人，名缓，号卢医，因医术高明被尊称为传说中的扁鹊。他具有丰富的医疗实践经验，反对巫术治病。他天资聪颖，善于汲取前代、民间经验，掌握多种治疗方法，医术达到了炉火纯青的地步，随之巡诊列国。出自《韩非子·喻老》而在民间广为流传的“扁鹊见蔡桓公”的故事，虽不符历史真相，但也从另一个侧面体现了扁鹊的高超医术。

战国时期，我国中医理论已经基本形成，出现了解剖和医学分科，采用“四诊”，砭石、针刺、汤药、艾灸、导引、布气、祝由等治疗法的应用在文献上都有了记载。

西汉时期的中医发展较快，开始用阴阳五行解释人体生理，出现了“医工”、金针、铜钥匙等。

东汉末年著名医学家张仲景，广泛收集医方，写出了传世巨著《伤寒杂病论》。他确立的辨证论治原则，成为后世中医临床治疗的基本原则，被誉为中医的灵魂；在方剂学方面，《伤寒杂病论》创造了很多剂型，也记载了大量有效的方剂。这是中国第一部从理论到实践、确立了辨证论治法则的医学专著，是中国医学史上影响最大的著作之一，也是研习中医必备的经典著作。张仲景被后人尊称为“医圣”。

《伤寒杂病论》是集秦汉以来医药理论之大成，并广泛应用于医疗实践的专书，张仲景创造性地把外感热性病的所有症状，归纳为6个证候群和8个辨证纲领，以太阳、少阳、阳明、厥阴、少阴、太阴的“六经”来分析归纳疾病在发展过程中的演变和转归，以阴阳、表里、寒热、虚实的“八纲”来辨别疾病的属性、病位、邪正消长和病态表现，给中医临床各科找出了诊疗的规律，成为指导后世医家临床实践的基本准绳。

《伤寒杂病论》历经传抄失真失散，“伤寒”部分经后世收整编次，在晋代形成《伤寒论》一书，当时杂病部分失传；原撰《伤寒杂病论》十六卷中的“杂病”部分经后世整理在北宋修编为《金匮要略方论》，全书共25篇，所述病征以内科杂病为主，兼有部分外科妇产科等病征，是中国现存最早的一部诊治杂病的专著，也是张仲景创造辨证理论的代表作，被古今医家赞誉为方书之祖、医方之经，治疗杂病的典范。

自隋唐以后，张仲景的著作远播海外，在世界医学界享有盛誉。晋朝以来的古今中外医学者整理、注释、研究和发挥《伤寒论》和《金匮要略》的医学成果，相继成书的已超过1700家，这在世界医学史上实属罕见。

同样身处东汉的华佗因精通外科手术和麻醉名闻天下，被称为“神医”。华佗在当时已能做肿瘤摘除和胃肠缝合一类的外科手术了，他发明了麻沸散，开创了世界麻醉药物的先例。欧美全身麻醉外科手术的记录始于18世纪初，比华佗晚1600余年。史书记载的《华佗枕中灸刺经》《华佗针灸经》等著作现均已遗失，但他的医学思想却流传了下来，尤其是在中药研究方面，他的弟子药学家吴普所著《吴普本草》的很多内容在后世医书中都可以看到。此外，华佗还创立了健身体操“五禽戏”，一直流传至今。

麻醉剂的应用并不是源于华佗。在华佗之前就有人将某些具有麻醉性能的药品作为麻醉剂使用，不过并不用于医疗，大多用于战争或暗杀等，也没有明确的药效和计量的研究记录。华佗总结了这方面的经验，观察了人在醉酒时的沉睡状态，发明了酒服麻沸散的麻醉术，正式用于医学，他所创麻沸散的处方后来失传，传说系由曼陀罗花、羊踯躅等一些药剂组成的。药方据后人考证，都不是华佗的原始处方。麻沸散大大提高了外科手术的技术和疗效，扩大了手术治疗的范围。

（2）隋唐到宋元时期的中医药成就

唐代“药王”孙思邈总结前人的理论并总结经验，采用辨证治疗，他的《千金方》总结了唐代以前的医学成就，其妇、儿科专卷的论述，奠定了宋代独立妇、儿科的基础；其治内科病提倡以脏腑寒热虚实为纲，与现代医学按系统分类有相似之处。

唐代以后，中国医学理论和著作大量外传到高丽、日本、中亚、西亚等地。

宋元时期，中医进入深入发展时期。由于印刷术的进步，这一时期的医学著作每部书的印数比抄本要多得多，流传下来的也就比较多了，如宋代的四部官修大书《太平圣惠方》《圣济总录》《太平惠民和剂局方》和《政和经史类证本草》等。宋政府设立翰林医学院，医学分科接近完备，并且统一了中国针灸由于传抄引起的穴位紊乱，出版了《图经》。

这个时期中医学发展的特点，除实践医学继续有所进步以外，主要是基础理论得到深化，表现在“五运六气”学说的研究和学术流派的产生两个方面，出现了许多各具特色的医学流派，其中具有代表性的有四大家，即刘完素的“寒凉派”、张从正的“攻下派”、李东垣的“补土派”和朱震亨的“养阴派”。

大约在公元11世纪，中医即开始应用“人痘接种法”预防天花，成为世界医学免疫学的先驱。

（3）明清时期的中医药理论成就

明清时期医学著作更为繁多，流传至今的除《本草纲目》外，《瘟疫论》《神农本草经疏》《本草备要》《医方集解》《汤头歌诀》《医学六要》《医宗金鉴》等著作，对中医理论的成熟都起了很大的作用。

清初的学者把大部精力都倾注到研究古籍方面去，大兴考据之学，成为“乾嘉学派”的主流，致力于对古典著作的考证、注疏、辨伪等方面工作。这种学术风气也影响到中医古籍的研究，《黄帝内经》《伤寒论》等所谓经典著作的注解和研究特别被重视。

这个时期的中医发展到一个比较完整、系统的理论体系，形成了从生理到病理、从病理到药理、从诊断到治疗、从理论到实践的系统性结构，其主要标志就是辨证论治原则的普遍实施。

2. 中华医学的诊疗方法

（1）中医四诊法

四诊法，是我国战国时期的名医扁鹊根据民间经验和自己多年的医疗实践，总结出来的诊断疾病的四种基本方法，即望诊、闻诊、问诊和切诊，总称“四诊”。

望诊，是用肉眼观察病人外部的神、色、形、态，以及各种排泄物（如痰、粪、脓、血、尿、月经和白带等），来推断疾病的方法。

闻诊，是通过医生的听觉和嗅觉，收集病人说话的声音和呼吸咳嗽散发出来的气味等信息，作为判断病症的依据。

问诊，是医生通过跟病人或知情人谈话，了解病人的主观感受、疾病发生及演变过程、治疗经历等情况，作为诊断依据的方法。

切诊，主要是切脉，也包括对病人体表一定部位的触诊。中医切脉大多是用手指切按病人的桡动脉处（腕部的寸口），根据体表动脉搏动显现的部位、频率、强度、节律和脉波形态等因素组成的综合征象，来了解病人所患病症的内在变化。

以上诊断疾病的四种方法彼此之间不是孤立的，而是相互联系的。中医历来强调“四诊合参”，这就是说，必须对四诊收集到的病情信息，进行综合分析，去粗取精，去伪存真，才能做出符合病机发展实质的科学判断。

(2) 拔罐

拔罐是以罐为工具，利用燃火、抽气等方法产生负压，使之吸附于体表，造成局部瘀血，以达到通经活络、行气活血、消肿止痛、祛风散寒等作用的疗法。拔罐疗法在我国有着悠久的历史，早在成书于西汉时期的帛书《五十二病方》中就有关于“角法”的记载，角法类似于后世的火罐疗法。而国外古希腊、古罗马时代，也曾经盛行拔罐疗法。

目前常用的罐具种类较多，有竹罐、玻璃罐、抽气罐等。拔罐的方法一般为闪火法，即用镊子夹酒精棉球点燃，在罐内绕一圈再抽出，迅速将罐罩在应拔部位上，即可吸住。

在拔火罐时切忌火烧罐口，否则会烫伤皮肤。留罐时间不宜超过20分钟，否则会损伤皮肤。而且皮肤过敏、溃疡、水肿及心脏、大血管部位，孕妇的腰骶、下腹部，均不宜拔罐。

(3) 针灸术

针灸术是以中医理论为指导，运用针灸防治疾病的一门学科，主要内容包括经络、腧穴及刺法、灸法等疗法。针灸疗法具有适应证广、疗效显著、应用方便、经济安全等优点，普遍为人们所接受，已经成为世界医学的重要组成部分。

在针灸时，针刺深度以既有针感，同时又不伤及脏器为宜。针刺的角度、深度关系极为密切，一般来讲，深刺多用直刺，浅刺多用斜刺或平刺。对天突、哑门、风府等穴以及眼区，胸背和重要脏器如心、肝、肺等部位的腧穴，尤其要注意掌握好针刺角度和深度。不同季节，对针刺深浅也有影响，应予以重视。

3. 中医养生理论

(1) 中医“治未病”

“治未病”思想源自《黄帝内经》，历代医家乃至现代医学对“治未病”极为重视。现代医学理论将人群的健康状态分为三种：一是健康未病态；二是欲病未病态；三是已病未传态。因此，“治未病”就是针对这三种状态，具有未病养生、防病于先，欲病施治、防微杜渐和已病早治、防止传变的作用。《素问·四气调神大论》中“是故圣人不治已病，治未病，不治已乱，治未乱，此之谓也。夫病已成而后药之，乱已成而后治之，譬犹渴而穿井，斗而铸锥，不亦晚乎”，生动地指出了“治未病”的重要意义。

首先，未病先防，治在未病之先。在没有患病的时候，要积极预防疾病的发生。中医认为“正气内存，邪不可干”，强调体质和生活习惯的重要性。一方面提出“饮食有节，起居有常，不妄作劳”和“精神内守，病安从来”的养生之道；另一方面要求人们“顺应天时，天人合一”，积极消除致病因素，避免或减少六淫对人体的侵害。未病先防与现代“预防为主”的新医学模式相吻合，包含调养精神、体格锻炼、合理饮食、适时养生、科学用药等丰富内容。

其次，既病防变，治在发病之初。患病以后，要积极采取措施预防疾病加重。一般来说，病情的变化是由表入里、由轻变重、由简单到复杂的过程，因此，必须掌握疾病的发生、发展规律及其转变途径，做到早期诊断、有效治疗，治在疾病发作加重之先。

最后，除邪务尽，病愈防复。所谓“愈后防复”，是指在病愈或病情稳定之后，要注意预防复发，时刻掌握健康的“主动权”。一般病人初愈后，大多虚弱，这就要求在康复医疗中，针对患者气血衰少、津液亏虚、脾肾不足、血瘀痰阻等病机特点，采取综合措施，促使脏腑组织功能尽快恢复正常，达到邪尽病愈、病不复发的目的。

(2) 运动养生

运动养生即是通过练习中医传统保健项目的方式来维护健康、增强体质、延长寿命、延缓衰老的养生方法，常见的养生保健项目有太极拳、八段锦、五禽戏、六字诀等。下面，主要介绍五禽戏及八段锦。

五禽戏是一套运动保健疗法，通过模仿动物的动作和神态，达到强身防病的目的。

将五禽戏整理总结成一种疗法的是我国古代著名医家华佗。《三国志·华佗传》记载："吾有一术，名五禽之戏：一曰虎，二曰鹿，三曰熊，四曰猿，五曰鸟。亦以除疾，兼利蹄足，以当导引。体有不快，起作一禽之戏，恰而汗出，因以着粉，身体轻便而欲食。"五禽戏能使人动作灵敏、协调平衡，改善关节功能及身体素质，不仅有利于高血压、冠心病、高脂血症等的防治，而且对癌症患者的康复，也有较好的医疗保健作用。

八段锦功法从北宋流传至今已有上千年历史，动作简单易行，健身效果明显，是中华养生文化中的瑰宝。八段锦的"八"字不单指"段""节"和八个动作，还表示其功法有多种要素，相互制约，相互联系，循环运转。"锦"字则表示每招每式的汇集，如丝锦般连绵不断，是一套完整的健身办法。八段锦是中华民族悠久文化的组成部分，是形体活动、呼吸吐纳、心理调节相结合的民族传统运动方法。该功法之所以有治病强身的效果，主要因为能打通人体的经络系统，增强机体的免疫功能。八段锦练习过程中，处处体现绵缓的特征，即运动强度小、时间较长。

（3）饮食养生

① 饮食有节。《内经》里说"法于阴阳，和于术数，食饮有节"。《内经》把"食饮有节"作为养生的一个重要方面，主张"谨和五味""饮食有节"的饮食方式，反对"以酒为浆，以妄为常"的不良生活习惯。过节或聚会时，人们常常会失去节制，暴饮暴食，结果吃出了肥胖病，吃出了高血压，也吃出了肝硬化。要想健康，无论何时都应该做到"已饥方食，未饱先止"。"已饥方食"，指饿了才去吃东西；"未饱先止"，指再好吃的东西也不要吃得过饱。"要长寿，三餐量腹依时候"的俗语不无道理。

② 寒温适中。所谓"水谷之寒热，感则害于六腑。"食物本身有寒、凉、平、温、热之性。寒性食物具有清热解毒、清热泻火的作用，热性食物具有温中散寒、补中益气的作用。我们从小就有体验：夏天酷暑难当，吃西瓜或绿豆汤可以解暑；冬天寒气逼人，喝羊肉汤可以暖胃；感冒了煮一碗生姜汤发发汗就好了。每一种不同的食物都有自己的特性，在对的季节吃对的食物，身体才能感觉舒适，更为健康。

③ 五谷为养。中医认为"五谷最养脾，天生万物，独厚五谷"，就是说五谷杂粮既是食物，也可以用来防治疾病，是保持身体健康的天然良方。

补中益气——大米：具有补中益气、健脾和胃、益精强志的功效。大米煮粥最养人，老幼皆宜。空气干燥时，早晚喝点大米粥，可以远离口舌干燥的困扰。

养心安神——小麦：可养心安神、有"五谷之贵"的美称。《内经》称小麦为

“心之谷”，补益心气，将其与大米、大枣一起煮粥服食，可以防治心烦失眠。

健脾和胃——小米：有补中益气、健脾胃的作用，适合脾胃虚弱、不思饮食、反胃呕吐、腹泻及产后、病后体虚者食用。小米熬粥时上面浮着一层细腻的黏稠物，俗称“米油”。中医认为，米油的营养极为丰富，滋补力最强，有“米油可代参汤”的说法。

补中健脾——玉米：具有补中健脾、利尿消肿、宁心活血的作用，尤其适宜水肿者的日常饮食。

健脾益气——黄豆：有健脾益气、清热解毒的功效，脾胃虚弱者宜常吃。用黄豆制成的各种豆制品如豆腐、豆浆等，也具有药性，豆腐可宽中益气、清热散血，尤其适合痰热咳喘、伤风外感、咽喉肿痛者食用。实验还证明，黄豆及其制品对心血管有特殊的保健作用。

（4）节气养生

① 春节的养生保健

尽量早睡早起。春天日照时间较冬天长，阳气也较为旺盛，专家建议可尽量早睡早起，最好晚上11点前入睡，最晚也别超过晚上12点，避免耗损体内阳气，起床时间则建议为早上6~7点，可透过日照吸收阳气。睡眠不好的朋友，建议多吃一些可以改善睡眠的食物或者褪黑素之类的营养保健品，只有睡眠质量好，身体才会更好。

春季养肝。春季虽是肝病高发季节，但也是所有生物推陈出新、生机盎然的季节，人的肝气也开始旺盛，排浊气，畅气血，是调肝养肝的好时机。故中医有“春宜养肝”之说。春季开启了一年生命活动周期的序幕，养生应以养肝护肝为先。肝脏不好的朋友，一定要少喝酒。另外，可适当补充一些具有解酒护肝作用的B族维生素。

多补充水。春季风大，气候干燥，水分缺乏，应多喝白开水补充体液，增强血液循环，促进新陈代谢。多饮水还可以促进腺体，尤其是消化腺和胰液、胆汁的分泌，以利消化吸收和废物的排除，减少代谢产物和毒素对肝脏的损害。

② 端午节的养生观

吃粽子——清热除烦。中医认为，糯米具有益气健脾、开胃消食的作用。用来包裹粽子的粽叶更有讲究，北方大多用芦苇叶，南方多用竹叶或荷叶，这些叶子都有很好的药用功能。如苇叶可以清热生津、除烦止渴；竹叶可以清热除烦、利尿排毒；荷叶能清热利湿、和胃宁神。因此，粽子有清热除烦、助脾开胃的作用，特别适合初夏食用。进食时须注意，制作粽子的原料糯米黏性较大，过量进食容易引起消化不良，所以不可贪食。

艾叶菖蒲——驱毒除瘟。民谚说："清明插柳，端午插艾。"在端午节，家家户户都要将菖蒲、艾条插于门楣，悬于堂中。艾叶（也叫艾蒿）是一味芳香化浊的中药，有较强的驱毒除瘟作用。现代研究表明，悬挂艾叶及燃烧艾叶的确有杀菌消毒、预防瘟疫流行的作用。艾叶、菖蒲还有驱蚊的作用，慢慢燃烧艾叶驱蚊效果更好。

现代人已经很少在家门口挂艾叶、菖蒲等草本植物。对于这个问题，专家说，可以采取烟熏和喷气雾剂的方法来解决。普通家庭可以选择在端午前后把门窗紧闭，然后用菖蒲、艾叶、雄黄合剂烟熏2~4小时，可起到杀菌作用。另外，还可以到商店购买杀虫驱蚊的气雾剂来达到灭害虫的目的。

涂雄黄酒——杀虫解毒。端午前后，我国南方很多地区都已进入梅雨季节，天气条件有利于蚊蝇、害虫的活动和繁殖。而雄黄是一味解毒、杀虫的中药，内含有毒的砷盐成分，害虫闻之食之即会中毒，人涂之可以避毒。也有很多人在端午节饮雄黄酒，但由于雄黄的主要成分是二硫化砷，遇热后可分解为毒性很强的砒霜，因此不建议内服。

涂洒雄黄酒是端午节习俗之一。在端午节，将雄黄掺在酒里制成雄黄酒，甩洒在居室的墙角和床下，具有较强的灭蚊和杀虫作用。由于雄黄能从皮肤吸收，外用亦不宜大面积涂擦，以防中毒。

4. 中国传统医药学的文化内涵

（1）气一元论

中国古代哲学的物质观，从五行的多元论到阴阳二气的二元论，最终统一于气的一元论。诚如《河洛原理》所说，"太极一气产阴阳，阴阳化合生五行，五行既萌，遂含万物"。

天地万物"本是一气，分而言之则曰阴阳，又就阴阳中细分之则为五行。五气即二气，二气即一气"（宋·吴澄《答人问性理》）。天地万物皆本于气，人亦因气而生。气是构成天地万物以及人类生命的共同的本始物质，人的生死、物之盛毁，都是气聚散变化的结果。故曰："人之生，气之聚也。聚则为生，散则为死……故万物一也"（《庄子·知北游》）。人与天地之气通为一气，"人之生也，因阴阳五行之气而有形，形之中便具得阴阳五行之理，以为健顺五常之性"（吴澄《答田副使第二书》）。简而言之，中国古代哲学用气一元论的单一物质概念，说明了世界的物质本原，肯定了世界的物质性。世界上一切事物都是物质（气）的不同形态，世界上一切现象都是根源于物质（气）的，这是中国古代唯物主义哲学的基本理论。

总之，气一元论是中医古代哲学中最根本、最重要的哲学思想，是一种动态的、有机的宇宙观，浓缩地反映出中华民族的特有传统。应用气一元论，从形气关系来判断疾病的轻重顺逆和预后，是中医诊断学中的重要内容。形以寓气，气以充形，“形气相得，谓之可治”“形气相失，谓之难治”（《素问·玉机真藏论》）。若“形盛脉细，少气不足以息者危。形瘦脉大，胸中多气者死。……形肉已脱，九候虽调，犹死”（《素问·三部九候论》）。所以，元气是疾病顺逆的根本。

（2）辨证论治

所谓“证”，是机体在疾病发展过程中某一阶段的病理概括。“辨证”就是将四诊（望、闻、问、切）所收集的资料、症状和体征，通过分析综合、辨清疾病的原因、性质、部位以及邪正之间的关系，从而概括、判断为某种性质证候的过程；“论治”又叫施治，是根据辨证分析的结果来确定相应的治疗原则和治疗方法。辨证论治的过程，实质上是中医学认识疾病和治疗疾病的过程。

中医的临床认识和疾病治疗是既辨病又辨证的过程，通过辨证进一步认识疾病；疾病是具有特定的症状和体征的，而证则是疾病过程中典型的反应状态。例如：感冒可见恶寒、发热、头身疼痛等症状，病属在表，但由于致病因素和机体反应性的不同，又常表现为风寒感冒和风热感冒两种不同的证。只有辨别清楚是风寒还是风热，才能确定选用辛温解表还是辛凉解表方法，给予恰当有效的治疗，而不是单纯的“见热退热”“头痛止痛”的局部对症方法。

（3）中医五行

五行学说是中国古代的一种哲学思想，以日常生活的五种物质金、木、水、火、土为元素，作为构成宇宙万物及各种自然现象变化的基础，以五种物质之间的相互滋生、相互制约来论述和推演事物或现象之间的相互关系及运动变化规律。五行学说在中医学的应用，主要是以五行的特性来分析研究机体的脏腑、经络、生理功能的五行属性和相互关系，以及阐释它们在病理情况下的相互影响。

五行与中医的医理关系是：凡具有生长、生发、条达舒畅等作用或性质的事物，均归属于木；具有温热、升腾作用或性质的事物，均归属于火；具有承载、生化、受纳作用的事物，均归属于土；具有清洁、肃降、收敛等作用的事物，均归属于金；具有寒凉、滋润、向下运行的事物，均归属于水。以五行之特性来对应五脏之功能，如木性生发条达，肝性喜条达而主疏泄；水性滋润下行，肾藏精而主水。因此，肝属木、肾主水，其他脏腑亦是如此，形成了以五脏为主体，内联五脏、五官、形体、情志等的五个功能活动系统。

五行学说在中医学中既用以病理和治疗的阐析推论的理论依据，又在实践中积累了丰富的临床治疗经验，为中医学提供了科学理论和指导临床的实际意义。

二、中国古代技术的伟大成就

日常生产生活实践中，我们的先辈创造了数以千计的科技发明，大大推动了社会的进步。被称为“四大发明”的造纸术、印刷术、火药和指南针就是其中的代表。

（一）造纸术

纸的发明是中国人对世界文化发展的伟大贡献。文字发明之后我国古代用作书（刻、铸）写文字的材料很多，有龟甲兽骨、青铜器皿、绢帛、竹木等。竹木简等太笨重、不易携带；绢帛虽轻便，但太昂贵。文化的发展和传播，要求更轻便廉价的书写材料。西汉时期普遍使用竹、木简的同时已有了纸的创造，先是丝絮制成的纸，后来制造了植物纤维纸。西安灞桥汉墓、新疆罗布泊和居延的汉代烽燧遗址都发现麻类纤维制成的纸。东汉和帝时，尚方令蔡伦改进了造纸方法，采用树皮、麻头、旧布和破渔网等为原料，经过浸泡、切碎、洗涤、浸灰水、蒸煮、舂捣、打浆、抄纸、晒干、压平等工序，造出了质量更好的植物纤维纸，非常便于书写，时称“蔡侯纸”。唐朝时期造纸术传到朝鲜、日本和中亚各国，又经阿拉伯传往欧洲，结束了欧洲传统使用羊皮书写的历史，对世界文化的传播起了巨大的促进作用。

（二）火药

中国是火药的故乡，也是世界上最早使用和生产火药兵器的国家。火药的成分是硝石、硫黄和木炭，是我国古代炼丹家在炼制丹药的过程中发明的。早在秦汉时期，方士们就已开始炼制“金丹”，魏晋时期，炼丹活动更为兴盛。在长期的炼丹过程中，炼丹家们逐渐认识到，点燃硝石、硫黄，木炭的混合物，会产生猛烈的燃烧和爆炸。当人们掌握此类混合物的特性并有意识地加以利用时，火药就被发明了。以上述混合物制作的火药呈黑色，故称“黑色火药”，唐初名医孙思邈在《丹经内伏硫磺法》一书中明确记载了火药的性能及制作方法，这是人类掌握的第一种爆炸物。

唐代末年，火药始用于军事。早期的火药武器主要是燃烧型的火箭火球等。宋元时期，火药已广泛应用在军事上。北宋出现了爆炸型的火器和发射型的突火枪、火铳等。宋仁宗时，曾公亮奉敕编《武经总要》一书，对火药武器的名称、用法和配方均做了详细的记载，其中包括火药鞭箭、毒药、烟球、蒺藜火球、铁嘴火药、霹雳火球等。

北宋末年，宋军利用火药的爆炸性能，用纸筒装石灰和硫黄制成“霹雳炮”，点着后先升空，再落下爆炸，石灰烟雾四散，用以迷蒙敌方人马。金军以铁壳制作炸弹，称为“震天雷”。“蒺藜陶弹”为地雷的雏形之一，内装火药，上有小孔留出引信，爆炸时陶棱角飞出，杀伤力极大。南宋时，发射型的管形火器——“突火枪”问世。枪身用竹筒制作，填入火药和铁沙，利用火药燃烧，爆炸时大量气体所形成的反作用力，将铁沙射向敌方。此类原始管形火器虽很简单，却是近代枪炮的前身。后来，竹筒被金属所取代，元代的火铳即属早期的金属管形火器。火铳之类的武器原先并无枪与炮的区分，为了使用轻便，造得小些，称为枪；为了增强威力，造得大些，称为炮。这一使用上的差别，后来导致了枪和炮的不同发展方向。另一种发射型火器是火箭。它利用火药推动力射向远方，基本原理与现代火箭相似。明代时，不仅有单级火箭，还有多级火箭。

火药的制造方法，在南宋时由海上传至阿拉伯。蒙古西征时，又由中亚传到欧洲各国，从面改变了欧洲历史的进程。美国学者德克·卜德在其《中国物品西传考》中曾说：“如果没有火药，世界也许会少受点痛苦，但另一方面，中世纪欧洲那些穿戴盔甲的骑士们可能仍然在他们有护城河围绕的城堡里称王称霸，不可一世，而我们的社会可能仍然处在封建制度的奴役之下。”

（三）印刷术

被称为人类“文明之母”的印刷术是我国古人对世界文明的又一卓越贡献。印刷术诞生前，图书的流传，只能靠抄写，效率极低，又易出错。约在唐代初年，人们受图章捺印、石刻捶拓等图文复制方法的启示，发明了雕版印刷术。雕版印刷的方法是：先选梨树、枣树等质地细密、适宜雕刻的木材制成木板，将需要印制的书稿图文在木板上反刻成凸出的字画，然后在书版上涂上墨，覆上纸，再用刷子轻匀揩拭，揭下纸，即印成正的文字、图像。目前已发现多件七八世纪时的早期雕版印刷品。刻印于868年的《金刚经》卷为现存最早的雕版印刷品，经卷高约 24 厘米，长约 491.5 厘米，卷首为佛像，后面是经文，卷末印有“咸通九年四月十五日”字样。整部经卷刀法娴熟、印制精美，墨色浓厚均匀，字画清晰鲜明，已达到很高的工艺水平。此外，雕版印刷在发展中还演化出双色乃至多色的套印工艺、技艺精湛，而风格独特的彩色印刷是我国印刷史上的辉煌成就。

宋代印刷业进入全盛时期，不仅雕版印刷了大量经、史、子、集，而且在雕版印刷工艺的基础上发明了活字印刷术。活字印刷术由北宋杰出的发明家毕昇创制，是一种更快捷、更先进的印刷术。毕昇用胶泥制成单字块，入火烧烤，使之坚硬，做成字模排列在铁板框里，用松香、蜡等加热融化固定字模，然后涂墨印刷。这是排版印刷的开始，它既经济又快捷，堪称人类印刷史上的空前革命。元代王祯又发明了木活字和转轮排字架，使得拣字、排字、印刷都得以完善。其后还有锡活字、铜活字，极大促进了中国印刷事业的发展。19 世纪末，中国印的书超过了世界其他地区印书的总和。

中国的印刷术于唐代传到日本和朝鲜，元朝时印刷术传入欧洲，后来成为欧洲宗教改革运动和反封建斗争中两把有力的武器，对资本主义文化思想的传播起了重大的推动作用。

（四）指南针

早在战国时期，人们已认识磁性物体指示南北的特性，并用天然磁石制成世界上最早的指向仪器——司南。司南在历史上曾使用了很长时间，它以天然磁石琢磨成勺形，勺底制成平滑球面，放在刻有方位的方形铜“地盘”上，使用时轻转勺柄，待静止下来，勺柄便会指向南方。

北宋时期，人们用天然磁石摩擦钢针，使钢针成为带有磁性的磁针，由于磁针的磁性较强，指向准确度较高，使用也较简便。用磁针制作的“指南针”很快被应用于军事、生产、航海、日常生活、地形测量等许多方面。当时的指南针大致有四种装置形式：一是将磁针贯穿灯芯浮在水上，二是将磁针架在碗沿上，三是将磁针架在指甲上，四是用丝缕将磁针悬挂起来。南宋时期，人们又将指南针与方位盘联成一体，创制出更具实用价值的“罗盘”。使用指针与定位相结合的“罗盘”，根据指南针在方位盘上的位置做出精确定向，是指南针发展史上的一大飞跃。

指南针对航海事业起了重大的推进作用。北宋末年，航海中遇阴雨大雾，已用指南针辨识航向，南宋以后，不论阴晴，都使用指南针来导航。12 世纪末，指南针经阿拉伯人传到欧洲，并有所改进，为后来欧洲航海家开辟新航路，实现环球航行提供了重要条件。

拓展阅读

据《后汉书·蔡伦传》记载，蔡伦主管尚方期间，曾“监作秘划及诸器械，莫不精工坚密，为后世法”。近代考古发掘的实物也证明确实如此。尚方令本来是少府属官，主管刀剑等各种宫廷御用器具的制造，与中常侍高位根本不相称，但蔡伦尽力讨好，凡是帝、后喜欢的器物，都在尚方精制。邓后喜欢文史和纸墨，曾令各州郡岁贡纸墨。蔡伦也正因此成为促进东汉造纸术发展的关键人物。由于职务上的关系，蔡伦得以有观察、接触生产实践的条件。每有空闲，他就闭门谢客，亲自到作坊进行技术调查，学习和总结工匠们多年积累的丰富经验，再加上他自己的聪颖创新，对发展当时的金属冶炼、铸造、锻造及机械制造工艺起到了不小的推动作用。如当时的钢刀制造以炒铁为料，经多次锻打而百炼成钢。当时所制造的器物在质量、性能及外观上确实是精工制造，堪为后世仿效。但是，蔡伦对工艺技术最突出的贡献还是在造纸方面，大致可从三个角度来评述：

第一，组织并推广了高级麻纸的生产和精工细作，促进了造纸术的发展。

第二，促进皮纸生产在东汉创始并发展兴旺。

第三，因受命于邓太后监典内廷所藏经传的校订和抄写工作而形成了大规模用纸高潮，使纸本书籍成为传播文化的最有力工具。

造纸术是我国古代科学技术的“四大发明”（指南针、造纸术、印刷术、火药）之一，是中华民族对世界文明做出的一项十分宝贵的贡献，极大促进了世界科学文化的传播和交流，深刻地影响着世界历史的发展进程。

思考与探究

1. 简述中国近代科技发展迟滞的原因。
2. 中国古代科技发展对世界文明有哪些贡献？

第十单元　中国古代社会生活

一、古代饮食文化

“民以食为天。”人们的日常生活离不开一日三餐，饮食在我们日常生活中具有重要的地位。中国传统饮食文化在长期的发展、演变和积累过程中，既创造了具有独特风味的中国饮食体系，是我国各族人民辛勤劳动的成果和智慧的结晶，也是中国传统文化的重要组成部分。

（一）中国饮食的起源与发展

远古时期，从被动的采集、渔猎到主动的种植、养殖，从“茹毛饮血”到石烹熟食，从原始的烹饪到调味品的使用，从先满足口腹到食礼的出现，人们在饮食活动中开始萌生对精神层面的追求，饮食已经初步具有文化的意味，是饮食文化的萌芽阶段。

夏商周时期，陶制的炊器、饮食器和青铜制品已占据重要地位，烹调技术更加多样化，许多人开始关注和探究饮食文化，并提出自己的饮食观点，饮食的文化色彩越来越浓，宴请、聚餐成为人们交往的必要形式，食品的社会功能表现越来越明显，这是饮食文化的形成阶段。

从战国到南北朝时期，地域交流和民族融合加速了园艺业、养殖业、粮食加工业、食品制造业和食器、饮具制造业的发展。其中，芝麻、黄瓜、芹菜、大葱、大蒜等大批食材的种植技术从西域被引进，一些烹调方法被传入。在此期间也涌现了许多有关饮食文化的专门著作，《齐民要术》和历史各朝代的《地理志》《食货志》等都能展现出这个历史阶段饮食文化的辉煌成就。

隋唐至明清时期，经济、交通和中外交往的不断发展，促进了地域饮食文化的发展，元明清时期在延续唐宋食俗的同时又混入蒙古族和满族的特点，使中国人的饮食结构有了很大变化。满汉全席代表了清代宫廷菜的最高水平，这是饮食文化的成熟期。

（二）中国饮食文化的特点

中国是历史悠久的饮食文化之地。饮食文化有以下几个特点：

（1）本味主张

“本味”一词出自《吕氏春秋》，“本味”乃其中一篇，是春秋战国时期产生的第一本系统论述调味的言论与著作，“民以食为天，食以味为先，味以本为好。”注重原料的天然味性，讲求食物的隽美之味，是中华民族饮食文化很早就明确，并不断丰富发展的一个原则。

（2）风味多样

我国各地气候、物产、风俗习惯都存在着较大差异，因此在饮食上也形成了众多风味。我国一直就有“南米北面”“南甜北咸东酸西辣”的说法，而鲁、川、粤、苏、闽、浙、湘、徽八大菜系也各具独特风味。

（3）注重美感

中国的烹饪，不仅技术精湛，而且有讲究菜肴美感的传统，特别注重食物色、香、味、形、器的协调一致。对菜肴美感的追求是多方面的，通过色、香、味、形、器的和谐统一，给人以物质和精神的双重享受。

（4）医食同源

我国的烹饪技术，与医疗保健有着密切的联系。人们充分利用食物原料的药用价值，做成各种美味佳肴，达到对某些疾病防治的目的。《周礼·天官》按医疗性质将宫廷医生分成“食医、疾医（内科）、疡医（外科）、兽医”四种，而“食医”占首位。《黄帝内经太素》中“空腹食之为食物，患者食之为药物”，体现了“医食同源”“药膳同功”的理念。

（三）中国饮食文化的哲学

中国的饮食文化不仅仅是“吃”的文化，同时还蕴含着丰富的哲学思想。

1. 阴阳五行

阴阳五行是中国古代朴素的唯物论和自发的辩证法思想，认为金、木、水、火、土是构成世界的最基本物质。这也是理解中国传统饮食文化的一条主线。《黄帝内经》中就已总结到“五谷为养，五果为助，五畜为益，五菜为充，气味合而服之，以补益精气”的膳食配伍原则，同时也提出“阳之所生，本在五味，阴之五宫，伤在五味”的观点。中国饮食文化中不仅把味道分为“五味”，而且还把众多的谷物、畜类、蔬菜、水果分别纳入“五谷”“五畜”“五菜”“五果”，并以臊、焦、香、腥、腐“五气”为阳，以甘、酸、辛、苦、咸“五味”为阴。药食同源于五气，各具五味，这便是“阴阳五行”的哲学思想在传统饮食文化中的充分体现。

2. 中和之美

“中”指恰到好处，合乎度。春秋时的晏婴就用人们的日常饮食生活非常浅显地解释深奥的哲学道理：“和如羹焉，水火醯醢盐梅，以烹鱼肉，燀之以薪，宰夫和之，齐之以味；济其不及，以泄其过。君子食之，以平其心。君臣亦然……若以水济水，谁能食之？若琴瑟之专一，谁能听之？同之不可也如是。”晏婴这段话具体地阐述了饮食之“和”的哲学思想的基本含义，非浓非淡，非咸非酸，非单非同，即适中、平衡、和谐与统一。“中和”除了能使味美，同时对人的机体也有重要的调节作用和保健功能。中医理论认为，辛味具有宣散润燥、行气血的作用；甜味有补益、缓急的作用，可改善心情；酸味有涩肠止泄、生津止渴的作用；苦味可清热、明目、解毒。具备“中和之美”的中国饮食，丰富而和谐、多样而统一，体现了浓郁的中国哲学思想。

3. 天人合一

我国传统饮食讲究与四时合其序，春夏秋冬、朝夕晦明要吃不同性质的食物，甚至加工烹饪食物也要考虑到季节、气候等因素。比如，冬天味醇浓厚，多炖焖煨；夏天清淡凉爽，多凉拌冷冻。孔子说的“不时不食”，就是遵循自然之道，吃东西要应时令、按季节。这种强调适应宇宙节律的思想意识是华夏饮食文化所独有的，遵循“天人合一”的哲学思想。

（四）古代酒文化

酒是人类最古老的饮食之一，它的历史几乎是与人类文化史一道开始的。酒不仅具有食用价值，还具有精神文化价值。酒作为一种物质文化，其发展历程与经济发展史同步；作为一种精神文化，则体现在社会政治生活、文学艺术乃至人的人生态度、审美情趣等诸多方面。中国是酒的故乡，酒文化是中华民族饮食文化中一个重要的组成部分。

1. 酒的历史

中国是世界上最早酿酒的国家之一，在中华民族悠久的历史长河中，酒文化源远流长。然而，关于中国酿酒起源的说法各有不同：主要有仪狄造酒说、杜康造酒说，此外还有上天造酒说、猿猴造酒说。

在夏代，我国酿酒技术已经有了一定的发展，而商代酿酒业颇为发达，酿酒从农业中分离出来了，已开始使用酒曲酿酒。殷商时期，纣王“酒池肉林”“长夜之饮”便是最好的证明。周朝，有关于酿酒的专门部门和管理人员，酿酒已有一套比较完善和合乎科学的酿酒工艺。《礼记》记载：有醴酒、玄酒、清酌、澄酒等多种酒类。

秦汉时期酒肆作坊遍布都市和乡镇，酒业作坊的产销量相当可观。汉代普遍以曲酿酒。汉武帝时期，张骞出使西域，引进葡萄，同时招来了酿酒艺人。《太平御览》中写：“离宫别观傍尽种葡萄”，可见葡萄的种植和葡萄酒的酿造都达到了一定的规模。东汉末年，曹操发现家酿法（即九酝春酒法）所酿的酒醇厚无比，将此方献给汉献帝。这个方法是酿酒史上甚至是发酵史上具有重要意义的补料发酵法（现称“喂饭法”）。随着酒的品种日渐增多，一些地方名酒脱颖而出。

西晋时期人们把药用植物加入酒中，制成药酒，晋代嵇含的《南方草木状》对此有详细记述。北魏贾思勰在《齐民要术》中记载了制曲酿酒的技术和原理，堪称世界上最早的酿酒工艺学。

唐宋时期，酿酒业已很兴盛，名酒品类繁多。盛唐时期，长安的酒肆旗亭遍布街巷，各地的名酒佳酿汇聚于此。北宋对酒的生产和销售管理很严格，实行酒的专卖、曲的专卖和酒税。在当时，酒税是政府的重要财源。

《马可波罗游记》记载：元代的酒类有马奶酒、葡萄酒、米酒和药酒。米酒是元代北方农区的佳酿，书中描述："没有什么比它更令人心满意足的了。温热之后，比其他任何酒类都更容易使人沉醉。"

明朝是酿酒业大发展的新时期，酒的种类、产量都大大超过前朝。在清末，葡萄酒不仅是王公贵族的饮品，在一般社交场合以及酒馆里也都有饮用。

现代，随着世界各国文化的交流和发展，西方的酿酒技术与我国传统的酿造技术争相辉映。啤酒、白兰地、威士忌、伏特加及日本清酒等外国酒在我国立足生根，我国传统的黄酒、白酒也琳琅满目、各显特色，中国酒的发展进入了空前繁荣的时代。

2. 中国名酒

中国名酒都历史悠久，其中著名的有以下几种：

（1）茅台酒。茅台酒产于贵州省仁怀县茅台镇。从公元前135年汉武帝"甘美之"的褒奖到清代大儒郑珍"酒冠黔人国"的赞誉，都可说明茅台酒的历史美名。酿制茅台酒要经过两次加生沙（生粮）、八次发酵、九次蒸馏，生产周期长达八九个月，再陈贮三年以上，勾兑调配后再贮存一年，全部生产过程近五年之久。茅台酒纯净透明，醇馥幽郁。

（2）汾酒。汾酒产于山西汾阳市杏花村。唐宋以来的文献和诗词中多有"汾州之甘露堂酒""干榨酒""干和酒"等记载。清代时汾酒闻名于世。谢觉哉题诗："逢人便说杏花村，汾酒名牌天下闻。草长莺飞春已暮，我来仍是雨纷纷。"

（3）泸州老窖。泸州老窖产于四川泸州。泸州古称江阳，酿酒历史久远。自古便有"江阳古道多佳酿"的美称。著名数学家华罗庚题诗："何以解忧，唯有杜康；而今无忧，特曲足尝；产自泸州，甘洌芬芳。"

（4）西凤酒。西凤酒产于陕西省凤翔县。凤翔古称雍州，酿酒历史悠久。西周时期已有酿酒，境内出土的大量西周青铜器中有各种酒器，充分说明当时盛行酿酒、贮酒、饮酒等活动。宋代"凤翔橐泉"酒已称著。清代以"凤酒"著称。

（5）五粮液。五粮液酒产于四川省宜宾市。宜宾古为戎州、叙州，酿酒历史悠久。在宜宾地区出土的汉墓遗物中，有许多陶制和青铜制的酒器，说明早在汉代就已盛行酿酒和饮酒。宜宾盛产荔枝，故当地自古以美酒和荔枝相联系。唐代酿有"重碧酒"，宋代酿有"荔枝绿""绿荔枝"，明代酿有"咂嘛酒"，清代酿有"杂粮酒"（用高粱、粳稻、糯稻、玉米、荞麦五种谷物酿成）。1929年，宜宾县前清举人杨惠泉爱其酒质优点，而鄙其名称，更名为“五粮液”。华罗庚赋诗曰：“名酒五粮液，优选味更醇；省粮五百担，产量增五成。豪饮李太白，雅酌陶渊明；深恨生太早，只能享老春。”

（6）剑南春。剑南春酒产于四川省绵竹县。绵竹古属绵州，归剑南道辖，酿酒历史悠久。据《唐国史补》载，唐代开元至长庆年间，酿有“剑南之烧春”名酒。宋代酿有“蜜酒”，清代康熙年间，陕西三元县人朱煜见绵竹水好，开办朱天益酢坊，酿制大曲酒，后相继有杨、白、赵三家大曲作坊开业，从此大曲酒成为绵竹名产。作家刘心武赋诗云：“人间有酒香满杯，难得剑南春滋味。艰辛独留自己尝，幸福赠予天下醉。”

3. 中国酒文化

（1）酒礼

中国自古便是“礼仪之邦”“食礼之国”，懂礼、习礼、守礼、重礼的历史源远流长。饮酒作为一种饮食文化，经过数千年的发展形成了内容丰富的饮酒礼仪与习俗，其中最重要的有三点：

一是未饮先酹酒。酹，指洒酒于地。在祭神祭祖祭山川江河时，必须仪态恭肃，手擎酒杯，默念祷词，先将杯中酒分倾三点，后将余酒洒一半圆形。

二是饮中应干杯。即端杯敬酒，讲究“先干为敬”，受敬者也要以同样方式回报，否则罚酒。这一习俗由来已久，早在东汉，王符的《潜夫论》就记载了“引满传空”六礼，即要把杯中酒喝干，并亮底给同座检查。

三是酒令以助兴。酒令是我国特有的宴饮艺术，是我国酒文化的独创，用来活跃气氛，调节感情，促进交流，斗智斗巧，提高宴饮的文化品位。

（2）酒德

龚若栋先生认为：“如果说酒礼是中国酒文化的内核，那么酒德就是中国酒文化的外壳。”酒德主要包含三个方面：

一是量力而饮。即饮酒不在多少，贵在适量。要正确估量自己的饮酒能力，不做力不从心之饮。过量饮酒或嗜酒成癖，都将导致严重后果。《饮膳正要》指出：“少饮为佳，多饮伤神损寿，易人本性，其毒甚也。醉饮过度，丧生之源。”《本草纲目》亦指出：“若夫沉湎无度，醉以为常者，轻则致疾败行，甚则伤躯殒命，其害可甚言哉！”

二是节制有度。即饮酒要注意自我克制，十分酒量最好只喝到六七分，至多不得超过八分，这样才饮酒而不乱。《三国志》裴松之注引《管辂别传》，说到管辂略自励励人："酒不可极，才不可尽。吾欲持酒以礼，持才以愚，何患之有也?"就是力戒贪杯与逞才。明代莫云卿在《酗酒戒》中也论及：与友人饮，以"唇齿间觉酒然以甘，肠胃间觉欣然以悦"；超过此限，则立即"覆斛止酒"（杯倒扣，以示决不再饮）。

三是饮酒不能强劝。清代阮葵生所著《茶余客话》引陈畿亭的话说："饮宴若劝人醉，苟非不仁，即是客气，不然，亦俗也。君子饮酒，率真量情；文士儒雅，概有斯致。夫唯市井仆役，以通为恭敬，以虐为慷慨，以大醉为欢乐，士人亦效斯习，必无礼无义不读书者"。人们酒量各异，对酒的承受力不一；强人饮酒，不仅是败坏这一赏心乐事，而且容易出事，甚至丧命。因此，作为主人在款待客人时，既要热情，又要诚恳；既要热闹，又要理智。切勿强人所难、执意劝饮，还是主随客便、自饮自斟的好。

（3）酒趣

酒的发明，使中国人的生活变得更加丰富多彩，而且渗透到社会生活的各个方面。围绕酒产生的酒俗、酒令、酒诗、酒联以及饮酒所追求的境界，不仅是中国酒文化不可或缺的重要内容，还为中国人饮酒带来了多彩多姿的情趣，如酒境。酒境指的是饮酒追求的一种境界，包括饮酒者对饮酒对象、环境、时令、情致等的去向和选择，以及饮酒后的效果。对许多中国人来说，意不在酒，饮酒行为本身并不重要，重要的通过这种行为获得各种心理感受、心理认同。

一二知己、三五良朋相聚，以酒为媒、倾吐心声。饮杯中之物，释胸中块垒，书生意气，孺子情怀，坦坦荡荡。此时，非畅饮无以淋漓尽兴，无以遣此郁结。酒，成为增进朋友情谊的润滑剂。

一人独处，持一杯酒，望月之隐入，四周寂静，清辉如泻，尘心尽滤，对影邀月，独语天地，物我两化，这也是许多文人"独享世界"的难得境界。所谓"醉翁之意不在酒，在乎山水之间也"，这山水，非独谓名山秀水，也是岁月的山山水水；忧伤岁月已随风而去，只留下杯底的浅痕，让人回味。酒，成为穿越人生的时空隧道。

总的来说，酒文化不仅仅停留在纸面上，饮宴礼俗，约定俗成的聚饮方式，乃至与酒有关的各种行为心态，无不或隐或显地呈示中国传统文化的特有色彩。有的有渊源踪迹可寻，有的已是成了集体无意识的精神积淀。这些丰富多彩的酒文化的内容与中国传统文化各大体系相互交错，并曲曲折折通向以儒道佛思想为支柱的中国民族精神的底蕴。从这个意义上说，酒文化不仅是中国传统文化的一个分支，也成为从整体上认识中国传统文化的一个重要的角度。

（五）古代茶文化

俗话说：开门七件事，柴米油盐酱醋茶。常言道：文人七件宝，琴棋书画诗酒茶。无论是俗还是雅的生活，都离不开茶。在我国，茶被誉为“国饮”。

1．茶的发现

《神农本草经》中记载：“神农尝百草，日遇七十二毒，得茶而解之。”神农成为发现茶的第一人。相传，远古时期，人们以采摘野果和捕猎野兽为生，经常发生食物中毒甚至死亡事件，为此神农决定品尝百草，以身试毒。一日，神农尝了一株毒草，昏倒在地不能行走，待苏醒后看到山坡上有一棵树枝叶茂盛，闪闪发光，神农挣扎着爬到树下，由于饥饿和中毒又昏了过去。这时，突然雷电交加，狂风暴雨，树上的叶子被雷击落，掉到神农的脸上嘴上，雨水流进他的嘴里，他在沁人心脾的清香中醒来，神农咀嚼着树叶，感觉入口清香，略带苦涩，咽下去舌根生津，神清气爽，不但解渴，身上的剧毒也消失了。神农采了很多树上的绿叶回去，给人们煮水喝，发现它有生津止渴、利尿解毒、提神醒脑、消除疲劳等功效，将它作为当时的解毒“圣药”。

2.《茶经》

陆羽（733—804 年），一名疾，字鸿渐，自称桑翁，别号竟陵子、东冈子、东园先生，雅号茶山御史，世称陆文学，创作了世界第一部茶叶专著《茶经》，是中国乃至世界现存最早、最完整、最全面介绍茶的一部专著。

据《新唐书》和《唐才子传》记载，陆羽因其相貌丑陋而成为弃儿，后被竟陵龙盖寺住持僧智积禅师收养。陆羽虽身处佛门，但并不愿皈依佛法，削发为僧，12 岁时，逃出龙盖寺，到了一个戏班子里做了优伶学演戏。在一次表演中被竟陵太守李齐物看中，推荐他到隐居于火门山的邹夫子那里学习。之后钻研茶事，逢山驻马采茶，遇泉下鞍品水，目不暇接，口不暇访，笔不暇录，锦囊满获，隐居山间，闭门著述《茶经》。

《茶经》论述了茶叶生产的历史、源流、现状、生产技术以及饮茶技艺、茶道原理，被誉为“茶叶百科全书”。全书分上、中、下三卷共十个部分，约 7000 字。几乎囊括了茶学的各个方面，已译成英、法、日、韩等国文字进行研究，对现代茶艺理论具有指导意义。

3. 健康的饮茶习惯

（1）四季有别

中医认为，茶叶上可清头目，中可消食滞，下可利小便，是天然的保健品。一年有春夏秋冬四季之分，茶叶也有寒热温凉性味的差别，因此，四季饮茶也要有区别，即常言所说“春饮花茶，夏饮绿茶，秋饮乌龙茶，冬饮红茶”。花茶性温，春天喝花茶可以散发漫漫冬季积于体内的寒气，促进阳气生发；绿茶性寒，寒可清热，而且绿茶水色清洌、香气清幽、滋味鲜爽，夏季常饮宜能清热解暑、生津止渴；秋季天气由热转寒，草木凋零，人容易“秋燥”。乌龙茶性温，既有绿茶的清香和天然花香，又有红茶的醇厚，不寒不热，温热适中，有生津润喉、润肤益肺的作用，金秋进补有益处；冬天饮茶以红茶为上品，红茶性味甘温，可祛寒暖胃，增强人体抵抗力。用时添加些糖、牛奶，还有消炎、保护胃黏膜、治疗溃疡的作用。

（2）适时饮茶

茶叶是一种健康的保健饮料，从饮茶和健康角度看，最佳饮茶时间是用餐 1 小时后，空腹饮茶则会引起头昏乏力等症状。进餐时不宜饮茶，否则会影响钙、铁等营养的吸收。忌与药物同服，茶富含多种化合物，用茶水服药易引起化学反应，危害健康。茶有提神功效，晚上饮茶会影响睡眠。

二、古代服饰文化

中国素有“衣冠王国”之称，上起史前，下至明清，中华各民族在长期的生产活动和社会实践中，创造了无数精美绝伦的服装。中国传统服饰文化是中国传统文化的重要组成部分，是中华各民族创造的宝贵财富，在世界服饰史上有着十分重要和特殊的地位。

服饰是人类生活的要素，也是一种文化载体。中国服装款式的发展和演变、面料和色彩的选用与搭配、着装的特定场合和等级规定，反映了特定时期的社会制度、经济生活和民俗风情，也承载着人们的思想文化和审美观念，是一部生动的历史文化百科全书。

（一）中国传统服饰发展历程

原始社会，人类以毛皮或树叶系于下腹部，这是原始服装的萌芽。其功能不仅表现在避寒暑或防蚊虫，还有借以遮羞的作用。

新石器时代，农业和纺织出现，人们开始用麻布缝制衣服。此时的衣服形制是上衣下裳，颜色是上玄下黄。此种服色观念来源于“天地崇拜”，影响深远。

夏朝建立，王宫中出现了专门养蚕的女奴，丝质业更加发达。衣服有了区分身份的功能，奴隶主和贵族已经开始穿丝绸衣服，而且衣服越来越宽松肥大。另外，夏朝出现了君王祭祀用的冕服。

商朝服饰的基本形式为上衣下裳，右衽交领，呈现出中国古代服饰的基本特点。周朝宗法制的产生决定了服饰的尊卑，如冕服、弁服等，且出现深衣（衣裳相连）。

春秋战国时期，衣服呈现出百花齐放的局面。服装方面最大的变化，是深衣的流行和胡服的出现。

秦汉时期，深衣依旧流行，有曲裾和直裾两种，男女都可以穿。由于印染工艺提高，秦汉时的衣服，颜色更加绚丽。这些颜色大多来自天然植物和矿物质。

魏晋南北朝时期，政治大动荡，士大夫阶层追求享乐。男士宽衣博带，自然随意。女士长裙拖地，大袖翩翩，优雅飘逸。

唐朝，男子一般着圆领襕衫、戴软脚幞头。女子上面穿短襦或衫，下穿长裙，佩披帛，加半臂（即短袖）的装束。

宋代服饰造型封闭，颜色严肃淡雅。女装一改唐朝的飘逸婀娜，上身穿褙子，下身穿褶裙。男装大体上沿袭唐代样式，一般百姓多穿交领或圆领长袍。

元代基本沿袭了宋代服制。蒙古男子以蒙古装束为主，汉族男子以长袍为主。贵族女子服饰受汉族文化影响以宽袍长冠为特色，平民女子仍旧以短褂长裙为主要装束。不过，元人以白、蓝、赭色最为流行。蒙古人喜欢白色，以白为洁；蒙古人崇拜天，所以也尚青色。

明代最突出的特点是用前襟的纽扣代替了几千年来的带结。男装主要是袍衫，官员以补服为常服。明代妇女的服装，主要有衫、袄、霞帔、背子、比甲及裙子等。基本样式大多仿自唐宋。

清朝，男子以长袍马褂的满族服饰为基础装束，官员服饰以补子为饰。满族女子着旗装，汉族女子装束沿袭明代。

（二）中国古代服饰礼制

《易·系辞》中有言：“黄帝、尧、舜垂衣裳而天下治，盖取诸乾坤。”“乾坤有文，故上衣玄，下裳黄……”上衣为玄色，下裳为黄色，这与我们远古先民的信仰有关。先民们十分重视对天地的信仰，上玄下黄的服制来源于对天地的崇拜。在服装定型伊始，人们即从天地于未明时分的颜色上，找到了衣裳的色彩依据。天于未明时分呈玄色，故衣为玄色；地呈黄色，故裳为黄色。这种具有象征意义的衣裳色彩既已被认同，便具有了对人们的行为起规范作用的“礼”的意义。

1. 古代官员服饰

在古代服饰制度中，官服不但是最为庞杂的服饰之一，而且最能体现封建社会尊卑有序、等级森严的社会特征，因此，它也是最能代表中国礼仪文化特色的服饰。

文武百官的制服在西周时，百官服饰就已经有了严格的等级差别，不同的官职品位对应不同种类形制的官服。《周礼·司服》对此有详细规定：上公的礼服，自衮冕以下和王者的服装相同；侯爵、伯爵的礼服，自鷩冕以下和上公的服装相同；子爵、男爵的礼服，自毳冕以下和侯爵、伯爵的相同；孤的礼服，自希冕以下与子爵、男爵的相同；卿大夫的服制，自玄冕以下和孤的礼服相同，丧服加大功和小功；士的服制，自皮弁以下，和大夫的服制相同，其丧服除了斩衰、齐衰、大功、小功以外，另加缌麻。

秦汉以后，百官服制日趋烦琐，至隋唐大致完备。其中官服颜色最可体现官职品位的高低，服色甚至成为官职的代名词。

官服分颜色从唐朝开始：三品以上紫袍，佩金鱼袋；五品以上绯袍，佩银鱼袋；六品以下绿袍，无鱼袋。官吏有职务高而品级低的，仍按照原品服色。如任宰相而不到三品的，其官衔中必带“赐紫金鱼袋”的字样；州的长官刺史，亦不拘品级，都穿排袍。以后又进一步确定：文武官员三品以上穿紫色官服，四品穿深绯色，五品穿浅绯色，六品穿深绿色，七品穿浅绿色，八品穿深青色，九品穿浅青色。这种服色制度，到清代被废除，只在帽顶及补服上区别品级。

朱元璋建立了明朝后，官员的服饰制度达到了最完备、最繁缛的地步。明代给每级官员都设计了一种动物图案作标志，把它绣在两块正方形的锦缎上，官员常服的前胸后背各缀一块，这种就是补子，这种官服就叫补服。

清代官服原则上都是蓝色，只在庆典时可用绛色；外褂在平时都是红青色，素服时改用黑色。

2．古代平民服饰

在中国古代，各行各业各种身份的人必须各穿其衣。平民服饰在大前提上不可僭越贵族服饰，在小前提上又不可僭越各种行业的服饰，也就是三教九流，各有其服，就像我们今天的各种行业制服。

宋代，不但由朝廷下文明确规定平民服色、装饰、衣料等方面的禁忌，而且详细规定了各行各业的服饰，不得逾越。宋代笔记小说《东京梦华录》记载了北宋京都汴京的民情风俗，十分详尽。从现存的古代服饰实物及图画上看，平民服饰与贵族服饰有天壤之别，其中著名的宋代张择端所画《清明上河图》最能说明问题。从图中看，凡是体力劳动者，都有一个共同之处，就是衣短不及膝盖，或者刚刚过膝，头巾也比较随便，甚至有椎髻露顶者，脚下一般穿麻鞋或草鞋。

（三）中国服饰文化的内涵

中华民族从石器时代开始，便在“自然的人化”过程中，为求自身的生存和发展，以顽强的意念和卓越的智慧，创造了独具中国文化特色的服饰文化。经过历代服饰文化的不断积累、融合、演变、创新，日趋精细缜密、丰美华瞻，逐渐形成了独具民族个性和文化传统的中国服饰文化，充分体现了中华民族的精神和文化风貌。

中国是衣冠大国，曾经拥有辉煌的历史，“衣冠王国”美誉天下，中国服饰文化的悠远和辉煌、博大与精深是中华文明的华彩篇章。服饰是人类的第二层皮肤，兼有实用、欣赏和塑造人类社会形象的作用。展开古老的中国传统服饰画卷，就会让人感到是打开了一部灿烂的史书。在漫长的形成和演变过程中，它又广泛辐射至文学、美术、舞蹈、戏曲、语言文字等其他文化领域，成为中华文明不可分割的组成部分，并具有无可替代的重要地位。

中国服饰文化体现了“天人合一”的哲学理念，中国服饰文化以其形制特征体现了“天地之家”“天冠地履”“戴圆履方”。

总而言之，中国服饰的首创性、系统性和规范性是世界文化中罕见的，服饰之路演绎了中华民族的荣辱兴衰。丰富的服饰、精巧的饰品、独特的理念、精湛的工艺，体现了华夏民族伟大的物质创造，同时也凝聚和渗透了“儒、墨、道、法、阴阳”等纵横诸子的哲学情思，具有深刻的文化内涵，是中华文明灿烂的瑰宝。

拓展阅读

菜名拾趣

中国传统菜名，很多都赋有诗情画意。如粤菜“百鸟归巢”，用青菜丝围成一个“鸟窝”，中间放上几个剔透的鹌鹑蛋，绕窝摆几只肥硕的禾花雀，盘底浅浅灌一些鸡汁，似一段轻轻流淌的小溪水。整个画面自然、恬静，宛如一幅田园风光画。食者尚未举箸，便会浮想联翩于“山气日夕佳，飞鸟相与还”的遐想之中。风花雪月、珍珠玛瑙等也融入了美味佳肴的菜名中，别有诗情画意。如将七片莲藕孔眼灌入大米，再切五片胡萝卜刻成梅花，遂成“梅花欢喜漫天雪”；菠菜炒番茄又称为“翠柳啼红”；黄豆上放猪血是“碧血黄沙”；萝卜丝上放辣椒称为“踏雪寻梅”；凤爪烧鹌鹑蛋称为“明月映玛瑙”等。

思考与探究

1. 很多茶的名称都蕴含着美丽的传说，请查阅资料，了解中国十大名茶以及它们背后的故事。

2. 给同学们介绍一道你的拿手菜。

参考文献

[1] 冯希哲. 中国传统文化概要 [M]. 北京：中国人民大学出版社，2012.

[2] 徐克谦. 中国传统思想与文化 [M]. 北京：高等教育出版社，2016.

[3] 张建，刘荣. 中国传统文化 [M]. 北京：高等教育出版社，2018.

[4] 张岱年，方克立. 中国文化概论（修订版）[M]. 北京：北京师范大学出版社，2004.

[5] 张芹玲. 新编中国传统文化 [M]. 北京：高等教育出版社，2016.

[6] 卓雅，孙嘉慧. 中国传统文化 [M]. 长春：东北师范大学，2021.

[7] 徐乐军，熊畅. 中国传统文化 [M]. 北京：高等教育出版社，2018.

[8] 王永宏，谭杰，高春燕，等. 中国传统文化与大学语文教程 [M]. 哈尔滨：黑龙江大学出版社，2018.

[9] 吴根友. 道家思想及现代诠释 [M]. 上海：上海交通大学出版社，2018.

[10] 阎晓明. 致我们正在消逝的文化印记百变方言 [M]. 北京：中国广播影视出版社，2018.

[11] 钱乃荣. 上海方言与文化 [M]. 北京：中国国际广播出版社，2015.

[12] 纪德裕. 汉字拾趣 [M]. 上海：复旦大学出版社，1997.

[13] 邹芙都. 汉字印象 [M]. 重庆：重庆大学出版社，2020.

[14] 卓雅，陈华. 中国传统文化 [M]. 长春：东北师范大学出版社，2020.

[15] 朱永新. 中国古代教育思想史 [M]. 北京：中国人民大学出版社，2011.

[16] 骆玉明. 简明中国文学史［M］. 上海：复旦大学出版社，2004.
[17] 袁行霈. 中国文学史［M］. 北京：高等教育出版社，2005.
[18] 朱东润，陈尚君. 中国文学批评史大纲［M］. 上海：上海古籍出版社，2016.
[19] 袁世硕，陈文新. 中国古代文学史［M］. 北京：高等教育出版社，2018.
[20] 徐中玉，齐森华. 大学语文［M］. 上海：华东师范大学出版社，2018.
[21] 王霞晖. 中国元素［M］. 北京：中国轻工业出版社，2015.
[22] 陈应时，陈聆群. 中国音乐简史［M］. 北京：高等教育出版社，2006.
[23] 李汉秋. 传统节日的奥秘——我们怎样过节［M］. 北京：中华书局，2015.
[24] 张士闪，李松. 中国民俗文化发展报告（2017）［M］. 济南：山东大学出版社，2018.
[25] 孙正国. 端午节［M］. 北京：中国社会出版社，2006.
[26] 乌丙安. 中国民俗学［M］. 沈阳：辽宁大学出版社，1985.
[27] 周文. 传统节日：文化、仪式与电视传播［J］. 中国地质大学学报（社会科学版），2010，（5）.
[28] 高丙中. 圣诞节与中国的节日框架［J］. 民俗研究，1997，（2）.
[29] 李保强. 中国传统节日：生命意义的生发及其教育价值［J］. 山东社会科学，2011，（2）.
[30] 王丽娜. 中国民俗文化精粹［M］. 北京：线装书局，2016.
[31] 陈琳. 晨读经典 助力奔跑——校园“晨”才读本（第二册）［M］. 苏州：苏州大学出版社，2020.
[32] 雁翎. 雁翎序跋集［M］. 哈尔滨：黑龙江人民出版社，2004.
[33] 黄雷，雷学华. 岁时节庆·民俗风情篇［M］. 上海：上海科学技术文献出版社、长江出版社，2019.
[34]《大中国上下五千年：中国礼仪文化》编委会. 大中国上下五千年：中国礼仪文化［M］. 北京：外文出版社，2010.
[35] 姜正成. 文化寻根：一本书读懂中国民俗［M］. 北京：中国财富出版社，2016.
[36] 张丽红. 中华文化与英语翻译探究［M］. 北京：光明日报出版社，2017.
[37] 黄晓利，赵洪波. 中国传统文化概观［M］. 成都：西南交通大学出版社，2014.
[38] 李改杨，罗德斌，吴洁，周军. 数学文化赏析［M］. 北京：科学出版社出版，2011.

[39] 吴昌华. 自然科学发展史简明教程 [M]. 北京：中国铁道出版社，2018.
[40] 国家新课程教学策略研究组. 科学目击者 [M]. 喀什：喀什维吾尔文出版社，2007.
[41] 向怀林. 中国传统文化要述 [M]. 重庆：重庆大学出版社，2016.
[42] 马子川，于海涛. 化学导论 [M]. 北京：科学出版社，2011.

《中国传统文化》编委会

主　审: 成　梅

主　编: 田　香　朱婉莹　尹姿云

参　编: 彭新竹　肖胜云　李国伟

周甜甜　肖竹雅